**LA BELLE ET L'ARNACŒUR**
*est le quatre cent cinquante-quatrième livre
publié par Les éditions JCL inc.*

Catalogage avant publication de Bibliothèque et Archives nationales du Québec et Bibliothèque et Archives Canada

Émond, Nadia, 1976-

La belle et l'arnacœur
(Collection Victime)

Autobiographie.

ISBN 978-2-89431-454-8

1. Émond, Nadia, 1976- . 2. Victimes de violence - Québec (Province) - Biographies. 3. Femmes victimes de violence - Québec (Province) - Biographies. I. Titre. II. Collection: Collection Victime.

HV6250.3.C32Q4 2011          362.88092          C2011-941670-0

© Les éditions JCL inc., 2011
*Édition originale : août 2011*
*Première réimpression : septembre 2011*

# La Belle et l'Arnacœur

Collection

VICTIME

**Les éditions JCL inc.**
930, rue Jacques-Cartier Est, Chicoutimi (Québec) G7H 7K9
Tél. : (418) 696-0536 – Téléc. : (418) 696-3 132 – www.jcl.qc.ca
ISBN 978-2-89 431-454-8

NADIA ÉMOND

# La Belle et l'Arnacœur

TÉMOIGNAGE

LES ÉDITIONS JCL

# Remerciements

*Je remercie les gens qui ont croisé ma route, celle qui a mené à ma libération, c'est-à-dire les médecins, thérapeutes et conseillers qui m'ont accompagnée, les rares amis qui me sont restés fidèles dans mes tribulations, mes parents qui ont trouvé la force de me supporter dans mon cheminement, mon fils qui aujourd'hui est ma plus solide raison de vivre.*

*Je remercie aussi mon époux qui a su trouver les mots pour m'encourager à écrire, qui a surtout continué de m'aimer, même en connaissant mon histoire.*

*Toutes ces personnes sont dans mon cœur pour y rester. La vie est tellement plus belle maintenant que je suis libérée, en bonne partie grâce à l'aide qu'elles m'ont apportée.*

*Nous reconnaissons l'aide financière du gouvernement du Canada par l'entremise du Fonds du livre du Canada pour nos activités d'édition. Nous bénéficions également du soutien de la SODEC et, enfin, nous tenons à remercier le Conseil des Arts du Canada pour l'aide accordée à notre programme de publication.*

*Gouvernement du Québec – Programme de crédit d'impôt pour l'édition de livres – Gestion SODEC*

*À Guillaume,*
*mon tendre époux*

# PROLOGUE

Que de palpitations, que de douleurs m'ont menée là où j'en suis à présent! Je suis assise confortablement dans mon fauteuil moelleux, près du foyer où le feu crépite joyeusement. Je songe à la meilleure façon de vous faire part de mes expériences de vie, y compris le travail que j'ai dû effectuer sur moi-même. L'objectif que je poursuis en livrant ce témoignage, c'est celui de décrire le plus clairement possible certaines étapes de ma vie et surtout de retracer le chemin que j'ai emprunté pour survivre et pour sortir grandie de mes expériences.

J'ai aujourd'hui trente-quatre ans, mais, au moment où s'amorcent les épisodes que je décris ici, j'avais dix-sept ans. Je crois que j'étais jolie, avec mes longs cheveux roux et mon corps mince, plutôt séduisant. J'étudiais au cégep en administration, ce que je n'aimais pas du tout; si je m'astreignais à continuer, c'était moins pour poursuivre un idéal personnel que pour réaliser le rêve que mon père avait toujours caressé pour moi, celui de devenir comptable.

J'ai eu une enfance difficile, je crois. Dès mon jeune âge, on m'a imposé un mode de vie strict et j'ai très tôt été fermement encadrée, restreinte dans ma marge de manœuvre. Aussi, je conçus prématurément le désir de voir le monde et de devenir autonome. Mes parents, qui agissaient au meilleur de leurs connaissances, ne comprenaient pas mes aspirations. Je me suis rapidement avisée que, le meilleur moyen de leur faire accepter mon émancipation, c'était de les convaincre que mes initiatives étaient utiles à mon avenir, lequel leur tenait si fort à cœur.

Malgré tout, dans leur ardent désir de me protéger, mes parents ont eu une influence quelque peu négative sur mon adolescence. Ma mère, qui aujourd'hui est très présente dans ma vie, nourrissait à mon égard une certaine envie, en raison de l'adoration que me vouait mon père. Elle défoulait parfois sa colère teintée de jalousie sur moi et ma sœur aînée. Nous récoltions les coups dans un silence total, à l'insu de notre père qui travaillait fort à gagner l'argent nécessaire pour subvenir à nos besoins. Il était enseignant au secondaire. Pour accumuler quelques économies qui nous permettaient de partir en voyage chaque année, il donnait aussi des cours le soir et durant l'été.

Lorsqu'il revenait à la maison et que notre mère lui faisait part de nos bêtises, il nous infligeait un supplice moral et philosophique infernal sur les lois de la vie. Il nous agaçait au plus haut point en nous expliquant, par exemple, que la vie était comme une mer de vagues sur laquelle il ne fallait pas se retrouver dans un creux. À ces occasions, je m'engageais dans des débats abstraits avec lui et tâchais de défendre mon point de vue. C'étaient des discussions sans rapport avec la réalité et trop sérieuses pour mon âge, c'étaient des prises de bec interminables. Parfois, poussée dans mes derniers retranchements, je finissais par lui manquer de respect, et la conversation se terminait sur des paroles regrettables de part et d'autre.

Heureusement, à présent, tout va bien entre mes parents et moi. Ils ont beaucoup travaillé sur eux-mêmes et suivi une thérapie qui leur a été bénéfique. Bien entendu, j'ai moi aussi cheminé de mon côté et acquis de la maturité. Mon goût intense de vivre m'a forcée à faire un travail considérable sur moi-même et à trouver la force de reprendre une vie normale après les événements que je vais relater dans ce livre. Je suis proche de mes parents, aujourd'hui, et je les adore. Ils jouent un rôle très important dans ma vie. Nous rattrapons chaque jour le temps perdu, et bien plus.

# Chapitre I

C'est en 1994, à l'âge de dix-sept ans, que j'ai quitté la maison familiale pour travailler comme gardienne d'enfants en Ontario, plus précisément à Etobicoke, une ville charmante qui constitue la partie occidentale de Toronto. J'entendais profiter de ce séjour pour améliorer mon anglais. Je venais d'abandonner mes études collégiales après seulement une année et quelques semaines en techniques administratives.

Mes parents voyaient d'un bon œil l'amorce de ce nouveau chapitre de ma vie. À leurs yeux, ce départ était logique et positif. Il me permettait de préparer mon avenir. Je quittai le nid en emportant dans mes bagages le sentiment de fierté de mon père, ce qui était pour moi d'une importance capitale.

Je résidais dans la maison de la famille où je travaillais. Je préparais les repas et exécutais quelques tâches ménagères. Le salaire était maigre, mais l'expérience valait son pesant d'or.

J'avais surtout la charge d'un petit garçon de deux ans qui s'appelait Philippe. C'était un enfant blond aux yeux bleu clair. Il était vraiment brillant et tout le monde l'adorait. Par contre, personne ne se doutait que je nourrissais à l'époque une haine des enfants, résultat d'une enfance très difficile. Chaque fois qu'un enfant s'approchait de moi, une violente rage en provenance du passé venait m'habiter aussitôt.

Il peut paraître surprenant qu'une jeune femme puisse haïr à ce point des êtres sans défense. J'ai peine à m'expliquer moi-même mon ressentiment, aujourd'hui. Heureusement, je n'étais absolument pas portée à la violence envers les bambins et jamais je n'aurais fait de mal à un enfant. Je me contentais de ruminer la douleur intense qui fermentait au fond de moi. Pour le reste, je fuyais toute situation conflictuelle. Ce n'est que plus tard que je compris d'où me venaient de tels sentiments. En fait, Philippe, comme tous les enfants, agissait comme un miroir qui me renvoyait l'image de mon enfance habitée par un profond désir de liberté. J'aurais tant souhaité, moi aussi, passer mes étés à jouer dehors et à m'amuser! Mais mon père ne l'entendait pas ainsi. Il tenait mordicus à ce que ma sœur et moi arrivions toujours premières à l'école, et les après-midi ensoleillés de nos vacances d'été se passaient à étudier la matière de la prochaine année. Nous arrivions effectivement premières, mais au prix de quelles frustrations! Dans mon cas, ces frustrations refoulées tant bien que mal se manifestaient dès que je voyais les jeunes s'amuser. Je ne supportais pas la joie de vivre d'un enfant, le simple bonheur qu'il pouvait ressentir du fait de l'amour de ses parents. J'avais si mal au fond de moi que je désirais ardemment profiter d'une parcelle de leur bonheur à mon tour.

Je rêvais donc d'être une enfant, comme Philippe. Et c'est précisément lui qui m'a fait évoluer et devenir une femme normale. C'est son amour merveilleux qui m'a enseigné la spontanéité, qui m'a poussée en avant et qui m'a forcée à m'affranchir de ma jalousie. Au fil des mois, je suis moi-même tombée amoureuse de cet être doux et délicat. Je me suis mise à éprouver une joie profonde à le chérir. Il m'avait guérie par son amour inconditionnel et pur. Il m'avait dépouillée du manteau de haine que je portais depuis toujours. Il avait fait fondre ma jalousie.

J'eus enfin quelques mois de bonheur, au cours desquels j'appréciai ce que la vie m'apportait d'agréable chaque jour. Cependant, je vivais continuellement dans la plus grande solitude. Je n'avais pas d'ami, sauf une Chilienne qui faisait le même travail que moi chez les voisins. Je ne sortais jamais et ne faisais aucune activité pour me distraire, pour le simple plaisir. Cette vie finit par me peser.

Les mois qui s'écoulaient me semblaient des années. En août 1994, Michèle, la femme qui m'employait, me surprit en m'annonçant qu'elle attendait un autre enfant. J'étais heureuse pour elle, mais je comprenais bien que cela aurait un impact direct sur mon avenir. Elle m'expliqua qu'elle se retrouverait en congé deux semaines plus tard et qu'elle me donnait quelques mois pour me trouver un nouveau travail, au cours desquels elle resterait à la maison avec moi et m'indiquerait les tâches ménagères qu'elle exigerait de moi, dont certaines ne figuraient pas à mon contrat. J'eus en outre l'impression qu'elle avait hâte que je parte.

Un soir, alors que je m'ennuyais terriblement, je téléphonai à mes parents qui me suggérèrent de mettre mes plus beaux atours de jeune fille de dix-sept ans, bientôt dix-huit. Ils m'offraient un souper gastronomique dans le restaurant de mon choix, histoire de me changer les idées; bien sûr, ce n'était pas avec mon maigre salaire de gardienne que j'aurais pu me gâter. Mon choix s'est arrêté sur un restaurant qui servait des mets chinois.

J'enfilai mon pantalon marine en rayonne et un chandail blanc orné de beaux magnolias bleus. Mes longs cheveux roux bouclés tressautaient dans mon dos à chaque pas. L'impression de me sentir désirable m'allégeait le cœur. Je marchai presque trois heures sans trouver le restaurant chinois qui me faisait tant saliver. La noirceur ne tarderait pas et, si je prenais encore trop de temps à dénicher un restaurant asiatique, je risquais de m'attirer des ennuis dans ce quartier inconnu de Toronto.

Je m'immobilisai à un coin de rue, le temps de réfléchir à ce qu'il convenait de faire. De l'autre côté de la rue, une agréable musique latino romantique se faisait entendre chaque fois que s'ouvrait la lourde porte blanche d'une maison ancestrale au-dessus de laquelle on pouvait lire: *Casa Italiana.*

Je traversai l'artère et entrai dans ce lieu en savourant l'odeur de la délicieuse cuisine italienne. Ce restaurant était un peu chic par rapport à mon habillement. Le préposé à l'accueil me fit comprendre que, la seule place qu'il lui était possible de m'offrir, c'était une petite table qu'on m'installerait dans le vestiaire entre les manteaux. Je n'en croyais pas mes oreilles. Moi qui rêvais de voir du monde, de parler et de me divertir, j'allais être confinée à un endroit retiré et clos.

Décidément, tout allait mal, et ma sortie de rêve tournait en eau de boudin. Je sentis mon cœur se gonfler dans ma poitrine et, la fatigue aidant, je me mis à sangloter. Avec un regard mouillé de larmes, je m'excusai auprès du préposé et quittai l'endroit rapidement. Mon appétit gâché par le désarroi, je levai tout à coup la tête et aperçus une enseigne de l'autre côté de la rue qui annonçait un établissement chinois. «Ça y est!» me dis-je. Mon cœur se remit à s'oxygéner et je marchai plus rapidement. Mon seul et unique but, à ce moment-là, c'était de trouver un endroit où les gens seraient gentils et où je pourrais me détendre.

Je gravis les trois marches de l'entrée et ouvris la porte. Une clochette annonça mon arrivée et, immédiatement, un homme s'approcha. Il avait un air doux et rassurant. Il avait des cheveux de jais et un sourire à réchauffer le cœur le plus froid. Je n'en croyais pas mes yeux, tellement il était beau. Il avait un corps de dieu grec, une peau basanée et un regard exotique des plus charmants. Son sourire semblait sculpté en permanence sur son visage. Il m'invita à m'installer à la table de mon choix, me remit le menu et s'éclipsa.

Cette brève apparition venait de me donner l'énergie pour finir dans la sérénité ma soirée qui avait été jusque-là éprouvante. Tout à coup, un vieil homme s'approcha de moi pour prendre ma commande. Je relaxais enfin, et c'était bien mérité. Le serveur âgé revint un instant plus tard avec le *chow mein* cantonais le plus délectable que j'aie jamais goûté.

Mais une question me perturbait: qui était donc ce bel Asiatique qui était venu m'accueillir? Mon regard balayait les alentours, lorsque je le vis, assis quelques tables plus loin. Avec un léger sourire, il m'examinait attentivement. Finalement, il s'approcha. Mon cœur avait peine à supporter toutes les émotions qui s'étaient accumulées dans cette même journée.

— Je suis Tom, le propriétaire de ce restaurant, me dit-il en guise de présentation. Vous appréciez votre souper?

Quoi dire et comment trouver les mots? Affectée par le coup de foudre dont Cupidon venait de me gratifier, j'entrepris d'échanger quelques propos anodins avec le bel inconnu. Je lui expliquai en bégayant que je venais de Québec et que je travaillais dans le coin. Avec un geste poli de sa main bronzée pour solliciter ma permission, il s'assit à ma table et me fit la conversation. Nous avons parlé des heures durant. Tom avait vingt-trois ans et il vivait seul. Il était propriétaire de trois restaurants avec ses parents.

À la fin de la soirée, il me demanda de quelle manière je comptais rentrer à la maison. Le secteur n'était pas des plus rassurants et il m'offrit de me raccompagner. Je n'avais pas l'argent pour prendre un taxi, et le métro m'apeurait quelque peu. J'acceptai donc sans trop penser aux risques que cela pouvait comporter. Il était d'une gentillesse déstabilisante et il avait conquis ma confiance.

Il me déposa devant la maison où je travaillais et me rappela que les hommes n'étaient pas tous dignes d'une telle confiance. Il m'enjoignit de prendre garde, que cette grande ville était beaucoup plus agitée que mon patelin natal. Juste avant de me quitter, il rompit un bref silence empreint de malaise en me demandant si nous pouvions échanger nos numéros de téléphone. J'acceptai sur-le-champ son offre qui répondait exactement à mon désir le plus cher de peut-être le revoir. Il me tendit un bout de papier sur lequel il avait inscrit son numéro et je fis de même. Ce soir-là, je dormis le cœur léger, portée par le vent du premier amour naïf qui s'était installé au creux de mon être.

Le lendemain, la journée me parut plus que longue, interminable. Je ne cessais de regarder les horloges qui croisaient mon regard, me demandant si j'allais entendre à nouveau la voix chaude de Tom. Ce fut avec une grande joie que je le reconnus instantanément lorsqu'il me téléphona le lendemain, puis le jour suivant. Un soir, il m'offrit une balade au bord du lac Ontario. Nous nous sommes promenés jusqu'à la tombée de la nuit, puis nous nous sommes arrêtés sur une table de pique-nique devant une superbe vue de l'impressionnante ville tout en lumières. Son reflet dans l'eau créait un tel spectacle que nous ne parlions plus. L'odeur légèrement parfumée que Tom dégageait imprégnait ma mémoire, et mon cœur battait la chamade comme il ne l'avait jamais fait. J'allais peut-être recevoir mon premier vrai baiser. Nous étions là, jeunes et sans inquiétude, épaule contre épaule. Il me regardait de ses tendres yeux noirs illuminés par le désir. Aucun mot ne pourrait décrire ce qui m'habitait pour la toute première fois. Ma tête devint lourde, et mes lèvres étaient si gonflées d'attente que mon corps bascula sans que ma raison intervienne.

Lorsque ses lèvres effleurèrent enfin les miennes, je perçus en moi une douce sensation, une vague de chaleur que je ne pouvais encore nommer. Je le désirais à un point tel que mes jambes s'entrechoquaient et que mes yeux n'arrivaient plus à voir. Sa voix me guidait. Il savait ce qu'il faisait. Je compris alors que l'amour m'envahissait comme un parfum ensorcelé.

À la suite de cette soirée magique, tout fut merveilleux : mon travail, mon jogging matinal... Même le cimetière près duquel je courais l'après-midi pour me mettre en forme me semblait parfait.

Un jour, il m'appela et me proposa de venir me prendre devant la résidence où je travaillais.

— Je voudrais te montrer quelque chose de spécial et d'important.

— Mais qu'est-ce que c'est?

— C'est une surprise. Je ne peux rien te dire, autrement tu devineras tout! Fais-moi confiance.

Dans l'attente de voir sa jeep Cherokee apparaître, je regardai fixement par la fenêtre avant de la maison. Je reconnus enfin son véhicule, qui s'immobilisa dans l'entrée. Je sortis le rejoindre précipitamment et grimpai à côté de lui. Il me dit:

— Bonjour, ma belle! Je voudrais te montrer quelque chose. Mais, dis-moi, comment dit-on ma chérie en français?

En anglais, il existe un joli terme pour dire ma chérie. Il s'agit de *honey*, que je traduisis simplement par miel. Il répéta après moi:

— Miel, c'est superbe! Dorénavant, je t'appellerai toujours ainsi. Tu seras mon miel à moi.

J'étais flattée par ces mots qui sortaient en cascade de sa bouche hypnotique.

Avec une totale confiance, je m'abandonnai à son petit jeu plutôt amusant et intrigant et me laissai conduire vers l'inconnu. En conduisant, il m'expliqua qu'il se sentait prêt à m'amener dans sa demeure. Lorsque le véhicule prit la sortie de l'autoroute, je compris qu'il ne me conduisait pas vers un appartement, mais plutôt vers un quartier résidentiel. Et pas n'importe lequel! Pas une seule résidence de la rue ne comportait moins de deux garages et toutes étaient de grosses maisons à deux étages.

La jeep s'arrêta devant une immense demeure de briques rouges munie de grandes fenêtres. Nous descendîmes du véhicule pour y pénétrer par la porte du garage. Un bateau se trouvait dans le premier espace de stationnement, une Alfa Romeo dans le deuxième. Je ne pouvais concevoir une telle opulence.

Avec douceur, il me demanda de lui faire confiance à nouveau. C'est alors qu'il sortit un foulard de soie avec lequel il me banda les yeux. Ce jour-là, je fêtais mes dix-huit ans et il s'en était souvenu. Pour moi, dix-huit ans, c'était un âge important, c'était celui de la maturité, dans mon coin de pays.

Je sentais la douce soie et ses tendres mains qui entouraient ma tête. À mon grand étonnement, il me souleva dans ses bras comme dans un conte de fées, et je sentis que nous montions un escalier. Les marches semblaient tourner à l'infini. Arrivé en haut, il me déposa sur le sol et me pria d'attendre un court moment pour faire jouer un disque très approprié d'Air Supply. Une panoplie de sentiments se bousculaient en moi. Je ne savais plus ce que je voulais. Je voulais faire l'amour avec lui, mais était-ce bien ou mal? Je ne savais plus.

Puis, la magie m'emporta. Il détacha le bandeau et je pus voir la plus parfaite image de fête que j'aie connue jusqu'alors. Les flammes des chandelles dansaient et un gâteau fondant au chocolat se trouvait au pied du lit, près d'une bouteille de vrai champagne. Sur un lit qui respirait le confort avaient été déposés trois énormes sacs de *La Senza* magnifiquement disposés par ordre de grandeur. Dans la salle de bain, il ouvrit le robinet d'eau chaude qui remplissait doucement la baignoire et faisait flotter des chandelles ayant la forme de cœurs rouges.

Avec une légère nervosité et un désir sincère de créer un moment parfait, il tentait maladroitement d'allumer les chandelles qui ne cessaient de se soustraire à la flamme du briquet. La joie m'habitait totalement, mais l'idée de ce qui allait sûrement se passer dans les heures à venir faisait naître en moi un léger sentiment de peur.

Tom souhaitait créer pour moi un souvenir qui serait à jamais gravé dans ma mémoire. Il s'approcha et me déshabilla sans hâte, le regard chargé de désir. Quand je sentis mes vêtements tomber un à un, je m'immobilisai, question de faire durer ce moment délectable. Je me sentais belle et majestueuse, tout en étant frêle et petite. L'inconnu faisait monter l'anxiété en moi, mais un chaud baiser enflammé me réconforta rapidement.

Lorsque je sortis du bain, il m'attendait, muni d'une réconfortante serviette pelucheuse. Nous nous approchâmes du lit et il m'offrit d'ouvrir le premier sac. Le plus petit contenait une bouteille d'huile décorée d'un ruban de soie rose qui dégageait un délicieux parfum sucré de fleurs. Dans le deuxième se trouvait un soyeux déshabillé blanc garni de dentelle et de satin, ni trop osé ni trop sobre. Le troisième cachait une superbe robe de chambre blanche que je porterais durant les dix années qui suivraient.

Ces somptueux cadeaux déballés, il alluma les feux de Bengale sur le gâteau et déboucha la bouteille de champagne, comme si le tout avait été orchestré depuis des semaines. Ce soir-là, nous avons fait l'amour avec une intensité inoubliable. C'était la toute première fois que j'abandonnais mon corps à un homme. Le temps ne comptait plus. Nous bougions à l'unisson sans avoir à penser. Je savourais ce moment goulûment, sans restriction. La musique était d'un parfait romantisme, et la luminosité, si douce à l'œil que son corps semblait luire comme l'or le plus chaud. Je dormis comme un ange sans compter les minutes ni penser au lendemain.

Peu après, Tom me proposa de venir habiter avec lui dans sa luxueuse demeure. J'avais cessé de travailler comme gardienne, la dame ayant mis fin à mon contrat prématurément. Elle restait à la maison et n'avait plus besoin de mes services. Je demeurais toujours chez elle en attendant de trouver autre chose, mais on imagine facilement à quel point je me sentais de trop. J'acceptai volontiers l'offre de Tom. Mes parents étaient quelque peu inquiets et s'interrogeaient au sujet de la provenance de l'argent qui affluait chez mon amoureux. Je magasinais sans trop compter, les cadeaux se multipliaient, il me faisait livrer mon souper à la maison... Parfois, je me rendais même au restaurant et l'attendais à la fermeture. Un jour, il m'a offert de travailler pour lui et de prendre les commandes à emporter, question de me changer les idées. Mais ma maîtrise de l'anglais me paraissait encore insuffisante.

Je l'aimais tant que je faisais tout pour lui, comme lui préparer ses repas, lui faire infuser son café et même allumer sa cigarette. Je faisais son ménage et son lavage. Je tenais à me rendre utile pour ne pas avoir l'impression de dépendre de lui. Malgré tout, je commençais à trouver le temps long, seule et sans amis.

Dès le début de notre cohabitation, Tom m'avait expressément prévenue de ne pas pénétrer dans une chambre située au deuxième étage de la maison. Il m'avait formellement avertie que de transgresser cette consigne pourrait mettre ma vie en danger. Bizarrement, je n'en avais pas été autrement effrayée. Il m'avait dit ça d'une manière si douce que j'avais cru qu'il ne voulait que mon bien. Cependant, l'ennui aidant, je me mis à me questionner sur le contenu de cette fameuse chambre. Je ne croyais pas que Tom pourrait me faire du mal.

Un soir, alors que nous étions couchés, son téléphone sonna et il répondit. Après quelques mots en chinois prononcés sur un ton froid et surpris, sa voix changea. J'eus l'impression qu'il parlait à une femme qui lui plaisait bien. Elle semblait plus importante que moi, tout à coup. Je compris que j'étais de trop. Lorsqu'il raccrocha, il m'expliqua sans pudeur que c'était une dénommée Marleene et qu'elle voulait le voir. Son enjouement soudain me blessa profondément. Je doutais maintenant de la sincérité de son amour pour moi. Nous nous sommes disputés à ce sujet; il me fit clairement comprendre que je devais lui être soumise en tout, qu'autrement notre relation ne pourrait durer.

Cette scène me remplit de peine et de douleur. Je tombais de haut. Son attitude et ses paroles blessantes me laissaient au cœur un vide que, sur le coup, je ne parvenais pas à sonder dans toute son ampleur.

Les jours qui suivirent furent pénibles. Tom me laissait dormir seule. En fait, il ne dormait presque pas. Il s'enfermait dans la chambre secrète des heures durant. Il invitait des amis et me laissait derrière en m'ordonnant de les laisser tranquilles. Je me sentais de trop aussi bien qu'impuissante. J'étais laissée à moi-même.

Un jour que je contactai mes parents, je leur expliquai l'existence de cette mystérieuse pièce dans la maison. En état d'alerte, mon père me dit de faire mes valises en secret et de me préparer à son arrivée dès le lendemain après-midi. Il volait à mon secours.

Le jour de mon départ, Tom me fit comprendre que c'était mieux ainsi, qu'il était préférable que je retourne poursuivre mes études à Québec. De toute façon, il devait épouser une Chinoise sous peine d'être déshérité par son père, toujours propriétaire des restaurants. Il ne m'avait jamais dit qu'il m'aimait.

Quant à la chambre secrète, je n'ai jamais su ce qui s'y passait. Une fois seulement, Tom m'avait invitée à y venir voir, mais il avait sans doute tout rangé auparavant, puisque rien, aucun outil ni aucun matériel ne demeurait sur les quelques meubles anonymes qu'il y avait là. Finalement, encore aujourd'hui, j'en suis réduite aux conjectures. S'agissait-il d'une affaire de faux passeports pour des concitoyens qui souhaitaient intégrer le Canada clandestinement? Tom s'adonnait-il à des activités touchant la pornographie ou la drogue? Rien ne me permet d'affirmer quoi que ce soit. Le secret a toujours été bien gardé.

Ma séparation d'avec Tom m'a laissée le cœur brisé pour bien longtemps. J'ai pleuré cet amour impossible durant des mois. J'ai cherché mon amant perdu à travers de nouveaux amis asiatiques qui ont d'ailleurs été pour moi un support moral important.

# Chapitre II

Après mon retour de Toronto, j'ai eu beaucoup de mal à me réintégrer à mon environnement. J'avais goûté à l'indépendance financière et à la liberté. C'était là des friandises dont je ne pouvais me passer que difficilement, comme un enfant à qui on retire sa sucette après lui avoir à peine permis d'en apprécier la saveur. Ce n'est pas parce que les adultes maîtrisent mieux leurs émotions qu'ils ne les éprouvent pas avec acuité.

En outre, ma réinstallation dans la maison familiale représentait pour moi une défaite. En plus de m'y sentir prisonnière, j'y voyais le symbole de mon échec, aussi bien professionnel qu'amoureux. J'avais travaillé si fort pour atteindre cette liberté! Et voilà qu'elle m'échappait en un claquement de doigts. J'avais toujours eu beaucoup de mal à m'affirmer auprès de mes parents. Je craignais de les blesser ou de les décevoir. J'étais trop habitée par le désir de leur plaire.

Je savais bien que je ferais de la peine à ma mère en quittant à nouveau la maison et que mon père s'inquiéterait en me voyant livrée à ce monde où il pouvait se révéler dangereux de profiter de trop de liberté. Mon père m'aimait beaucoup trop. Néanmoins, ce que je vivais était trop stressant et je devais me décider à voler à nouveau de mes propres ailes. J'ai donc entamé la conversation avec eux sur ce sujet délicat. Mon père m'offrit d'aménager un loyer au sous-sol où je pourrais m'installer temporairement. Je trouvais l'idée assez bonne. Ce serait comme une transition vers la liberté souhaitée.

Mon père s'est chargé lui-même des travaux qui se sont échelonnés sur quelques semaines au début de l'été et qui se sont avérés très durs. Le climat dans la maison était plutôt tendu. Je sortais beaucoup dans les bars pour oublier ma peine, ce qui enfreignait les règles de la maison. Durant la même période, ma sœur Julie, qui demeurait à Terrebonne, quitta son copain et reprit contact avec moi. J'avais beaucoup mûri et nous étions plus proches que jamais. Je lui suggérai d'emménager avec moi. La famille était à nouveau réunie, mais notre vie à tous avait beaucoup changé. Ma sœur et moi n'étions plus les enfants dociles que nos parents avaient connues jusqu'alors. Nous voulions qu'ils respectent notre vision de la vie.

Julie et moi passions beaucoup de temps ensemble. J'avais enfin une amie fidèle et inconditionnelle. Nous étions devenues inséparables. Elle revenait elle aussi d'une autre ville et elle n'avait pas encore eu le temps de trouver un nouveau travail à Québec. Quant à moi, je n'étais toujours pas en état de le faire. Les prestations temporaires de l'assurance chômage nous donnaient le temps de nous amuser sans trop nous en faire. Mais nos parents auraient voulu continuer à nous contrôler. Ils intervenaient sur notre façon de nous vêtir ou de parler, et nos sorties fréquentes faisaient l'objet de remarques. Ils vérifiaient même le temps que nous passions sous la douche. C'en était trop.

Finalement, la guerre éclata, et mon père tenta

d'imposer sa loi. Il ne pouvait plus supporter notre train de vie, disait-il. Nous prîmes le temps de discuter avec nos parents et de chercher avec eux un terrain d'entente, mais ce fut peine perdue. Ils refusaient de considérer notre point de vue. Ce fut un véritable déchirement pour moi. J'adorais mes parents et j'en étais encore malgré moi dépendante. J'étais acculée, tout comme ma sœur, à choisir entre une vie de liberté et leur amour. En fait, nous n'avions pas vraiment le choix, étant donné que nous ne pouvions plus supporter qu'on nous reproche sans cesse nos faits et gestes.

Nous allions quitter le nid familial à nouveau. Je me sentais coupable vis-à-vis de mon père, qui avait tant travaillé pour moi cet été-là à l'aménagement du sous-sol. Mais il n'y avait pas d'autre solution, nous devions partir. Cet appartement était devenu une prison dont nous ne voulions plus.

Le travail se faisait rare, à cette période de l'année. Je n'avais jamais vu un taux de chômage aussi haut. Notre départ eut donc lieu dans une totale insécurité. Le jour où nous avons déménagé, j'en ai mesuré toute la profondeur. Nous nous engagions dans une avenue où la vie ne serait pas facile.

J'avais loué un camion de déménagement dans lequel nous avons entassé toutes nos affaires. Quand je mis la clef dans le contact, il m'a semblé que toute mon âme tremblait d'émotion. Je ne savais pas du tout ce qui allait survenir suite à mon déménagement. Je partais vraiment vers l'inconnu.

Je coupais aussi le cordon qui me liait encore à ma mère. J'avais l'impression de faire des adieux définitifs à celle qui m'avait donné la vie. Elle était juste là, près de la porte, détruite par le sentiment que nous l'abandonnions. Elle était si importante pour moi ! Durant toute mon enfance, j'avais souhaité qu'elle me démontre son amour et maintenant je mettais fin à mes espoirs sans savoir si un jour elle aurait comblé ce désir. J'avais mal de la voir souffrir. Elle m'avait suppliée de rester, mais ma décision était irrévocable. Quand j'appuyai sur l'accélérateur et que le camion nous emmena vers notre nouvelle vie, par le rétroviseur je vis s'éloigner derrière moi une partie de mon être. Et ça me fit mal.

Finalement, notre séjour dans l'appartement que mon père s'était donné du mal à nous procurer n'avait duré que quelques semaines. À la fin de juillet 1995, nous étions déjà reparties vers une liberté qui nous paraissait bien précaire, compte tenu du peu de ressources dont nous disposions. Personnellement, je ne pouvais certes prévoir à quel point les choses allaient se précipiter dans les quelques semaines à venir.

Toutes deux fragilisées par l'émotion, Julie et moi avons conclu un pacte. Nous étions deux sœurs qui s'adoraient et nous avions conscience des durs moments qui nous attendaient au cours des prochaines semaines, tant sur le plan moral que physique. Nous devions donc constituer une équipe solide, attaquer les difficultés ensemble et nous supporter mutuellement. En outre, nous comptions nous amuser et profiter de la vie sans regarder derrière ni jamais parler du passé pour ne pas faire ressurgir notre douleur.

Nous avions loué un appartement dans Limoilou, un quatre et demi propre, beau et chaleureux. Chacune avait sa chambre, que nous allions décorer avec les meubles que ma sœur avait accumulés au fil des ans et ceux que mes parents m'avaient donnés lorsque j'étais toute petite. Cependant, nous n'avions toujours pas de travail et il nous faudrait payer les mensualités. Je tentais ma chance dans bien des endroits, mais rien ne semblait vouloir aboutir.

Comme nous étions déstabilisées émotionnellement, nous sortions plus souvent le soir et buvions de plus en plus. Nous avions pris l'habitude de nous tenir avec une copine à moi dans un bar de danseurs de Québec. Nous nous y amusions énormément. Mon amie était bien connue à cet endroit, en raison de l'affection qu'elle nourrissait pour un des exécutants. De me trouver dans une ambiance de fête me permettait d'oublier quelques heures les tracas du quotidien.

Les semaines passaient et mes dettes s'accumulaient. Les moments de bonheur illusoire que je me procurais me coûtaient cher. Le vortex qui m'aspirait vers la ruine en était encore à ses premiers effets. L'ambiance de fête qui me faisait tant de bien m'était maintenant nécessaire chaque soir, dès l'ouverture du bar. J'avais fait plus ample connaissance avec certains danseurs, que je considérais à présent comme des amis. Un soir, l'un d'eux, qui se faisait appeler Carlos, me présenta à sa copine venue lui rendre visite. Elle était très belle. Menue et tout à fait mignonne, elle avait de longs cheveux bruns bouclés. Elle se nommait Valérie. Au bout d'une heure ou deux de conversation, elle s'ouvrit un peu plus à moi et me confia qu'elle pratiquait le métier de danseuse, à Québec même. Je n'en croyais pas mes oreilles. Elle, si délicate et gentille! J'avais une tout autre idée de ce métier. C'est fou comme on peut se tromper parfois. Il y a toujours l'exception qui confirme la règle.

Un soir, alors que j'arrivais au bar et que j'allais la rejoindre, Valérie constata que je n'étais pas du tout dans mon assiette. Je n'avais plus de crédit disponible, ma sœur et moi n'avions toujours pas d'emploi et notre frigo était absolument vide. La détresse m'envahissait. Il y avait urgence. Si ma sœur arrivait à oublier en se distrayant, moi, je n'y parvenais pas. Croyant bien faire, Valérie me demanda si je serais prête à venir danser au bar où elle travaillait, le Lady Mary-Ann. Elle disait qu'elle faisait ce travail dans le but de payer ses études en techniques policières. Elle m'expliqua que je devais être forte de caractère pour ne pas sombrer dans la consommation de drogue, mais que je pourrais récolter beaucoup d'argent rapidement. Je lui demandai :

— Crois-tu que je serais assez belle pour faire ça? Et que devrais-je porter comme vêtements?

— Tu es belle, Nadia, ne t'inquiète pas. N'apporte que tes plus belles lingeries et tout fonctionnera, tu verras. Viens me rencontrer demain soir à dix-neuf heures à l'entrée du bar. Je t'y attendrai pour te présenter à la propriétaire.

J'acceptai. Bien des pensées se bousculaient dans ma tête, mais je ne voyais pas d'autre solution à court terme. Ma sœur et moi étions à la dernière extrémité.

Je me souviens que, dans la voiture, ce soir-là, sur le chemin du retour à notre appartement, nous sommes restées silencieuses. Le mutisme de Julie me faisait réaliser qu'elle m'avait entendue discuter avec Valérie. Pour ma part, je ne savais pas comment aborder le sujet avec elle, mais je sentais son malaise. Quand nous arrivâmes à notre appartement, elle se décida enfin à prendre la parole.

— Es-tu certaine de vouloir faire ça? Tu n'es pas obligée, tu sais.

Mais j'étais décidée, à présent. Je lui expliquai que, si Valérie avait dit vrai quant au salaire que je pourrais gagner, il me suffirait de danser durant quelques semaines, quatre ou cinq tout au plus, pour nous renflouer; ensuite, je pourrais dénicher un emploi plus convenable.

Sur ce, je me dirigeai vers ma chambre pour essayer les petites tenues que je possédais et choisir les plus séduisantes. Je tenais à trouver l'agencement parfait, celui qui me rapporterait beaucoup d'argent. Il me fallait une robe pas trop habillée. Mon ensemble vert? Non, pas assez à la mode... J'enfilai à tour de rôle tous les vêtements que contenait ma garde-robe.

Valérie m'avait expliqué le spectacle que je devrais donner. Il fallait que je choisisse une musique rapide durant laquelle je serais vêtue, mais sexy, un slow au cours duquel je danserais en enlevant la plus grande partie de mes vêtements et un dernier morceau où je m'exhiberais avec seulement ma petite culotte. Je devais trouver la musique idéale pour chaque étape. Mon choix s'arrêta sur *Pretty Woman*. Durant cette danse, je serais vêtue de la robe rouge moulante et très courte que j'avais portée à mon bal, à la fin du cours secondaire. Je choisis ensuite une ballade de Bryan Adams et, pour finir, la chanson *She's like the Wind* tirée du film *Dirty Dancing*. Ça y était, j'étais prête.

Le lendemain, la journée me parut fort longue. Chaque heure semblait reculer au lieu d'avancer. J'avais faim, mais je n'avais rien à me mettre sous la dent. Ma sœur était presque aussi nerveuse que moi, mais je sentais qu'elle dissimulait sa fébrilité pour ne pas me mettre davantage de pression sur les épaules. Le monde dans lequel je me glissais était insolite et sombre.

Je comprenais que ma vie était entre mes mains et que je jonglais avec elle pour la première fois.

Lorsque l'horloge indiqua dix-huit heures trente, je glissai mes pieds dans mes plus hauts souliers à plate-forme, empoignai mon sac et ouvris la porte. Ma sœur s'empressa de me rejoindre et de me serrer dans ses bras, sans prononcer un mot. Son silence voulait tout dire. Nous avions le regard embué de larmes. Mes yeux étaient gonflés. La honte m'envahissait à l'idée de dévoiler mon corps nu pour de l'argent. Mais je me disais que ce ne serait qu'une parenthèse dans ma vie. Afin de rassurer ma sœur, je lui dis :

— Fais-moi confiance, je t'appellerai au cours de la soirée. De toute façon, ce n'est que pour une courte période, tout ça.

— Bonne chance, petite sœur, je te fais confiance. Sois prudente.

Assurément, elle savait que nous n'avions pas le choix, que nous devions profiter de cette occasion qui se présentait à nous. Sans doute, toutefois, était-elle honteuse de son côté de devoir admettre son impuissance. Malgré tous ses efforts, elle n'avait pas pu obtenir un emploi et il nous fallait payer nos comptes et régler le loyer.

Le cœur au bord des lèvres, je conduisis jusqu'au Lady Mary-Ann. Le trac me rendait malade. En même temps, je me posais une foule de questions. Étais-je assez belle? Étais-je trop grosse? Allais-je être assez bonne danseuse pour attirer les clients et rapporter de l'argent? Le monde dans lequel j'allais poser le pied m'était parfaitement inconnu. Si j'étais prête à presque tout pour m'arracher à la misère, je n'en mesurais pas moins à quel point j'allais piétiner les valeurs qui m'avaient animée jusque-là.

Une immense porte noire donnait accès au bar. De l'autre côté, ce fut aussi la noirceur intense qui m'accueillit. Je me demandais si j'allais perdre connaissance, tant je ne voyais rien. Mais non. Mes yeux s'adaptèrent à la sombre atmosphère de la place. Un homme imposant gardait l'entrée afin de maintenir l'ordre dans le bar.

Je regardai partout autour de moi pour enregistrer sans délai un maximum d'informations. Je découvris une superbe scène bordée de lumières qui comportait un poteau en acier inoxydable en son centre. À son extrémité se trouvait un immense escalier illuminé que les vedettes empruntaient depuis le deuxième étage pour rejoindre la scène. On aurait dit un palais de Barbie.

Tout à coup, les haut-parleurs annoncèrent que la représentation de Valérie allait commencer. Je restai donc là, debout, telle une étudiante modèle, à mémoriser chaque geste de la danseuse et à observer les réactions des spectateurs. Vraiment, Valérie était belle. J'en étais bouche bée.

Dès la fin de son spectacle, elle vint à moi et s'empressa de me demander :

— Comment m'as-tu trouvée? Es-tu toujours partante pour danser ce soir?
— Je n'ai jamais vu une aussi belle danse. Tu avais l'air d'un ange juste avant son envol. Une brebis au milieu des loups.

Sans pouvoir sortir les mots pour répondre à sa deuxième question, je lui indiquai le sac qui contenait mes petites tenues. Elle comprit aussitôt.

— Allez, suis-moi. Je vais te présenter à la patronne. On verra si elle donnera son accord pour que tu commences à danser immédiatement.

Je la suivis de près. Nous montâmes dans le bureau de la propriétaire. Sa porte était grande ouverte. Des hommes semblaient entrer et sortir de la pièce comme s'il s'était agi d'un couloir d'accès. Il était évident que tous respectaient cette femme, certes hiérarchiquement puissante dans ce milieu. Valérie me précéda dans le bureau. J'étais plutôt inconfortable, intimidée par l'atmosphère qui régnait dans la pièce. Mais je n'allais pas me laisser impressionner. Il fallait que je sois engagée. Mon amie me présenta.

— Bonjour, madame. Voici Nadia, celle dont je vous ai parlé. Elle est prête à commencer ce soir.

Cette dame qui imposait le respect me déshabillait du regard. En outre, elle ne faisait rien pour me mettre un tant soit peu à l'aise. Elle finit par me demander :

— As-tu de l'expérience? Crois-tu être capable de faire le travail?

Je compris que je devais vendre ma salade, ce que je fis du mieux que je pus.

— Je danse presque tous les soirs dans les clubs et les hommes ne me résistent pas. J'ai apporté tous mes effets personnels. Je voudrais commencer tout de suite.
— Fort bien! Je te donne ta chance. On va voir de quoi tu es capable.

Nous ne nous attardâmes pas davantage. Ce fut Valérie qui me fit visiter les lieux et qui me donna quelques renseignements sommaires sur les commodités à notre disposition. Le tour guidé de la place se termina par la visite de la salle réservée aux changements de vêtements, cette pièce où certaines danseuses brisaient leur avenir par la consommation trop abondante de substances illicites. Le comptoir à maquillage était égratigné par les outils dont se servaient les filles pour accéder à leur paradis artificiel. Moi, mon estomac était tordu par la peur.

Je déposai mon sac dans un vieux casier et enfilai ma provocante robe rouge moulante. Je gonflai mes longs cheveux roux et abusai du maquillage, qu'on verrait à peine dans cette noirceur destinée à dissimuler les gestes trop osés. Une fois prête, je m'observai dans le miroir. Mon reflet n'était plus le même. J'avais mis mon masque de chasseresse et avais complètement changé d'attitude. J'allais me détacher de moi-même pour prendre la place d'une autre. Je m'étais précisément surnommée Vanessa.

Je sortis du vestiaire et me dirigeai vers le disc-jockey pour lui remettre les morceaux que j'avais choisis. Même ma démarche avait changé et avait pris l'allure féline du fauve qui avait pris possession de moi.

Je revins dans la salle, gracieuse, gonflée de fierté, et traversai allègrement l'assemblée d'hommes affamés. Je jouissais malgré moi à l'idée de sentir sur moi leur regard lourd de désir. La vibration qui se dégageait d'eux m'excitait et me révoltait tout à la fois, si bien que j'étais partagée entre deux sentiments aussi violents l'un que l'autre qui se livraient une lutte sans merci. À la répugnance que m'inspirait la nécessité de me dévoiler devant ces inconnus s'opposait mon désir de plaire.

Valérie se tenait près de moi lorsque la musique fit place à la voix de Daniel, le D. J., qui annonçait les spectacles.

— Messieurs, ce soir, en primeur, accueillons notre toute nouvelle Vanessa la rousse!

Tout au sommet des marches de lumières, j'étais pétrifiée. Je me dis: « Et puis, merde, je fonce! »

La musique venait de commencer: *Pretty woman, walking down the street...* Mon cœur avait sûrement cessé de battre, mais, comme j'étais dans un état quasi second, je ne pouvais en prendre conscience.

Je descendis les marches une à une en prenant soin de ne pas tomber du haut de mes escarpins de cuir verni noir. Mes genoux semblaient s'entrechoquer à chaque pas, mais la musique m'aida à jouer mon rôle adéquatement. Je sentais tout à coup monter en moi une confiance inébranlable; j'étais comme une star de cinéma ovationnée par son public. Je voulais à présent de toutes mes forces être le plus désirable possible. Mon pas était déterminé, mes muscles, durcis. Je dévoilais mes abdominaux bien développés avec fierté. La tête haute, le regard perçant, je faisais virevolter ma chevelure de feu sur mes épaules dénudées. Je me déhanchais au gré des mouvements de la musique; j'étais la *pretty woman* de ce lieu que j'avais nommé le Bar de L'Enfer, un nom qui symbolisait l'enfer temporaire que je devrais y vivre.

Lorsque la chanson prit fin, je grimpai au deuxième étage avec assurance afin de me préparer pour la suite. Tout à coup, je pris conscience que des applaudissements retentissaient dans toute la salle. Ces hommes avaient aimé ma prestation. Ils me désiraient peut-être vraiment, ou peut-être avais-je réellement bien dansé.

La première partie était terminée; il ne restait plus que les deux autres danses. J'avais gagné beaucoup de confiance en moi et j'avais maintenant hâte de retourner sur scène. Les haut-parleurs attaquèrent la deuxième chanson. La chatte en moi se dessina, la démarche plus confiante dans ses mouvements. Je laissai libre cours à mon corps qui trouvait d'instinct les expressions qui convenaient. Mes pieds glissaient sur la scène comme mus par une passion amoureuse qui les aurait habités.

Je me dirigeai vers le poteau de métal luisant sans savoir ce que j'y ferais. De ma main la plus forte et la plus habile, je l'empoignai fermement le plus haut possible et laissai mes jambes marier leur couleur et leur forme à celles de l'inox. J'avais l'impression de voler sur les notes. Je me sentais tellement belle! Je dansais avec l'acier brillant. Nous valsions tels deux êtres de chair et de sang en quête d'amour.

Je sortis de scène au moment où la chanson prenait fin. Il ne restait plus que la conclusion, le dessert tant espéré des bêtes affamées qui hantaient la salle. J'enfilai un beau soutien-gorge blanc en dentelle qui retenait ma poitrine comme des cornes d'abondance prêtes à laisser déborder leurs richesses. Une petite culotte, blanche également, cachait mon sexe. Je me drapai dans un long peignoir translucide qui voilait à peine mes courbes sensuelles et qu'un ruban de satin retenait à la taille avant de glisser le long de mon corps. Mes cheveux de feu virevoltaient sur mes épaules.

Je repris aussitôt le chemin de cristal qui menait

devant les regards concupiscents. La musique était calme et envoûtante. Tels les mots de la chanson *She's like the Wind*, je me sentais léviter au-dessus de mes pas comme sous l'effet d'une brise douce, mais puissante. J'aimais cette pièce qui me donnait confiance en moi. Mes gestes dessinaient des caresses sensuelles. Je sentais la chaleur monter en moi comme si je me faisais l'amour à moi-même, comme si plus personne n'existait. J'étais simplement libre de m'aimer, sans pudeur ni angoisse, seule dans ma bulle, devant un public qui n'existait plus, devant des hommes que la magie de la danse avait rejetés dans le néant. J'avais l'impression de danser pour moi, de me courtiser et de me désirer moi-même. Je dansais pour me plaire. Mes mouvements étaient lents et chauds, empreints de sensualité. Mon regard s'était brouillé comme si j'étais en transe. J'étais une offrande à un dieu mystérieux, une étrange divinité de l'amour.

Lorsque tinta la dernière note de musique, mon corps s'étendait de tout son long sur le sol métallique constellé de lumières violacées. Je me relevai doucement en reprenant conscience du moment et de la situation où je me trouvais. Le temps de jouer à la vedette était terminé. Je devais revenir instantanément à mon rôle de croqueuse d'hommes en chasse.

Je réalisais à peine ce qui venait de se passer quand plusieurs danseuses s'approchèrent de moi pour me demander où ma carrière avait débuté et s'il y avait longtemps que je pratiquais ce métier. Abasourdie, je ne comprenais rien à leurs questions. Je ne repris vraiment pied dans la réalité que lorsque Valérie s'approcha et me félicita. Elle était vraiment surprise de mon aisance et de mon talent. Mais, rapidement, je fus jetée dans la gueule du loup. Elle me fit comprendre que, le meilleur moment pour ferrer les clients, c'était tout de suite après le spectacle. Elle me poussa vers les tables garnies d'hommes avides bavant de sensualité. Je ne m'étais pas du tout préparée à ce moment que j'avais cru le plus facile. Je me trompais complètement.

À peine avais-je fait deux pas qu'un homme d'âge mûr se précipita vers moi, aussi affamé qu'enjoué. Comme Valérie m'avait fait visiter la place, je savais exactement où je devais aller. Je lui répondis avec un sourire de tigresse et lui pris la main pour le guider. Jusque-là, tout allait encore. Je gravis les marches du deuxième étage et me dirigeai, l'homme à ma suite, vers une cellule ouverte. Une simple chaise d'école en bois nous y attendait. Je devais trouver le moyen de combler ce vide. Nous devions attendre la prochaine pièce musicale qui marquerait le début du spectacle d'une autre danseuse; chacune des prestations privées coûtait dix dollars et durait en moyenne deux ou trois minutes; le client ne voulait pas gaspiller les secondes cher payées et je ne voulais pas non plus faire de mon corps une œuvre de charité. Je n'avais jamais vu comment ce genre de rencontre se passait. Il m'était donc difficile d'imaginer le scénario qui allait se dérouler là, réglé par ma seule improvisation.

Le client commença par me dire à quel point il me trouvait belle. Puis la musique débuta. Je dansai d'abord sur place à environ un mètre de lui. J'étais mal à l'aise et cela se sentait sûrement. Comprit-il que j'étais une débutante? Toujours est-il qu'il se mit à me guider et qu'il me fit rapidement comprendre que les autres danseuses se rapprochaient beaucoup plus. Je continuai à bouger en m'avançant vers lui. Il posa ses mains rugueuses sur mes hanches, ce qui me fit sursauter, comme si des lames venaient de pénétrer mon âme. Comme je ne savais pas si c'était permis, je me tournai dos à lui dans l'intention de me soustraire à ses mains. Il commença à me caresser le dos lentement, puis me demanda de retirer mon soutien-gorge. Je savais que de dévoiler mes seins faisait partie du contrat et je ne croyais pas que cela me dérangerait; mais, lorsqu'il les empoigna fermement dans un geste que je jugeai grossier, je sursautai. Il me dit que toutes les autres autorisaient de tels attouchements et que c'était normal. Je ne savais trop comment réagir. Je me sentais violée et mes yeux se remplirent de larmes. Il glissa ses lèvres sur mes seins sans demander la permission de le faire. Sa langue qui frôlait ma chair me dégoûtait au plus haut point. De mes mains, je continuais à jouer le rôle en me caressant, ce qui l'empêchait de les goûter davantage. Nous en étions à la quatrième chanson. Lorsqu'elle se termina, cela mit fin du même coup à ma première expérience. Une expérience plutôt brutale pour une presque adolescente qui sortait à peine de son coin de paradis tranquille.

L'homme semblait heureux et satisfait de me donner quarante dollars, une somme qu'il avait dépensée en moins de quinze minutes. J'étais à la fois dénudée de mon âme et fière de moi. Combien d'heures m'aurait-il fallu travailler pour accumuler cette somme? Je devais continuer; j'étais sur la bonne voie.

Je redescendis dans la grande salle où plusieurs m'attendaient. Je comprenais maintenant quel était mon rôle. Je crois que j'avais tout appris d'un coup. Dans ce petit espace, je devais me trémousser avec ruse afin de me faire toucher le moins possible et de garder mon client le plus longtemps que je pouvais. Ils payaient tous comptant, ce qui chaque fois me ramenait rapidement à la réalité.

À la fin de la soirée, je ramenai trois cent cinquante dollars à la maison. Lorsque j'entrai dans mon auto, une Grand Prix noire que j'avais achetée quelques mois plus tôt en utilisant toutes mes économies, et remis en ordre toutes ces coupures dans mon sac aux trésors, je compris que j'avais fait le bon choix. Mais ça ne devait être que temporaire. Ma règle d'or était d'être toujours et en tout temps scrupuleusement à jeun, afin de toujours maîtriser la situation et de veiller sur mon argent sans me laisser distraire.

Sur le chemin du retour, je m'excitais à l'idée de voir ma sœur impressionnée par un tel gain. Je stationnai ma voiture et gravis les marches deux par deux malgré mes pieds endoloris. Ma sœur était là, seule dans le salon, gisant dans sa peine et son sentiment de culpabilité. Je lus dans ses yeux la honte et la douleur de ne pas avoir pu être là pour moi. Mais, à sa grande surprise, elle vit rapidement dans mon ton de voix l'excitation et la joie qui m'animaient.

Sous ses yeux ahuris, je m'approchai de la table du salon et y vidai le contenu de mon sac. Lorsque l'argent tomba sur la vitre, elle sursauta et me serra très fort dans ses bras. Nous avons pleuré plusieurs minutes en exprimant les liens d'affection qui nous attachaient l'une à l'autre. Puis nous avons refait le calcul. Nous n'en revenions tout simplement pas. Presque une semaine de paie en une seule soirée, alors que je n'avais même pas encore d'expérience. C'était fou et presque trop beau pour y croire. Ce soir-là, je dormis sans presque penser.

Le matin venu, nous avions décidé d'investir dans mon nouvel emploi, de manière à ce qu'il rapporte plus d'argent. Nous avons acheté plusieurs tenues légères de différents styles. Sous l'œil critique de ma sœur, je m'entraînai dans le salon en exhibant tour à tour chacun de ces vêtements. Je lui mimais et lui racontais en détail chaque moment que j'avais vécu. Nous passions enfin du bon temps ensemble. Nous avons payé nos comptes et dépensé tout le reste.

# Chapitre III

Je réussissais à vivre sans trop me soucier des lendemains. Je ne pensais jamais à l'avenir, mais je vivais intensément le moment présent. Cela m'empêchait de réaliser pleinement ce que je faisais de mon corps et de ma pudeur. Mais, un jour, cela me frapperait au visage. En attendant, tout semblait me sourire et je m'amusais sans me poser de questions, comme une enfant qui ne craint rien. Les journées s'accumulaient, et ma soif d'argent devenait plus intense. Certains soirs, mes gains dépassaient le cap des cinq cents dollars. C'était tout ce qui comptait pour le moment. Je dépensais tout, sans me soucier de faire des économies. Je continuais de me dire que cette situation était temporaire, mais je ne prenais aucune mesure pour m'en sortir.

L'appât du gain me taraudait, et cela me faisait peur. Tout comme de réaliser que je jouais avec un feu ardent en côtoyant ce milieu lugubre et de mauvaise réputation. Je craignais qu'un jour je me fasse prendre dans un tourbillon qui me pousserait à oublier le métier que je faisais dans l'alcool et la drogue.

Lorsque nous avions quitté la maison familiale, nous étions en froid avec nos parents et nous ne les avions pas revus depuis. Parfois, je pensais à eux. J'évoquais les larmes de ma mère qui m'avaient crevé le cœur, ainsi qu'à l'inconnu qui m'attendait et qui m'angoissait, à l'époque. La douleur de notre séparation me revenait en force et m'étreignait. Elle me donnait presque le goût de mourir. Je me culpabilisais d'avoir quitté mon père et ma mère qui, au fond, m'aimaient d'un amour inconditionnel. Un jour, sans doute, je deviendrais insensible et je n'y penserais plus; mais combien de temps me faudrait-il pour oublier? Je mettais en œuvre mes techniques de relaxation, comme la méditation, pour faire le vide dans mes pensées.

Un soir, alors que je ne travaillais pas, je suis sortie et j'ai tellement bu pour noyer mes peurs et mes tourments que je ne me souvenais plus le lendemain comment j'étais rentrée. Cela se reproduisit par la suite, de plus en plus souvent. Parfois, je ne terminais pas la soirée seule, ce qui devenait inquiétant. Je me défoulais et croyais fermement que cela me faisait du bien, alors que ce placébo ne servait qu'à m'empêcher de prendre conscience de la gravité de mes errements. Je ne mangeais presque plus; je me contentais le plus souvent d'un repas par jour, un trio sandwich dans un fast-food. Rien de bien nourrissant...

Je suivais toujours la même routine: lever vers onze heures le matin, petit repas indigeste quotidien en compagnie de ma sœur, magasinage rapide lorsque nécessaire, arrivée au travail vers quinze heures. Cela, sept jours sur sept.

Le milieu social dans lequel j'évoluais avait bien changé. J'avais tenté à maintes reprises de me remettre en contact avec des copines du secondaire, mais elles n'avaient pas hésité à me rejeter du revers de la main, honteuses de fréquenter une amie comme moi. Il est vrai que mon habillement avait radicalement changé.

Je portais des jupes courtes, des talons très hauts et des décolletés plongeants. Ainsi attifée, j'étais quelqu'un avec qui on n'aimait pas paraître publiquement. Je ne compris cela que beaucoup plus tard, lorsque je me retrouvai seule au monde ou presque.

De constater que plus une seule fille ne voulait être mon amie me faisait réaliser à quel point mon nouveau métier avait déteint sur ma vie.

J'avais encore deux amis de sexe masculin présents dans ma vie. L'un était un Asiatique que j'avais connu après mon retour de Toronto. Il s'appelait Lee et me rendait régulièrement visite à notre appartement. Il connaissait aussi ma sœur et nous allions souvent le voir au restaurant de son père où il travaillait.

L'autre, Francis, était photographe professionnel. Il n'hésita pas à profiter de moi et à saisir l'occasion de se procurer à la fois du bon temps et du matériel qu'il pourrait peut-être exploiter.

Il me proposa une séance photo, qui me permettrait notamment de me constituer un portfolio très complet sans avoir à débourser. Je devais également participer à un concours. En contrepartie, mes prestations seraient gratuites, comme il se doit. J'avais bien sûr des doutes sur ses intentions et je le soupçonnais d'être motivé davantage par son désir de se rincer l'œil que par des préoccupations d'ordre professionnel. J'acceptai tout de même sa proposition, consciente que j'y trouvais mon compte. Je le connaissais assez par ailleurs pour savoir qu'il ne me ferait aucun mal. C'était un homme d'affaires. Tout ce qu'il touchait se transformait en or. Il m'appelait et prenait de mes nouvelles régulièrement, ce qui me faisait vraiment plaisir.

Mais, durant la séance, il se fit insistant et me poussa à me dénuder de plus en plus. Je finis par me laisser entraîner dans le jeu amusant de l'exhibitionnisme et par me déshabiller entièrement, soi-disant pour rigoler un peu. J'avais aussi d'autres motifs encore plus terre à terre de ne pas trop résister; je songeais au charmant repas de poutine que m'offrait de temps en temps ce presque unique ami, que je craignais de perdre si je refusais de jouer le jeu.

Ce fut lorsqu'il osa me demander de me toucher et qu'il tenta de me caresser que je me ressaisis. Il venait de me ramener brutalement dans la réalité, de tomber en chute libre dans mon estime et ma confiance. Je me sentais trahie.

Les jours passaient et ma popularité dans le bar où je dansais commençait à s'essouffler. De nouvelles concurrentes s'étaient créé une place dans le marché, dont une superbe ténébreuse très mince et sensuelle; ses longues tresses se balançaient au gré de ses mouvements d'une extrême souplesse; elle était devenue populaire rapidement. Il y avait aussi cette belle blondinette, dotée d'une superbe et généreuse poitrine agréablement remodelée; elle dansait avec le feu sur scène, ce qui allumait une étincelle de désir dans le regard des hommes présents dans la salle; elle réussissait à grimper si haut à la barre de métal et à l'habiller dans des contorsions si évocatrices que nul ne lui résistait.

Je venais de perdre un peu de mon ascendant et les hommes qui m'utilisaient encore m'en demandaient plus chaque fois. Je m'obstinais à me refuser à leurs exigences, ce qui, cependant, me confrontait à une baisse de revenus.

Un soir, un habitué s'imposa à moi et me demanda de passer la soirée avec lui. D'autres danseuses m'avaient avertie du genre d'exigences qu'il avait. C'était un homme influent, bien connu et respecté, un très bel homme, grand et svelte, agréablement parfumé, qui portait chemise et cravate. Il avait les cheveux noirs et le regard pénétrant. Je pris son invite comme un défi. Je me promis de passer avec lui tout le temps qu'il voudrait, sans qu'il obtienne pour autant ce qu'il désirait, c'est-à-dire la totale. Cinq cents dollars. C'était l'offre qu'il faisait pour trois heures avec lui dans une pièce particulière.

Il n'y avait que trois de ces salles. L'ambiance y était digne de celle qui régnait dans un harem d'Égypte, tant tout y était mis en œuvre pour créer une atmosphère sensuelle. En y entrant, on avait l'impression de se retrouver dans la lampe d'un génie. Il s'agissait de salons communs V.I.P., mais, comme certains hommes connus ne souhaitaient pas forcément être vus, les espaces dévolus à chacun étaient séparés par des rideaux translucides qui ne dévoilaient qu'en partie les mouvements et ébats derrière, dans une lumière fortement tamisée. Les murs étaient bordés de larges banquettes de cuir rouge, eux-mêmes garnis de gros coussins moelleux. C'était parfait pour l'intimité.

J'entrai immédiatement dans mon rôle de tigresse enflammée et l'invitai du regard à me suivre, à faire quelques pas vers la réalisation de ses désirs les plus fous. Il était manifestement assoiffé de mon corps. Une impression d'agressivité sexuelle émanait de sa personne. Aussitôt le voile traversé, il m'empoigna fermement de toute sa vigueur, ce qui s'avéra douloureux, mais excitant tout à la fois. Je me souviens encore de la douce musique, une chanson de Céline

Dion, qui me réconfortait et m'aidait à passer au travers. Elle me donnait la force de tenir le coup.

Cet homme me mordait les seins si fort que je pouvais compter chacune de ses dents sur ma peau. Ses mains s'appuyaient de plus en plus fermement contre mon dos lorsqu'il me collait à lui. Je tentais fermement et avec audace de m'arracher à ses étreintes sans perdre mon air rieur. Je me remettais à danser, mais il me ramenait vite à sa priorité : l'assouvissement coûte que coûte de ses désirs fous.

À un certain moment, je fus à sa merci. Il me serrait trop fort. Mon ventre était tendu par la nervosité et des nausées me tordaient l'estomac. J'en avais assez, mais mon refus de poursuivre se heurtait à mon goût de l'argent. Des questions lancinantes hantaient mon cerveau. Le montant qu'allait me valoir cette soirée valait-il la violence que j'endurais de la part de cet homme et le manque de respect qu'il me témoignait ?

Mes larmes se mirent à couler abondamment, mais jamais il ne les vit. Ma tête était pressée contre les coussins, à présent trempés par mon chagrin et ma douleur, autant physique que morale. Il me retourna sans ménagement comme une poupée de chiffon. Je vis dans son regard qu'il était bien décidé à obtenir de moi tout ce que je ne lui consentais pas. Il allait me violer, ni plus ni moins.

Soudain, mon seuil de tolérance fut dépassé. Aucun homme auparavant n'avait usé d'une telle violence pour me dominer et je me disais que jamais on n'allait me forcer à aller contre mon gré là où je ne voulais pas aller. Je repoussai l'homme fermement, en déployant toute la force dont j'étais capable. J'étais décidée à aller jusqu'au bout de ma résolution. Mon refus était ferme et catégorique. Il avait réussi à déchirer mon tanga de dentelle. Il était prêt à agir, mais, moi, j'étais prête à tout pour me faire respecter. En outre, la fureur m'habitait. C'était comme si, tout à coup, je voulais lui faire payer tous les attouchements pervers et déshonorants auxquels les autres clients m'avaient soumise depuis le début.

Il se releva, insulté, et me répliqua que je ne serais pas payée si je ne consentais pas à aller jusqu'au bout comme bien d'autres. Moi, je me répétais sans arrêt le mot inacceptable. Oui, ses exigences étaient inacceptables et je n'allais pas laisser cet individu opulent et irrespectueux gâcher mon avenir plus qu'il ne l'était déjà. Cependant, j'étais toujours prisonnière de ses mains. Après m'avoir retournée avec violence, il avait continué de me tenir fermement les bras. Mais j'étais résolue à crier au besoin. Mes mouvements saccadés pour me libérer et mes ripostes sans ambiguïté lui avaient fait comprendre qu'il n'aurait pas ce qu'il désirait ce soir-là. Il se releva en me bousculant et déclara:

— Tu ne vaux pas ta paye! Tu n'auras strictement rien si tu ne fais pas ce que je t'ordonne. Les autres filles le font, elles.

Ainsi, cet être abject avait profité de moi toute la soirée en me harcelant de ses agressions et il m'avait fait perdre mon temps en plus. N'empêche, il n'était simplement pas question que j'aille plus loin. Il se dirigea de son pas de dominant vers la porte principale, là où se tenaient les hommes qui faisaient respecter l'ordre. En me débattant pour enfiler quelques pièces de vêtement, je me ruai dans son sillage pour le faire arrêter. Il n'allait pas se sauver comme ça.

J'arrivais près de la porte d'entrée du bar lorsque je le vis la franchir rapidement. En pleurs et en colère, je tentai d'expliquer à mes protecteurs la terrible situation où je me trouvais. Les cerbères regardèrent à l'extérieur. Ce ne fut que pour voir le sinistre individu grimper à toute vitesse dans sa superbe Porsche Boxster noire et filer. Rien à faire, il avait réussi. J'étais dévastée, exténuée, anéantie. J'empoignai mon sac aux trésors vide et titubai jusqu'à ma voiture, que je ramenai d'instinct à l'appartement. Arrivée là, je me jetai sur mon lit, sans un mot d'explication pour ma sœur, qui d'ailleurs ne se formalisa pas de mon silence. Je restai là des heures durant. Mes pleurs n'étaient plus suffisants pour soulager ma souffrance. Ce sordide épisode que j'avais vécu dans la honte et la défaite venait de me marquer à jamais. Je m'endormis, épuisée, après avoir interminablement ressassé ma douleur.

Le matin venu, dans un silence inhabituel, je rejoignis Julie, assise au salon. Elle me salua et resta bouche bée lorsqu'elle vit mon air abattu et mes paupières atrocement enflées. Jamais elle ne m'avait vue si mal en point, mais, assurément, elle se doutait de ce par quoi j'avais passé pour faire cette tête. Je lui racontai toute l'histoire. Elle qui se sentait déjà coupable de m'attendre chaque soir à la maison trouva le récit pénible à entendre.

La suggestion qu'elle me fit alors fut loin de me rassurer. Elle envisageait de se faire embaucher dans le bar où je travaillais, de manière à ce que nous puissions nous protéger l'une l'autre.

Si cette idée ne m'enchantait guère, c'est que j'avais toujours eu sur moi la pression de mes parents qui m'enjoignaient de surveiller ma grande sœur pour qu'il ne lui arrive rien. Toute jeune, aussi bizarre que cela puisse paraître, ils m'avaient imposé cette lourde tâche de la protéger, alors que je suis de trois ans sa cadette.

Bien sûr, je trouvais son idée bonne, mais j'avais une peur atroce qu'il ne lui arrive malheur. Je savais bien que je ne pourrais la suivre partout dans le bar. Je lui fis promettre de respecter les règles d'or que je m'imposais moi-même.

— Nous devons demeurer à jeun et respecter les limites établies quant aux privautés que peuvent s'autoriser les clients. Nous devons tout nous raconter et même nous donner des rendez-vous pour de brefs comptes rendus au cours de chaque soirée.

— D'accord, Nadia. Ne t'inquiète pas, tout ira bien. Je serai toujours près de toi.

Ma sœur n'eut aucune difficulté à se faire embaucher et tout se passa bien, au début. J'avais cependant beaucoup de colère envers moi-même, née de mon sentiment de culpabilité. Je me sentais responsable de chaque moment de la vie de danseuse de Julie. Elle abordait le métier avec le même plaisir que j'avais éprouvé les premières fois et cela me faisait encore plus peur. Je voulais me réserver la décision quant au moment où nous serions prêtes à arrêter de danser, ce moment dont je commençais à rêver.

En attendant, nous avons entrepris de faire des spectacles ensemble, ce qui fit augmenter notre popularité.

— Les sœurs Vanessa et Sonia présentent pour vous ce soir un spectacle très particulier. Les voici en exclusivité.

Nous étions le nouveau joujou dans la cour des grands.

Lors d'une de nos premières prestations, à ma grande surprise, la maison m'offrit une bouteille de champagne pour souligner mon anniversaire. Mais oui, c'était le 21 septembre et je venais d'atteindre mes dix-neuf ans. Je m'autorisai à transgresser ma règle de conduite et bus toute la bouteille avec ma sœur. Nous fêtions notre complicité; nous avions bien le droit de faire une exception, pour une fois! Notre succès nous montait un peu à la tête, mais je n'en restais pas moins sur mes gardes. Il était trop facile, j'en avais la preuve régulièrement, de tomber dans la consommation de drogues et d'alcool. Ce milieu était propice aux excès de toutes sortes.

Nous n'avons plus dansé à nouveau pour des clients ce soir-là. Nous nous sommes amusées un temps avant de rentrer chez nous aux petites heures du matin.

La période d'exaltation que Julie et moi traversâmes ne dura qu'un temps. Je passais mes soirées à m'inquiéter de ma sœur et à la suivre des yeux au lieu de me concentrer à faire de l'argent, ce qui finissait par titiller mon esprit compétitif, car je rapportais moins qu'elle à la fin de la soirée.

Nous eûmes bientôt une bonne discussion. Il y avait un peu plus de trois semaines que ma sœur avait commencé à danser avec moi.

— Julie, je ne sais pas comment ça se passe pour toi, mais j'ai de plus en plus de mal à exécuter mes danses privées. Les clients commencent à me lever le cœur et je les fuis presque à travers le bar.

— Tu as bien raison. Moi aussi j'ai de la difficulté avec ça. De plus, je ne me sens pas du tout à ma place ici.

— Que dirais-tu si on s'arrêtait là? J'ai vraiment

peur que l'une de nous tombe dans la drogue un jour ou l'autre. Nous pourrions faire une pause et prendre un peu de recul avant de chercher un nouvel emploi...

Après à peine quelques semaines à faire ce métier, je réalisais mieux déjà à quel point il était difficile de tenir le coup et de résister au besoin de s'étourdir. J'avais la frousse que l'une de nous ne craque et ne franchisse éventuellement les limites que nous nous imposions. Je voyais tous les jours des dizaines de lignes de poudre blanche ternir la vie de femmes qui avaient commencé à danser tout comme moi, pour se sauver d'une situation ou d'une autre, ou même sous prétexte de payer des études trop coûteuses. À présent, elles ne voyaient plus les mois et les années s'engloutir un à un dans le néant, et leur dépendance les ramenait mécaniquement et invariablement devant ce comptoir égratigné par leur déchéance. Une part importante de leurs revenus allait grossir les goussets de leurs fournisseurs. J'aurais donné jusqu'à ma vie sans hésiter pour que ma sœur ne sombre pas là-dedans. Je lui fis part de mes pensées.

— Je n'en peux plus, de ces hommes répugnants qui en demandent trop, qui sentent le parfum bon marché quand ils ne sentent pas mauvais tout court. Ce métier est terrible et il est temps que nous en sortions. Nous devons prendre des vacances. Nous travaillons pour accumuler de l'argent, que nous gaspillons en nouvelle lingerie et en souliers. Finalement nous n'avons pas plus d'économies qu'au début. J'aimerais bien que nous fassions un voyage dans le Sud pour nous détendre.

Nous avons continué à travailler durement cinq jours pour accumuler la modique somme de deux mille dollars chacune et nous autoriser un répit, un bref intermède dans les brises du Sud.

Nous ne savions pas encore où nous irions exactement, mais, le matin de notre avant-dernière soirée de travail, juchées sur nos talons, nous nous sommes dirigées vers une des agences de voyages des galeries de la Canardière. C'était octobre, mais notre bronzage était toujours impeccable grâce à une fréquentation assidue des salons de beauté. Et nos maillots étaient prêts. Nous étions donc parées à nous embarquer sur le prochain vol où nous trouverions une place. Nous avions en effet décidé de partir rapidement afin de nous éloigner au plus vite du piège que constituait notre envie de retourner gagner un peu plus d'argent. Nous hésitions entre le Mexique et Cuba. Ces deux paradis étaient des endroits agréables où nous pourrions sûrement oublier rapidement les décisions déplorables que nous avions prises chez nous, au Québec. Comme le vol vers Varadero sur l'île de Cuba était immédiatement disponible et que l'hôtel cinq étoiles y était le moins cher, nous avons arrêté notre choix sur cette destination. Nous voulions vraiment nous payer un luxe bien mérité. Il n'y avait pas de prix pour nous sortir du milieu sordide où nous évoluions.

Je voulais vraiment que nous changions de vie avant qu'il ne soit trop tard. Chaque jour de la dernière semaine de travail avait comporté pour moi des moments critiques où la limite à ne pas franchir se rapprochait dangereusement. Je devais absolument prendre des distances avec le genre de vie que je menais. Une brève carrière de danseuse qui finit mal comme tant d'autres, ça ne pouvait être ma destinée. Je ne pouvais m'y résoudre. Je connaissais mes forces et mon potentiel, et je pouvais offrir beaucoup plus à la société que le seul dévoilement de mon corps. Je me disais qu'il ne me restait qu'une seule soirée de danse à vie. Après, je quitterais définitivement ce milieu qui ne me convenait pas.

Je me rappelle fort bien l'agente de voyages qui nous a reçues. Elle nous regardait avec un air inquisiteur en raison de notre allure de «danseuses». Eh oui! Nous étions marquées. Notre anatomie était trop dévoilée pour ce moment de la journée. Notre sac aux trésors arrivait à peine à demeurer fermé tant il contenait de coupures de vingt dollars.

Je me suis assise sur la chaise droite que la préposée me désignait. Elle a répondu à toutes nos questions sur les deux destinations, puis elle nous a annoncé le prix. Nous nous sommes souri. Nous étions d'accord sans nous consulter davantage quant à la décision à prendre. Nous partirions dans quelques heures seulement.

J'ouvris mon sac de cuir verni et en sortis les deux mille dollars requis. Le regard de l'hôtesse me convainquit que, résolument, elle n'était pas habituée à recevoir de telles sommes en argent comptant. La transaction complétée, nous ressortîmes joyeuses, notre billet dans la main. J'avais hâte de quitter la vie déplorable que je menais, l'enfer où j'avais mis le pied. En m'envolant, j'aurais l'impression de fuir ma réalité pour un monde paradisiaque.

# Chapitre IV

Le matin de notre départ, j'ouvris mes yeux un peu collés par la fatigue accumulée et je pris une grande respiration pour finalement me retourner sur le dos. Je me mis à réfléchir à ce qui s'offrait à moi. Comme je suis de nature plutôt optimiste, je prenais toujours le temps, le matin, avant de sortir du lit, de me rappeler à quel point j'étais chanceuse d'être en vie et en santé. Ensuite, je me répétais que j'allais passer une excellente journée et que j'étais heureuse. Bref, je visualisais les prochaines heures comme positives au maximum. Ce matin-là, je fis de même, mais surtout j'insistai sur la chance que j'avais d'être remplie de détermination et de courage et je me persuadai que j'allais m'en sortir très bien, de ma situation, que la vie était bien faite et que j'étais maître de changer mon destin comme je le désirais.

Je me levai pour me faire un café et regardai dehors. Le soleil était très présent et nous gratifiait de sa chaleur réconfortante. C'était le 21 octobre 1995. Je n'avais encore que dix-neuf ans et toute la vie devant moi. Aujourd'hui était une journée spéciale, c'était celle qui allait être marquée par un changement radical de carrière.

Je partis sans réveiller Julie avec un panier bien garni de linge à laver et traversai la rue pour me rendre à la buanderie. Je m'assis devant les appareils, perdue dans la contemplation de ces insignifiants morceaux de honte en dentelle qui culbutaient sous mes yeux. Aurais-je enfin l'opportunité réelle d'en finir avec cette pénible vie?

Je mis plusieurs heures à compléter mon travail. Au moment où j'allais quitter le lavoir, une drôle d'apparition se matérialisa devant moi. «Mon Dieu, je dois rêver!» me suis-je dit. C'était Jean, le meilleur ami de mon père. Il était entré dans le commerce et se dirigeait vers moi d'un pas décidé. Je restai là sans bouger, pétrifiée par un accès d'émotions incontrôlables. Il me salua brièvement et je constatai qu'il avait les yeux rougis et inondés de chagrin. De lourdes larmes glissaient sur ses joues. Il fallait qu'il soit survenu quelque chose d'important pour qu'il fasse cette démarche et qu'il se montre à moi ainsi éploré. Il n'était assurément pas là pour rien. Je pouvais presque toucher la fébrilité du moment tant elle était palpable. C'était un homme influent, que je respectais et que j'aimais beaucoup. De le voir surgir dans ma vie alors que je ne l'avais pas vu depuis des mois m'avait ébranlée et remplie de nostalgie. Je ne pouvais que l'écouter. Il avait donc trouvé mon refuge et il s'était déplacé pour me parler d'une terrible situation.

— Nadia, reviens à la maison! Il y a déjà trop longtemps que vous êtes parties, ta sœur et toi, sans donner la moindre nouvelle. Tes parents sont en pleine dépression. Ils ont menacé de mettre fin à leurs jours et ont tous deux dû séjourner à l'hôpital. L'heure est grave. Ils ont tout essayé, mais ils ne peuvent vivre avec l'idée qu'ils vous ont perdues. Ils vous aiment et vous cherchent partout. Ils ne savent pas que je vous ai retrouvées ni que je suis là aujourd'hui. Tu dois revenir leur parler, ou au moins leur écrire. Peu importe ce qu'ils ont fait, ils seront toujours vos parents et vous serez toujours leurs filles.

Il me quitta brusquement, sans même me laisser le temps d'intervenir. Mais il m'avait transmis sa peine qui s'ajoutait à la mienne et qui me faisait comme une brûlure de plus. Je m'assis au pied des marches de mon appartement avec mon panier à linge. Le soleil me chauffait la peau. Ma tête semblait vouloir exploser et des larmes me venaient spontanément. Je ne savais plus quoi faire du tout, j'oscillais entre mon ressentiment à l'égard de mes parents et mon désir ardent de les revoir. Je ne savais quelle décision prendre. J'étais partagée entre la honte, la colère, l'amour et la pitié. Laquelle de ces émotions allait remporter le combat? Ce n'était plus du tout un jour de fête pour moi.

Je trouvai juste assez d'énergie pour remonter à l'appartement parler à ma sœur. Je redoutais sa désapprobation, mais, ce que je désirais du fond du cœur, c'était de courir rejoindre mes parents et de leur dire combien je les aimais.

Nous avons discuté longuement, ma sœur et moi. Finalement, nous avons convenu de leur rendre visite juste avant notre départ pour Cuba, c'est-à-dire le jour même. J'étais soulagée, mais je craignais aussi de me sentir coupable devant mes parents. À coup sûr, ils m'en voudraient pour mes actions passées et ils seraient ravagés s'ils étaient mis au courant du métier que j'exerçais.

Nous nous sommes un peu étourdies en préparant nos valises. Notre excitation de partir en vacances était toujours là, mais la peur y mettait à présent une sourdine. D'imaginer la rencontre qui se rapprochait de seconde en seconde me rendait très nerveuse. Je ne savais à quoi m'attendre et ne voulais rien préparer à l'avance. Je parlerais avec mon cœur et, cette fois, je m'affirmerais. Mais j'avais tout de même le cœur au bord des lèvres lorsque je songeais à ces retrouvailles. Il y avait plusieurs mois que nous avions perdu le contact. Mais j'aimais beaucoup trop mes parents pour les faire souffrir davantage. Cependant, je ne croyais vraiment pas qu'ils soient allés jusqu'à vouloir mourir à cause de nous. N'était-ce pas plutôt parce qu'ils se sentaient coupables ou qu'ils étaient en colère? J'en étais réduite aux conjectures. Mais nous allions assurément parler en adultes, cette fois.

Nous avons déposé nos valises dans la voiture, car, après notre travail, nous allions filer directement vers Montréal. Notre départ pour Cuba aurait lieu depuis l'aéroport de Dorval.

Parvenues à la maison familiale, nous sommes descendues de la voiture. Mon pas était lent et incertain. Voilà que je me retrouvais devant la maison de mon enfance, et c'était comme un rêve. Les jambes tremblantes et la respiration courte, je frappai trois petits coups. Je vis mon père se diriger vers la porte avec un air inquiet. Lorsqu'il l'ouvrit, je pus lire sur son visage meurtri par le chagrin qu'il n'allait pas bien, mais surtout que notre présence lui causait une joie immense. Ses paupières se mirent à trembler, puis à évacuer des larmes qui contenaient toute la peur et toute la douleur qui s'étaient accumulées dans son cœur au fil des jours. Il nous était impossible de parler pour l'instant. Nous pleurions à l'unisson et laissions jaillir tant d'émotions refoulées qu'il serait trop long de toutes les nommer.

Ma mère apparut dans le corridor et réagit plus fortement en poussant un cri de joie affolé. Elle regarda instantanément vers le ciel et je compris qu'elle remerciait le Seigneur de notre retour. Ce furent les retrouvailles les plus émouvantes que j'aie vécues jusque-là.

Nos parents ne nous questionnèrent pas vraiment sur ce que nous faisions pour vivre; heureusement, car je me voyais mal leur avouer le métier que je pratiquais. Le plus important pour moi, c'était de les assurer de mon amour éternel et inconditionnel. Je voulais aussi leur faire comprendre que notre séparation m'avait été utile en me permettant de couper le cordon qui nous liait. Une chose était certaine : nous ne voulions plus être dominées ni jugées. Nous voulions simplement être aimées de notre mère et de notre père, comme nous les aimions en retour. Car, quoi qu'il arrive, j'aimerai toujours mes parents et ils le savent, aujourd'hui. Ils l'ont bien compris. Depuis plusieurs années, maintenant, notre relation est excellente.

Ma sœur et moi avons quitté la maison à nouveau, en leur laissant nos coordonnées et en les priant de respecter notre vie comme nous respections la leur. J'avais le cœur tremblant de peine de les voir si démunis et détruits par ma faute, mais j'étais heureuse également de leur avoir montré que je leur gardais toujours mon affection.

Ce fut le cœur plus léger que nous sommes parties travailler. Je dansai sans penser à quoi que ce soit, dans le seul but de gagner le plus d'argent possible pour notre voyage. Je fis un superbe spectacle, comme si j'avais voulu faire une finale en beauté.

En arrivant à la voiture, je pris panique. Je ne trouvais plus mon sac rempli d'argent. Je courus à l'intérieur et regardai partout, énervée et découragée. Tout à coup, une des serveuses s'approcha :

— Est-ce que tu cherches quelque chose, Vanessa?

Un client lui avait remis mon sac avec tout son contenu. Imaginez ma joie débordante de le retrouver intact!

Assise dans la voiture, passeport à la main, je me mis à pleurer. Le cocktail d'émotions que j'avais vécues au cours de cette journée m'avait épuisée. La pression retombait soudain en me laissant les nerfs à vif. En plus, je devais conduire jusqu'à Montréal-Nord. Je ne voulais pas laisser le volant à ma sœur, étant donné que j'ai le mal du transport et que de conduire me change les idées. J'avais trois heures de route devant moi et il était trois heures du matin. Nous avons fait quelques pauses-café pour nous assurer de nous rendre à destination en un seul morceau. Nous sommes arrivées trois heures avant le décollage, comme prévu.

Je garai le véhicule dans le stationnement de l'aéroport sans me soucier du tarif, qui n'était rien comparé au coût du voyage tout entier. Ma valise n'était pas si grande, mais elle était remplie de petites tenues, de souliers de toutes les couleurs et de bikinis de tous les styles. J'avais l'intention de me sentir comme une reine dans son palais. Je le méritais, au moins pour quelques jours.

J'avais emporté le nécessaire pour nous faire les ongles, histoire de tuer le temps durant les périodes d'attente. Nous étions installées près d'une grande vitrine au soleil et nous nous prélassions, telles des chattes dans une atmosphère de chaleur et de confort. Enfant, j'avais toujours pris un grand plaisir à me détendre en attendant dans les aéroports. L'ambiance qui y règne me revitalise et me calme en même temps.

Mon âme était pénétrée de bonheur. Je me sentais libre pour la première fois depuis des lunes. Le but de ce voyage, pour moi, était de rompre avec la sinistre tranche de vie que j'avais traversée, de reprendre mon existence en main et de me préparer à me remettre sur les rails à mon retour. Repartir à zéro, ça me semblait la meilleure solution. Le voyage n'était pas encore commencé et il me semblait déjà que j'allais beaucoup mieux. Au fond, de revoir mes parents m'avait été bénéfique. J'avais remis les choses en ordre dans ma tête et mon cœur. Je partais d'autant plus légère, bien disposée pour me reposer et refaire mes forces.

Mon siège était près du hublot. Mon excitation était extrême. Il y avait longtemps que je n'avais pas pris l'avion. Cela remontait à mon dernier voyage en République dominicaine, alors que j'avais sept ou huit ans.

Au moment où l'appareil prit son envol et que les maisons se mirent à rapetisser à vue d'œil, je me suis dit que je venais de quitter mes problèmes. Ma vie venait de se dédoubler et je restais avec son côté merveilleux. Je regardais les yeux de ma sœur juste à mes côtés. Elle pleurait de joie en me tenant la main fermement. J'avais enfin l'impression de retomber dans une vie normale. Personne ne nous connaissait et nous aurions la paix. Nous pourrions enfin vivre comme bon nous semblait pendant deux semaines entières. Je ne devais d'aucune manière penser à mon retour, si je voulais profiter au maximum de ces fabuleuses vacances.

— Bon voyage, petite sœur!

— Je suis si heureuse que tu sois avec moi! Bon voyage, ma belle. Je t'aime!

Le vol dura trois heures, durant lesquelles j'en profitai pour me détendre. Le temps se passa agréablement et sans que je ressente la moindre impatience.

À l'arrivée sur la piste, tous les passagers se mirent à applaudir le pilote pour l'atterrissage réussi en douceur. Enfin, je me trouvais dans le fabuleux monde où je trouverais ma libération. Aussitôt que les portes s'ouvrirent, nous commençâmes à sentir la chaleur et à percevoir l'odeur du sel et de l'eau de mer, un parfum délicat et délicieux que j'avais oublié. Rien ne pressait. Les gens se bousculaient pour sortir, mais nous avions tout notre temps. La nervosité allait être exclue de ma vie pendant mon séjour à Cuba.

Nous prîmes une navette qui nous mena à notre hôtel, situé à environ trente minutes de là. Durant le trajet, je regardais à l'extérieur, pour me familiariser avec ce pays que je connaissais peu. Les routes étaient luisantes en raison de la chaleur intense. Il y avait des palmiers et des cocotiers en grand nombre. Des terrains bordaient les routes cahoteuses. Nous longions le bras de mer et avions l'opportunité de voir brièvement les hôtels pour touristes, de plus en plus gros et luxueux à mesure que nous avancions vers notre destination. J'aperçus une énorme structure d'un beige chaleureux, devant laquelle plusieurs fontaines majestueuses crachaient des jets de bienvenue. Le drapeau de Cuba dansait fièrement devant l'édifice. D'imposantes clôtures d'acier blanches destinées à garder l'endroit privé longeaient le terrassement aux mille hibiscus.

Lorsque nous nous arrêtâmes devant le hall de notre hôtel, plusieurs employés nous accueillirent joyeusement. L'un d'eux prit nos valises et nous remit un coupon avec un numéro. L'autre se présenta à nous. Deux jolies demoiselles aux grands yeux colorés et aux longs cheveux soyeux nous attendaient avec un cocktail décoré de fruits frais. Nous portâmes un toast à notre nouvelle vie et bûmes une gorgée de cette délicieuse potion. Le montage de fruits ressemblait à un oiseau exotique posé sur le bord du verre.

Une fois enregistrées à la réception, nous suivîmes de près notre guide vers notre chambre avec vue sur la mer. Je glissai la carte de plastique dans le lecteur de la porte, que je poussai pour l'ouvrir sur notre nouvel univers. Nous gardions toutes deux le silence et savourions notre joie d'être là.

Notre chambre était superbe. Elle contenait deux grands lits juxtaposés garnis de draps confortables. Ils étaient surmontés d'une serviette pliée de telle sorte qu'elle avait la forme d'un cygne. La salle de bain était spacieuse et extrêmement propre.

Je m'empressai de déposer ma valise près d'un meuble et me dirigeai vers la porte qui donnait sur le grand balcon. J'ouvris les rideaux et vis la mer dans toute sa splendeur. D'un turquoise superbe, elle habillait généreusement une magnifique plage de sable blanc. Julie et moi ressentions le même sentiment d'urgence; nous voulions mettre nos pieds dans la mer le plus rapidement possible. Nous enfilâmes notre maillot à toute vitesse, attrapâmes un peignoir et quittâmes la chambre. Je m'empressai d'enlever mes sandales afin de goûter la douceur du sable entre mes orteils. Cette poudre si fine qui collait à ma peau de rousse avait un aspect de farine.

C'était vraiment agréable. Je m'avançai vers le bord de l'eau salée et y mis le bout du pied. Je pouvais à peine sentir la différence entre la température de l'air ambiant et celle de la mer. Je m'immergeai complètement dans ce pur bonheur turquoise et transparent. Même avec de l'eau jusqu'au cou, je pouvais rire en regardant mes orteils se balader comme bon leur semblait. J'étais au paradis.

Je passai des heures à me reposer et à faire le vide au soleil sans trop bouger. Une consommation ici et là, suivie d'une nouvelle saucette dans l'océan… Quelle journée splendide! Au moment du repas, je mangeai un peu de tout. Le buffet était composé de mets cubains variés. Il y avait des poissons des soupes de fruits de mer, ainsi que du porc. Tous ces plats étaient délicieux. Le vin coulait à flots. Tout était parfait.

Je montai me coucher et dormis comme un ange dans mon grand lit frais. Le matin venu, j'avais repris beaucoup d'énergie et j'étais prête à attaquer ma première journée complète dans les îles du Sud.

*

J'ai passé une journée agréable, dans une chaleur confortable. Nous avons pris du soleil tout en nous familiarisant avec les lieux. Le soir, nous nous préparâmes à sortir. C'était le 31 octobre, jour de l'halloween. Nous avions prévu le coup et avions acheté exactement la même robe très moulante en satin. La mienne était d'un rouge vin et créait un contraste saisissant sur ma peau plutôt pâle, alors que celle de ma sœur était blanche, elle qui a la peau naturellement foncée. Nous avions apporté dans nos valises de quoi nous déguiser en lapins, à savoir de belles oreilles et une petite queue touffue. C'était mignon, mais aussi très suggestif. Inconsciemment, à travers ce déguisement, je cherchais à attirer l'attention, sans doute l'affection, aussi.

Montée sur mes échasses de cuir verni, avec mon corsage velouté et ma minijupe satinée, je filai vers le bar de l'hôtel. Des lumières de toutes les couleurs dansaient, la musique était très forte et il y avait beaucoup plus de monde que je ne l'aurais cru. Je réussis à me glisser près du bar pour attirer l'attention du barman et obtenir deux consommations. En compagnie de ma sœur, je me dirigeai ensuite vers un bar au comptoir vitré et lumineux qui se trouvait dans un coin de la discothèque. À mon grand désarroi, la musique semblait plus américaine que latino. J'aime beaucoup la musique latino, qui me permet de bouger au gré des notes entraînantes et de me laisser guider par le rythme dans mes mouvements.

J'ai dansé à en avoir mal aux pieds. Nous avons eu vraiment beaucoup de plaisir, sans nous soucier de rien, ni du passé ni de l'avenir; nous n'avons été préoccupées que du présent.

À nouveau, j'ai dormi comme un bébé. Au réveil, le soleil m'attendait encore. J'enfilai mon bikini et un peignoir de dentelle et me dirigeai vers le bord de la mer dans laquelle je me jetai aussitôt, ivre d'excitation. Tout à coup, une vague me souleva. Malheureusement, l'atterrissage fut difficile. Je perdis l'équilibre et me blessai à une cheville. En proie à une panique soudaine, je tentai de me relever avant l'arrivée de la prochaine vague pour me mettre hors de sa portée, mais je n'y parvins pas. Ma cheville me faisait tellement souffrir qu'il lui était impossible de supporter le moindre poids. Je faisais signe à ma sœur de venir m'aider quand un sauveteur arriva à la course pour me sortir du pétrin.

L'homme était costaud. Ses muscles dorés n'eurent aucune peine à me porter jusqu'à une chaise au bord de la mer. Lorsque je vis l'enflure qui faisait déjà son apparition autour de mon os, je hurlai presque de dépit. Et c'était souffrant. Je titubai vers l'hôtel où je comptais reposer ma cheville en observant l'évolution de la blessure. Je craignais d'avoir compromis le plaisir que nous escomptions si fort de ce voyage.

Les heures passèrent et l'intensité de la douleur ne faisait qu'augmenter. Les employés de l'hôtel me suggérèrent de garder ma cheville dans la glace afin de faire diminuer l'œdème. Des ecchymoses étaient maintenant visibles à l'endroit de la blessure, mais rien n'allait parvenir à gâcher mon périple vers ma liberté. Par orgueil et mue par un désir irrépressible de faire la fête, lorsque vint le soir, j'enfilai mes talons aiguilles sans m'appuyer sur ma cheville enflammée et me glissai dans une robe soleil légère. Un peu de maquillage, quelques apéros et j'étais sur pied pour la soirée.

Nous avons ainsi passé quelques jours et quelques soirées à nous amuser et à boire, avec comme seul but de tout oublier. Ma cheville commençait à se remettre et je pouvais lentement la faire bouger sans y mettre de poids. Un soir, alors que je me sentais irrésistible, nous nous sommes rendues au bistro le plus chic qui se trouvait dans un grand hôtel des environs. Le goût de plaire était incrusté en moi. Je voulais à tout prix être la plus désirable; je tenais à me confirmer que je pouvais être attirante.

Comme je ne pouvais m'autoriser le mouvement

sensuel des hanches qui m'était familier, je prenais des poses suggestives près du bar, une cigarette à la main. Aiguillonnée par mon instinct de chasseresse, je mettais en œuvre mon jeu de séduction, qui faisait partie intégrante de ma nouvelle personnalité. Je prenais un plaisir fou à vouloir plaire sans penser aux conséquences possibles. Le risque et l'inconnu me nourrissaient comme le sang un vampire. Les regards se tournaient vers moi. Je lançais des œillades suggestives. Le plus amusant, c'était que Julie se mettait de la partie. Elle aussi exhibait ses armes pour faire chavirer les hommes qui croisaient son regard.

Après quelques verres de rhum qui engourdirent ma douleur, je pus me traîner jusqu'au plancher de danse et, en ne m'appuyant que sur le bout du pied, j'arrivai à me dégourdir les hanches. Dès lors, je ne fis qu'un avec le rythme de la musique enivrante. Néanmoins, la fatigue ne tarda pas à me terrasser, et ma sœur et moi décidâmes de quitter les lieux pour un endroit plus calme.

Bien assise dans une grande chaise de rotin garnie de gros coussins fleuris et confortables, je me relaxai. Durant la journée, sur la plage, j'avais eu la chance de goûter un excellent cigare, un *Romeo y Julieta No. 3*. Le jeune homme qui m'avait vendu la boîte avait pris soin de m'expliquer comment reconnaître le vrai du faux; en effet, des contrebandiers tentaient de gagner un peu d'argent en vendant de faux cigares, constitués d'un rouleau de feuilles de bananiers verdâtres et d'une finition de vrai tabac; les touristes qui ne s'y connaissaient pas en tabac pouvaient facilement se faire rouler. De plus, certains vendaient de vieux cigares trop secs, soumis à un entreposage inadéquat et mal conservés; il était finalement facile de se faire avoir.

Le vendeur m'avait aussi expliqué comment fumer et goûter le cigare de façon professionnelle. Il faut tout d'abord le mouiller dans sa bouche, puis le rouler délicatement entre les doigts, après quoi on coupe l'extrémité ronde et on l'allume. Il suffit d'aspirer par petits coups par le bout fraîchement coupé, tout en faisant tourner le cigare pour en uniformiser la braise sur l'extrémité. Un cigare comme le *Romeo y Julieta No. 3* est assez imposant de par son diamètre et cela peut prendre jusqu'à 5 heures à le fumer complètement. Il ne faut surtout jamais respirer le cigare pour ne pas se brûler, mais plutôt bien goûter sa fumée. Les cigares peuvent dégager un délicieux goût sucré.

Pour me détendre, je sortis un cigare de mon sac, l'humectai tout doucement, reposai mon dos sur mon grand coussin, croisai mes jambes avec douceur, balayai ma chevelure légèrement gonflée par l'humidité et portai enfin le cigare allumé à mes lèvres en alternance avec un petit cocktail de rhum. L'ambiance était parfaite. Je me sentais libre. Les palmiers nous entouraient dans ce grand hall garni de superbes vitraux de fleurs dont les couleurs étaient tamisées par la nuit. La musique était lointaine, moins agressante, et je pouvais enfin respirer.

J'entendis venir de loin le bruit de souliers qui frappaient le sol sèchement. Des pas déterminés se rapprochaient de notre banquette. Allions-nous être dérangées pendant ce moment de détente? Comme les pas s'étaient arrêtés juste à mes côtés, je levai les yeux. Deux hommes se tenaient devant nous avec, peint sur le visage, un large sourire.

— Bonjour, dit l'un d'eux de sa voix chaude et teintée d'un accent du Sud.

Je lui répondis d'un signe de tête. Il me demanda si nous étions de l'hôtel. Je lui expliquai que nous logions à l'hôtel voisin et que nous étions venues pour danser un peu et explorer l'endroit. Il demanda sur un ton poli et charmeur tout à la fois la permission de prendre place à nos côtés quelques instants, le temps de se reposer également. Il était si beau avec son corps svelte, sa peau dorée et ses yeux d'ébène pétillants! Je pouvais facilement deviner les muscles de son torse presque dénudé. Il était vêtu d'un pantalon crème au pli impeccable et d'un chemisier de lin déboutonné de couleur assortie. La chaleur intense faisait luire sa peau sous la luminosité.

Nous avons parlé longtemps. Il s'appelait Ricardo et son ami, Miguel. Celui-ci était tout aussi séduisant et était sauveteur à une plage des environs. Au premier regard, je désirai Ricardo à un point tel que j'étais déjà presque prête à me donner à lui avec passion. Ils nous offrirent quelques verres. Les signes de rapprochement ne tardèrent pas. Le bel inconnu n'avait qu'à frôler mes genoux des siens et mon corps tout entier tremblait de désir. Je tentais pourtant de garder la maîtrise de la situation. Je devais demeurer celle qui s'attire les avances, mais à qui il appartient de les accepter ou de les refuser.

Nous fumions maintenant le même cigare. Il fut d'ailleurs impressionné par ma technique. Il semblait lui-même un connaisseur. Notre conversation devenait plus corsée, alors qu'il me posait davantage de questions sur ma vie personnelle. Il était cubain, mais il détenait également des passeports canadien, dominicain et italien, ce qui faisait de lui quelqu'un de très mystérieux. Il me fit part de ses activités dans le domaine de la planche à voile. Ricardo était, selon ses dires, un planchiste de calibre international. Il me dit:

— J'ai récolté toutes ces nationalités grâce aux multiples compétitions auxquelles j'ai participé. Lorsque je dois être hors du pays trop longtemps, Cuba conclut une entente particulière avec l'autre pays. On m'offre alors la nationalité en tant qu'athlète afin que je puisse représenter Cuba. Je dois également te dire que j'ai un fils à Montréal. Il s'appelle Manuel et il a cinq ans. Sa mère m'avait fait venir au Québec durant sa grossesse. J'ai obtenu la citoyenneté canadienne de cette manière. Je vais souvent voir mon fils quand je suis de passage au Québec.

D'une part, je me demandais si cette histoire de nationalités était vraie. Pouvait-il vraiment obtenir la citoyenneté d'un pays seulement en allant y participer à des compétitions? Cela me semblait difficile à croire, mais je décidai de passer outre ce détail. D'autre part, j'étais surprise qu'il soit père. Ce devait être pénible de ne pas voir grandir son enfant.

Le fait qu'il soit un athlète émérite expliquait sans doute son corps parfait et son aisance à s'exprimer dans plusieurs langues. Non seulement parlait-il un français impeccable, il connaissait aussi l'anglais, l'italien et, bien sûr, sa langue maternelle, l'espagnol. Il était assurément pourvu d'une intelligence hors du commun. Je devais être à la hauteur afin de continuer à faire bonne impression.

La soirée fut extrêmement agréable, mais il était maintenant temps de retourner à la chambre pour dormir un peu. Je n'allais quand même pas être si facile le premier soir! Il me donna rendez-vous le lendemain à la plage, près d'un hôtel moins connu, à plus ou moins une heure de marche du nôtre. Je ne pouvais refuser. Cela était si alléchant! Je ne rêvais que du prochain moment. En retournant à notre chambre, Julie et moi parlâmes sans arrêt de ces beaux et si mystérieux inconnus qui venaient de transformer notre voyage.

Bizarrement, un homme d'âge mûr nous suivit pendant un court moment. Soudain, il se mit à siffler son désir irrespectueusement. Il espérait faire une conquête. Quand je fis part à ma sœur de sa présence trop insistante, elle lui lança un regard sévère, m'empoigna et m'embrassa fermement sur la bouche. Je sursautai quand elle répliqua à cet homme de ne pas regarder sa blonde, qu'elle lui appartenait. Instantanément, il rebroussa chemin et nous explosâmes de rire. Nous rejoignîmes notre chambre et, après avoir enlevé nos vêtements, nous sombrâmes aussitôt dans un sommeil profond. La nuit passa rapidement.

# Chapitre V

Au matin, j'avais le cœur à la fois léger et gonflé par la joie et la hâte de revoir mon mystérieux prince cubain. Émoustillée, j'enfilai mon plus joli maillot et m'enveloppai de mon peignoir en broderie que je transformai facilement en une robe qui m'avantageait.

Je déjeunai d'excellents fruits frais. Il y avait des mangues bien juteuses, de grosses bananes très mûres et sucrées et de savoureux ananas. Le café étant une spécialité du pays, j'en bus plusieurs tasses ajoutées de lait chaud et mousseux. Le parfum de la boisson ne pouvait qu'agrémenter mon réveil déjà merveilleux.

Je commençai la journée en me dirigeant vers la mer chaude et salée pour me rafraîchir après la nuit humide. Je profitai de l'avant-midi pour laisser le soleil de Cuba réchauffer ma peau tout en jouissant de l'atmosphère que la présence de la mer tempérait. Je ne pensais à rien, sinon à moi. J'avais besoin de vacances depuis longtemps et j'appréciais ces jours de détente. J'admirais avec passion le doux baiser que se donnaient au loin le ciel et la mer; c'était pour les yeux et l'âme un spectacle unique devant lequel j'aurais pu passer des heures sans me lasser.

Je regardai ma montre pour la première fois lorsque

mon ventre cria famine à nouveau. Au buffet, les poissons prenaient la place principale. Agréables à l'œil de prime abord, aussitôt dans la bouche, ils s'avérèrent fondants et préparés à la perfection. De plus, c'était un bouquet de goûts exquis et variés. Fraîche et moussante, la bière du pays était omniprésente à l'heure des repas. Elle permettait de maintenir une bonne hydratation malgré la chaleur et le soleil, sans compter la note agréable qu'elle ajoutait à ce moment.

La journée passait rapidement et l'heure de mon rendez-vous approchait. J'entrepris une longue marche au bord de la mer vers l'inconnu qui m'avait tant fait rêver. Cependant, j'étais un peu mal à l'aise d'abandonner ma sœur à elle-même. Bien qu'elle ait été invitée elle aussi, je préférais être seule avec Ricardo.

La balade fut longue, mais j'y pris plaisir. Ma cheville était passablement rétablie et je marchais au gré d'une brise chaude et caressante. Mes pieds s'amusaient dans le sable qui faisait comme une farine salée et tamisée. Parfois, je croisais de petites lagunes qui faisaient comme des taches turquoise sur la plage. Je découvrais à nouveau les plaisirs de la vie auxquels mes parents m'avaient initiée durant mon enfance.

J'arrivai devant l'hôtel où mon jeune inconnu devait m'attendre. Il n'était pas encore là. Je m'installai au bar pour consommer une bière, question de passer le temps et de ne pas avoir l'air de simplement attendre. Je profitai aussi de l'ombre agréable et rafraîchissante.

Près d'une heure passa et la déception me gagna peu à peu. Allait-il falloir que je m'en retourne bredouille, que je refasse le chemin à l'envers sans avoir rencontré l'objet de tous mes rêves depuis la veille? J'avais bien trop vite cru au bonheur, et ma naïveté m'inspirait autant d'angoisse que de culpabilité. Maintenant, j'avais chaud et je renversais la tête vers l'arrière pour remuer ma chevelure cuivrée et dense dans la brise.

Soudain, une main se glissa sur mon cou humide. Je sursautai et mon cœur se réchauffa tout à coup. Il était là, me gratifiant de son sourire chaleureux qui découvrait des dents blanchies par la mer.

Je me levai aussitôt et il s'empressa de me presser contre lui. Une soudaine chaleur explosa dans mon bas-ventre, pendant qu'une pression bizarre, mais douce apparaissait dans mon estomac. Il s'excusa d'être en retard en me disant que sa mère, qui habitait avec lui, avait requis sa présence plus longtemps qu'il ne l'aurait cru. Comment ne pas lui pardonner? Ce devait être un bon garçon, pour s'occuper ainsi de sa maman. Ou bien un excellent menteur… Seul le temps saurait me renseigner à ce propos. Au fond, je ne m'intéressais vraiment qu'au moment présent.

Nous eûmes bien du plaisir ce jour-là et nous en aurions encore les jours suivants. Il me montra comment les pêcheurs attrapent les sardines pour les mettre dans un grand seau et les empaler sur un imposant hameçon afin de pêcher le vivaneau, un gros poisson rougeâtre à la chair plutôt blanche et très tendre. Les Cubains pêchent depuis le littoral avec des bobines de fil rigide déposées sur un bâton planté au large. Aussitôt qu'un poisson se prend au piège, le fil tombe du bâton pour se mettre à se dérouler rapidement dans la mer, au gré des petites vagues. Il leur faut alors se dépêcher, courir puis nager vers leur butin afin de ne pas le perdre. Un sport amusant, mais très exigeant physiquement, qui remplace avantageusement le conditionnement en gymnase.

Le soir venu, nous sommes passés par le port, non loin de la villa où demeurait Ricardo, et avons acheté quelques généreuses langoustes. Un poêle barbecue nous attendait. Ricardo avait pensé à tout: le brûleur, les couverts, la boisson et le reste. Il nous cuisina un formidable souper. Les saveurs dansaient dans notre bouche. Tout était vraiment excellent.

Ce jeune homme était surprenant, je m'en rendis compte au fil des jours. Il cuisinait comme un dieu, avait un corps plus que parfait et semblait extrêmement respecté de tous les résidants de la ville. Plus le temps passait, plus je désirais en connaître sur cet homme qui m'impressionnait carrément. Chaque jour était une nouvelle aventure. Nous avions toujours de longues conversations, que je qualifierais même de grands questionnements sur la vie et les valeurs profondes. C'était un peu trop sérieux pour des propos de vacances.

Nous fumions quelques cigarettes et arrosions nos moments de plaisir avec le rhum du pays. Malheureusement, le terme de notre séjour approcha bien trop rapidement. Le temps avait fui trop vite. Tous les jours, je n'avais pas hésité à franchir quelques kilomètres de plage pour venir retrouver Ricardo, mais il ne restait plus maintenant qu'une journée avant notre retour dans notre pays natal et notre ville. Mais si la fin si proche de nos vacances me remplissait d'amertume, je me promettais bien que, ce soir-là, rien ne me filerait entre les doigts. Je tenais à profiter pleinement de chaque moment.

La soirée avançait. Le ciel était vitreux en raison de la réflexion des étoiles sur la mer calme. Le vent était tombé et l'atmosphère était porteuse d'émoi; elle inspirait l'abandon et les caresses. Le regard invitant, Ricardo me suggéra de le suivre, ce que je fis sans crainte dans un élan de désir. Nous nous rendîmes à l'étage le plus prestigieux de l'hôtel où nous étions. Sa main dans la mienne m'enfiévrait tout entière. Il savait m'inspirer confiance, malgré mes questionnements à son propos.

Il ouvrit la porte de la chambre. Je lui empoignai les hanches et le poussai vers le balcon, face au clair de lune. J'étais bien et mon désir était à son paroxysme. Pour sa part, il semblait disposé à combler toutes mes attentes secrètes. Il m'empoigna à la fois fermement et délicatement, de ses mains fortes et tremblantes de désir. Mon peignoir valsa vers le sol frais. Il détacha mes cheveux que l'eau de mer avait bouclés serré. Il y enfouit ses doigts en me murmurant à l'oreille des mots dans sa langue que je ne pouvais comprendre, mais que je savais délectables. Nos vêtements s'entassèrent sur le sol. Nous étions enfin nus, deux corps luisants de désir. Bientôt, nous ne fûmes plus qu'un. La lune miroitait dans ses yeux. Il me faisait l'amour sans retenue et nous hurlions notre plénitude. Le souffle du vent de mer venait sécher les perles sur nos corps.

Mais Ricardo se releva très vite. D'un pas rapide, il repartit sans un mot, avec un regard indéfinissable que je ne pouvais traduire et qui me rendit inconfortable. Était-ce un au revoir seulement? Ne souhaitait-il que se satisfaire pour disparaître aussitôt? Je n'avais aucun moyen de répondre à cette question. Peinée, je m'endormis seule dans cette chambre d'hôtel impersonnelle, avec l'impression d'avoir été abandonnée, abusée par cet homme qui, semblait-il, avait seulement profité de l'occasion que je lui avais offerte en laissant ma nature passionnée s'exprimer.

Le matin arriva trop vite. Je me questionnais sur ce

qui s'était passé. Avais-je vraiment vécu cette chaude nuit avec mon bel inconnu? Je trouvais son attitude de la veille incompréhensible, dénuée de toute logique. Je devais revenir à la réalité. Le chemin du retour s'annonçait plutôt éprouvant, compte tenu de la canicule qu'on annonçait. En fait, il me fallut deux longues heures pour revenir à notre hôtel. Julie devait s'inquiéter ferme de mon absence prolongée. Enfin arrivée à ma chambre, j'ouvris la porte.

— Mais où étais-tu? s'exclama-t-elle aussitôt. Je t'ai attendue toute la nuit, morte d'inquiétude! Nous partons dans quelques heures et tu ne revenais pas.

En voyant mon regard rendu lumineux par le bonheur que je venais de vivre, elle m'adressa une mimique coquine qui voulait tout dire. Elle avait compris que j'avais passé une nuit très courte, mais drôlement satisfaisante. Je pris soin de tout ranger dans mes valises et me dirigeai en compagnie de Julie vers l'entrée principale afin d'y déposer mes bagages et de relaxer un peu en prenant mon dernier repas à Cuba. Je savourai chaque bouchée en me rappelant sans cesse que, ce que j'avais vécu la veille, ce n'était qu'un moment de plaisir sans lendemain, une aventure d'où l'attente était absente.

Le repas terminé, nous avons posé nos fesses sur un banc dans le hall et avons attendu la navette qui devait nous amener à l'aéroport. Nous étions tristes de toucher le terme du bonheur, déçues d'être si promptement arrivées à la fin de notre séjour en terre cubaine. Quant à moi, mon histoire se terminait drôlement. J'avais laissé à Ricardo mes coordonnées, mais je savais que jamais je ne le reverrais. Je devais oublier et passer à autre chose, à la réalité du retour, par exemple.

Le vol fut long et triste. J'avais peur d'affronter encore ma dure réalité. Julie, de son côté, était tombée amoureuse de cette île paradisiaque, mais aussi de Miguel. Les yeux rêveurs, elle me confia qu'elle avait vécu un véritable coup de foudre. Elle l'avait donc vu souvent et ils s'étaient entendus à merveille. De mon côté, je m'étonnais d'avoir eu tant de bonheur en une seule semaine, alors que le sombre voile retombait dans un claquement de doigts.

L'avion atterrissait à Montréal, là où j'avais laissé ma Grand Prix. Le pilote de l'avion annonça :

— Il fait présentement trois degrés Celsius à Montréal.

Nous étions épuisées. Ma sœur et moi avons conduit à tour de rôle. Je pris le volant pour franchir la dernière étape et ne parvins à Québec que stimulée par force café et bouffées d'air froid. Mais, au moment où je prenais la dernière sortie de l'autoroute, mes yeux que la fatigue harcelait depuis longtemps se fermèrent. Mon véhicule percuta la bordure de fer, ce qui me réveilla brutalement. J'avais violemment frappé le garde-fou. J'étais terrifiée. Je m'étais vraiment endormie. Ma sœur et moi réussîmes à rouler tout doucement jusqu'à notre appartement, puis, sans même regarder les dommages, nous gravîmes difficilement les marches interminables vers la porte qui nous souhaitait la bienvenue. Mon ventre criait famine, mais je m'endormis sans même quitter mes vêtements. Je tombai dans les bras de Morphée en ressassant mes récents souvenirs.

Le retour à la réalité fut brutal pour moi. Le souvenir de ce que j'avais fait là-bas m'indisposait. Nous venions de passer à l'étranger deux semaines à faire la fête sans envisager les conséquences, sans non plus trop nous attarder aux convenances. Nous ne souhaitions plus vraiment parler de notre séjour là-bas, tant il y avait de choses dont nous aurions eu à rougir. Personnellement, je m'étais laissée étourdir par un homme fort séduisant, mais de qui je n'attendais rien de plus que le plaisir du moment et qui devait faire la cour à toutes les filles qui passaient à sa portée.

Le manque d'argent et de nourriture était toujours présent; il m'attendait de pied ferme à Québec. En effet, nous avions tout dépensé à Cuba, sans réfléchir. Le fait de posséder de beaux vêtements était loin de me consoler; j'avais plutôt honte de les porter, étant donné qu'ils me donnaient l'air de ne pas mettre les priorités aux bons endroits. J'en étais réduite à fréquenter les sous-sols d'églises pour obtenir de la nourriture gratuitement. Ce que j'y trouvais était parfois périmé, mais j'enlevais les parties avariées et prenais soin de ménager les restes afin d'en avoir toute la semaine. Je passais aussi beaucoup de temps à pleurer sur mes fautes et à me culpabiliser. Cela n'arrangeait rien, comme on le pense bien. Avais-je appris de mes erreurs, cette fois? Rien n'était moins sûr.

J'étais revenue à la case départ, et la réalité faisait terriblement mal. Par ailleurs, chaque fois que l'idée d'utiliser mon corps à nouveau pour survivre m'effleurait l'esprit, j'étais prise d'un horrible mal de cœur. La vie ne pouvait-elle pas m'ouvrir ne fût-ce qu'une petite fenêtre vers la lumière?

Les jours se succédaient rapidement et je restais assise là à me tourmenter sans avancer. «Pas question de me laisser abattre!» me disais-je chaque minute, sans bouger. Je finis pourtant par me convaincre que je devais vite relever mes manches pour me sortir de la misère. Je me résignai donc à reprendre mon sac aux trésors noir parfaitement vide et décidai de le remplir rapidement pour revenir à la réalité le plus tôt possible. Je devais danser à nouveau. Malgré tout, je ne voulais pas végéter longtemps dans ce milieu et je m'étais fixé une limite de temps bien précise. Je passai quelques semaines à vendre le rêve que proposaient mes courbes. J'étais beaucoup plus suggestive dans mes mouvements. J'étais résolue à rapporter le plus d'argent possible et ça fonctionnait plutôt bien.

Le mois de novembre s'écoulait pourtant sans que je renonce à ce métier que je détestais. Un jour, alors que je m'apprêtais à croquer dans un sandwich, le téléphone sonna. C'était surprenant, puisque nous ne donnions jamais notre numéro. Une chaleureuse voix teintée d'un accent du Sud se fit entendre.

— Nadia? Bonjour, mon amour. C'est Ricardo. Je suis à l'aéroport de Québec. Je suis venu te voir comme promis. Viens-tu me chercher?

Mon sang cessa de couler dans mes veines. J'avais l'impression de vivre dans un film.

— Mais qui est-ce? demandai-je encore confuse, n'arrivant pas à croire que ce fût bien lui.
— C'est moi. Je suis venu te voir. Tu ne veux plus de moi?

Mes cordes vocales avaient perdu toute capacité de vibrer. Mon cœur battait si fort qu'il couvrait le bruit de ma respiration. Je ne comprenais pas. Nous avions passé du bon temps ensemble, mais je ne m'attendais pas à une suite. Si je l'avais invité à venir chez moi un jour, c'était pure formalité. Jamais je n'aurais cru que cela aurait pu se produire. Qu'allais-je faire? J'étais quand même agréablement surprise à l'idée de le revoir. Cela changeait ma vie opportunément. Il était beau comme un dieu, il avait la citoyenneté canadienne et surtout de l'argent. Pourquoi me voulait-il? Que me voulait-il? Était-il possible que cet Adonis fût l'exception qui confirmait la règle, cette règle qui réunit dans un même sac tous les gigolos et coureurs de jupons des îles? Peut-être m'aimait-il vraiment pour qui je suis. Je devais lui donner la chance de me le prouver. Et puis, qu'allais-je risquer? Au pire je lui dirais de débarrasser le plancher vite fait.

Nous avons passé beaucoup de temps ensemble. Il nous a acheté un peu de nourriture, ce qui nous a beaucoup aidées, ma sœur et moi. En plus, il faisait la cuisine. Il savait ce que je faisais pour vivre et cela semblait ne pas trop le déranger. Il comprenait que notre situation n'était que temporaire. Nous sortions, regardions des films… Nous avions beaucoup de plaisir. J'irais même jusqu'à dire que je pensais toujours à lui. Il m'obsédait plus que tout.

Une fin de semaine, il me quitta pour aller voir des amis italiens à Montréal. À sa demande, je lui avais prêté ma voiture. Il devait récupérer des boîtes de cigares, disait-il, afin de les vendre à de gros clients très influents. Il se disait le plus gros fournisseur de cigares cubains au Québec. Il fit le voyage à quelques reprises. Chaque fois, il revint après quelques jours, les poches bien remplies. Il me gâtait et me sortait. Même ma sœur avait droit à ses générosités. Enfin, j'avais l'impression de vivre une vie plus normale.

Il en vint à me faire davantage confiance, si bien

qu'il me confia un jour un projet d'envergure. Il voulait retourner à Cuba et faire livrer le plus de boîtes de cigares possible en un court délai. Un de ses amis pouvait se déplacer en sol canadien, récupérer la marchandise et attendre son retour. Il irait alors les chercher chez lui. Il ne resterait plus qu'à les vendre. Il voulait m'inclure dans son trafic et me faire profiter du butin. Il nous suggéra, à ma sœur et à moi :

— Accumulez le plus d'argent possible, puis revenez vivre avec moi à Cuba pendant quelques mois. Nadia, je ne te demanderai pas un sou pour rester avec moi. Tu ne manqueras de rien. Toi, Julie, je te louerai une de mes villas. Tu pourras y vivre avec Miguel et apprendre à le connaître. Il se meurt d'envie de te revoir. Deux cents dollars par mois seulement et tu es chez toi.

Je dis à ma sœur :

— C'est vrai que, deux cents dollars pour un mois à Cuba, ce n'est pas cher. Nous gagnons le double en une seule journée de danse.
— Tu as bien raison, c'est une chance qu'on ne peut pas laisser passer.

En contrepartie, Ricardo me demandait de l'aider à trouver des touristes qui accepteraient de rapatrier des boîtes de cigares au Québec. J'acceptai volontiers. Je préférais faire cela plutôt que de retourner sur la scène du bar. Cependant, il y avait un hic dans son projet si bien planifié. Il n'avait plus d'argent, ni pour nos billets d'avion, ni pour acheter les cigares à Cuba. Avec délicatesse, il me suggéra de danser deux semaines de plus, le temps de gagner juste le nécessaire pour que nous mettions le projet en marche. Ainsi, nous allions commencer avec une somme plus modeste et refaire le scénario plusieurs fois en réinvestissant chaque fois les profits. Le but visé était de recueillir beaucoup d'argent pour faire d'autres gros coups encore plus payants. Il semblait si facile de faire de l'argent dans ce domaine!

Ces deux semaines de travail supplémentaire feraient en sorte que je dépasserais la limite que je m'étais imposée, ce qui m'ennuyait passablement. Mais comment dire non? Je ne risquais rien. Je devais seulement exhiber mon anatomie un peu plus longtemps. Qu'est-ce que deux petites semaines de travail? C'était comme une parenthèse dans le temps avant de pouvoir goûter la vie d'abondance sur la plage durant au moins deux mois par la suite. Le jeu en valait la chandelle. Grâce à quelques jours de travail de plus, j'allais me faire cadeau d'une vie merveilleuse, au moins pour un court moment. Julie et moi avons donc accepté l'offre sans hésiter davantage. Le soir même, nous fûmes de retour sur scène.

Cette fois, cependant, j'avais décidé d'essayer un nouveau club de danseuses, réputé depuis très longtemps à Québec, Le Carol. J'avais fait le choix d'aller vers l'inconnu, car l'idée de continuer de danser au «Bar de l'Enfer» m'était devenue insupportable. Personne ne me connaissait dans ce nouvel établissement. Je pouvais recommencer à zéro sans avoir honte. De plus, j'avais bien l'intention de ne pas y rester plus que les deux semaines prévues.

Les isoloirs de ce bar étaient très différents. Il n'y avait pas de cellules particulières, mais de grands salons pleins de coussins, de rideaux et de tables. La lumière était tamisée à l'extrême pour assurer l'intimité à chaque client. C'était un véritable jardin des jouissances. Parfois, je croyais constater que des clients se permettaient des attouchements plus intimes avec certaines filles. Tout était différent et la compétition était grande entre nous. Aucune sympathie n'existait entre les danseuses. Nous devions toujours avoir du nouveau, comme une nouvelle musique ou un nouveau vêtement, même de nouvelles chorégraphies. Un soir, j'étais déguisée en chatte avec de petites moustaches, un autre soir en cow-girl avec une musique plus western. Une fois, je me suis ridiculisée avec la Compagnie créole. J'avais une minijupe blanche avec un grand boa en plumes rouges flamboyantes. Je ne savais plus quoi inventer pour attirer l'attention sur moi.

Mes deux semaines se terminaient et nos billets d'avion étaient achetés. J'étais si heureuse de pouvoir tout quitter enfin! Tout serait derrière moi une fois de plus.

Ricardo me demanda si je pouvais acheter quelques paires d'espadrilles de marques connues qui pourraient être vendues au moins deux fois le prix à des amis à lui à Cuba. Les chaussures de sport de marques renommées n'étaient pas accessibles sur l'île. J'acceptai donc de nous acheter deux nouvelles paires de baskets que nous allions pouvoir porter jusqu'à leur revente.

Le jour J arriva. C'était quelques jours avant Noël. J'étais un peu hésitante à l'idée de m'investir dans mon nouveau projet. Julie et moi avions décidé de ne pas parler à nos parents de ce voyage d'affaires, de peur qu'ils ne nous fassent la morale. Nous étions résolues à prendre nos décisions seules, peu importait le prix, en fin de compte. Depuis mon jeune âge, le goût de l'aventure coulait dans mes veines. Professeur et géographe de profession, mon père m'avait donné la chance de faire plusieurs voyages lorsque j'étais enfant et il m'avait raconté leurs maints périples, à ma mère et lui, lorsqu'il avait enseigné au Zaïre, en Afrique. Je n'ai jamais eu peur du risque; l'inconnu m'obsède et la nature me fait vibrer avec passion, tout comme eux.

Le cœur rempli d'incertitudes, je rejoignis Ricardo qui attrapa mes valises déjà prêtes et grimpai dans ma voiture. Je le laissais conduire. Il disait qu'un homme devait conduire sa femme et cela ne me dérangeait pas vraiment. Même que ça me soulageait, vu que je me sentais quelque peu coupable qu'il n'ait aucune autonomie et qu'il dépende de moi. Nous quittions les lieux, mais je ne faisais que pleurer sans savoir pourquoi. Perdue dans mes pensées, je fixais l'extérieur d'un regard fuyant. Je vivais des émotions que je ne pouvais décrire, comme si je n'allais plus revoir ma famille ou mon coin de pays, ce qui était absurde. Julie était assise derrière moi, silencieuse.

Le vol fut bref et agréable. L'humidité et l'air au goût de sel se firent sentir dès l'ouverture des portes du Boeing dans lequel nous avions pris place. C'était un bonheur de laisser à nouveau cette chaleur m'envahir. Mes inquiétudes étaient calmées. Ma vie de danseuse était maintenant derrière moi. Un nouveau chapitre de mon existence rocambolesque commençait.

# Chapitre VI

À Cuba, nous sautâmes dans le premier taxi disponible, et Ricardo donna son adresse au conducteur. C'était à une vingtaine de minutes de l'aéroport. Tout comme Julie, je regardais intensément le beau paysage. Nous étions vraiment heureuses d'être aussi tôt de retour sur l'île. L'atmosphère de vacances, chaude et agréable, nous avait reconquises d'emblée. Par la fenêtre, j'apercevais de vieilles voitures démodées et rongées par les années. Nous arrivâmes à destination sans que je voie le temps passer. Ricardo appela un homme pour l'aider à porter nos lourdes valises.

C'était la première fois que je visitais la maison de mon nouvel amoureux. À Cuba, on appelle les maisons des villas. Ce sont des constructions de plain-pied d'une très grande superficie qui comprennent plusieurs unités de logement et de nombreuses portes. Les appartements sont tous disposés de façon plus ou moins symétrique autour d'un centre commun. Ils ont des murs adjacents, mais ils ne communiquent pas.

Ricardo habitait donc avec sa mère et son beau-père dans l'un des logements. J'allais partager les lieux avec eux, ce que j'avais oublié. Mais, étant de nature très respectueuse et sociable, cela ne me dérangeait pas trop; j'étais seulement surprise. Le logement voisin à droite appartenait à sa tante et à son oncle, qui y vivaient avec leurs deux filles, le copain de l'une d'elles et des chiens. Les appartements à gauche étaient loués à Miguel et ma sœur. J'allais vivre en communauté sans en avoir été avisée, ce que je trouvais quand même un peu dérangeant. Heureusement, Julie n'était pas loin de moi.

La petite villa était peinte d'un beau bleu pastel, ce bleu qu'on ne voit que dans les pays chauds, avec des bordures roses plutôt mal assorties. Sur le mur de l'entrée, une superbe fresque avait été peinte par un artiste de la ville. Elle représentait une plage d'un sable farineux bordée par une mer translucide, des palmiers majestueux avec une belle maison; c'était un magnifique paysage qui créait une impression de grand espace. Une pièce faisait office de salon. De dimensions modestes, elle était néanmoins accueillante. Des napperons de dentelle garnissaient de petites tables dépareillées. Le plancher était si propre que, même pieds nus, j'avais peur de le salir.

La première pièce que nous croisions en longeant le corridor était la chambre de Ricardo. C'était un endroit minuscule, muni d'une fenêtre tout en hauteur habillée de rideaux de dentelle blanche. Le lit paraissait plutôt inconfortable et instable. Il y avait aussi la salle de bain qui contenait une baignoire que je qualifierais de naine, laquelle n'avait pas de robinets. Une autre mauvaise nouvelle : j'allais devoir me laver avec une chaudière d'eau froide.

La pièce suivante était la chambre des parents que je n'ai jamais visitée. Plus loin, c'était la salle à manger, complètement vitrée sur trois côtés avec une magnifique vue sur l'immense baie de Cárdenas. J'avais l'impression d'être sur une maison flottante avec vue imprenable sur l'océan. Un adorable perroquet jaune, vert et orange vivait en liberté dans la pièce; il a su conquérir mon cœur dès le premier coup d'œil. Dans la cuisine, il n'y avait pas de four, mais un vieux réfrigérateur blanc encore fonctionnel y trônait. Tout brillait comme si une femme de ménage vivait là en permanence.

Je n'avais d'autre choix que de mettre toute ma confiance en Ricardo. Il devenait mon guide, ma référence, et je devais me fier à lui. J'étais dans un monde inconnu, avec un homme que je ne connaissais tout de même pas beaucoup, et cela m'inquiétait.

Juste après notre visite de la villa, il me présenta à sa mère, Maria. Elle était toute petite et semblait extrêmement vieille. Elle avait un léger surplus de poids. Son sourire omniprésent la rendait très attachante. Elle ne parlait presque jamais, mais, lorsqu'elle le faisait, elle ne s'exprimait qu'en espagnol. Elle travaillait sans arrêt et ne ménageait pas sa peine. Ainsi, la corvée du lavage se faisait à la main, en frottant chaque morceau à l'extérieur sur une grosse planche à laver en métal froissé, avec un pain de savon dur. Ce n'était pas de tout repos de tordre tout ce linge à la main et de le suspendre sans épingle à une corde à linge constituée d'un petit câble qu'il fallait détordre pour y insérer les coins de tissu. Bien sûr, la manucure n'existait pas pour elle.

Je trouvais triste la vie de cette pauvre vieille femme. Elle semblait avoir perdu presque tous ses cheveux. Ceux qui lui restaient étaient teints d'un noir mal assorti. Plus tard, son fils m'expliqua qu'au départ de son vrai père elle avait fait une grosse dépression et avalé une grande quantité de produits nettoyants très toxiques. Tout l'intérieur de son système digestif avait été brûlé et elle avait eu de la chance de s'en sortir. Elle avait tout de même gardé des séquelles importantes de sa tentative de suicide, comme des pertes de mémoire. La chute de ses cheveux était aussi une des conséquences de son geste. Elle avait dû souffrir énormément. Au dire de son fils, elle ne s'était jamais remise de ce départ. Ricardo m'expliqua aussi que son père était très violent avec les femmes et qu'il l'avait très souvent vu battre brutalement sa mère. Même qu'une fois il était intervenu et avait été battu lui aussi. La souffrance était palpable dans la famille. Heureusement, le beau-père était un pur amour, gentil et attentionné. Il travaillait beaucoup et était très bon pour la maman, qui le méritait bien.

Il avait fait visiter à ma sœur la villa qu'il allait lui louer et nous l'avions suivi. Julie avait retrouvé avec joie son bel amour, Miguel. Afin de leur laisser leur intimité, nous sommes revenus à la maison et, une fois la famille présentée, nous avons pris le temps de nous reposer un peu dans la chambre de Ricardo, une pièce plutôt sombre. Je pris soin de bien placer mes vêtements.

Nous étions assis sur le bord de son lit, en face d'une sorte de commode qui faisait toute la longueur du mur et comportait une partie plus haute qui servait de penderie. Il ouvrit un compartiment, une porte à glissière en contreplaqué située tout au centre du meuble. Il y avait une autre porte avec une serrure à l'intérieur. Il prit une clef soigneusement cachée dans un autre compartiment et l'utilisa pour ouvrir la porte secrète. Il en ressortit ses passeports, de l'argent et quelques bijoux en m'expliquant:

— Pour une sécurité absolue, il est de la plus haute importance pour moi de conserver sous clef mes documents importants, comme mon passeport et mon argent. Tu dois faire comme moi. Ici, tout le monde agit ainsi.

Je regardai de plus près le compartiment qu'il venait de déverrouiller. C'était un tout petit coffre noir ajusté dans la commode. Il semblait y être depuis toujours, tellement on avait l'impression qu'on ne pourrait jamais le sortir de là. J'étais surprise de la confiance que me témoignait Ricardo. Mais, en même temps, j'hésitais à laisser mon passeport sous sa protection; après tout, je ne le connaissais pas vraiment. Devant mon hésitation, il me dit:

— Voici mes passeports. Tu peux les regarder.
— Merci, Ricardo.

J'examinai les documents un à un. La première chose que je vérifiai, ce fut si son nom était inscrit de la même façon partout. C'était bien le cas, et les documents paraissaient tout à fait réguliers. Je lui confiai donc mon passeport, ainsi que la plus grande partie de mon argent liquide.

— Surtout, ne sois pas inquiète! C'est pour ta sécurité. Regarde, je cache la clef ici dans ce tiroir.

Il prit soin de la placer immédiatement dans la table de nuit qui se trouvait de son côté du lit et de refermer soigneusement le tiroir. Il poursuivit:

— Il n'est pas raisonnable de garder autant d'argent liquide dans une villa, ici, à Cuba. Il te faudrait ouvrir un compte en banque.

Dès que je la vis, j'en parlai à ma sœur, qui n'eut pas vraiment d'opinion à ce sujet. N'ayant pas le choix de me fier à Ricardo, je pris tout mon argent liquide, près de cinq mille dollars, et me dirigeai en compagnie de mon amoureux vers l'institution bancaire du centre-ville de Varadero. Comme je n'avais qu'un visa, je n'avais pas le droit, semblait-il, d'ouvrir un compte à mon nom. Cela aurait pu éveiller quelque soupçon sur ma présence à Cuba.

Nous marchâmes main dans la main dans les rues jusqu'à ce gros établissement qui, par sa prestance, ressemblait à un hôtel de ville. Un long escalier semblait accueillir le client dans l'établissement bancaire. Ricardo me pria de l'attendre tout près, au coin de la rue. J'étais nerveuse et des pensées tourbillonnaient dans ma tête. Je trouvais que toutes ces précautions étaient exagérées et cela minait ma confiance.

En sortant de la banque, il se dirigea vers moi avec un air plutôt nonchalant et, sans même me parler de la transaction, il me fit signe de le suivre. Son attitude avait changé. D'habitude, il avait toujours de charmantes attentions à mon égard, mais voilà que s'était installée entre nous une ambiance glacée dont je ne comprenais pas la raison. Avais-je posé un geste déplacé? Attendait-il de ma part quelque chose que je n'avais pas compris? Il allait sûrement m'en parler, me disais-je. Il avait toujours été si facile de s'entendre jusque-là! Il n'y avait pas de raison qu'il en soit autrement, tout à coup. J'avais tendance à dramatiser par peur de déplaire, et ce, depuis ma tendre enfance.

N'empêche, il marchait d'un pas long et sec et je suivais son rythme avec difficulté. J'avais l'impression de ne plus être au bon endroit au bon moment.

De retour à l'appartement, il garda le silence et s'installa dans le salon pour écouter des émissions espagnoles télévisées avec ses parents. Je le suivis et pris place à ses côtés. Je voulais lui demander pourquoi il semblait si indifférent, tout à coup, si j'avais fait quelque chose de déplacé, mais, devant ses parents, je ne fis rien pour ne pas troubler l'ambiance familiale.

À l'heure du coucher, il se leva, toujours silencieux, et se dirigea vers la chambre. Il se dévêtit et se coucha. L'air ne passait plus dans mes poumons. J'avais l'impression d'être responsable de son comportement, sans même savoir ce qui l'expliquait. Je devais sans tarder obtenir des éclaircissements.

J'entamai la conversation doucement en lui demandant ce qui se passait, si j'avais fait quelque chose de mal, mais il ne répondit pas. Je m'allongeai à ses côtés le cœur gros, en proie à un total désarroi.

Tout à coup, il se leva et me dit qu'il sortait. Lorsque je lui demandai où il allait, il me répondit que cela ne me regardait pas. Il se lava, se vêtit élégamment, se parfuma et quitta les lieux. Je me ruai vers lui en le suppliant de m'expliquer ce qui se passait et lui demandai si je pouvais le suivre. Soudain, il me transperça d'un terrible regard noir et, dans un élan de colère et de dégoût, il me poussa sur le lit. Il m'arracha ma petite culotte et détacha son pantalon. Son sexe était au garde-à-vous. Il se rua en moi avec violence. Je trouvai ses manières peu convenables et le repoussai sans ménagement, mais il m'empoigna brutalement les cheveux et me fit clairement comprendre que je ne le méritais pas.

— Fille de pute! Petite agace! Tu vois ce que tu me fais faire? Tu n'es pas digne de moi.
— Ricardo, s'il te plaît, laisse-moi, tu me fais mal. Mais qu'est-ce qui se passe? Pourquoi dis-tu cela?

Je ne comprenais plus rien. Il me voulait près de lui

et, maintenant, il m'agressait. Qu'avais-je fait? Pourquoi me traitait-il tout à coup ainsi? Après en avoir fini, il me laissa sur le lit et s'enfuit en claquant la porte.

Je ressentais ce viol jusqu'au plus profond de mon être, encore plus frustrée que surprise. Je m'en voulais à un point qu'on ne peut imaginer de lui avoir fait confiance. Il semblait avoir lâchement joué un rôle pour profiter de moi, et ce, sans même me désirer. J'étais insultée et je craignais son retour en même temps. J'avais le pressentiment qu'il allait arriver quelque chose de terrible. Je sentais mon ventre se contracter, et une boule occupait tout mon estomac. De quelle humeur allait-il être à son retour? Serait-il le bon ou le mauvais garçon? Comment devrais-je réagir? Ma peur et ma perplexité étaient si grandes que je tremblais et ne pouvais quitter le lit inconfortable où je gisais en petite boule. Je sombrai dans le sommeil, épuisée par toute la peine qui s'était déversée par mes yeux.

Le lendemain, il était là, à mes côtés, dormant paisiblement. Il était redevenu le bel Adonis dont j'avais tant rêvé. Je le regardai sans comprendre le cauchemar de la veille. Je continuais à me questionner sur le motif de son accès de violence, sans parvenir à trouver la moindre réponse. Quand il ouvrit les yeux, il soutint mon regard pétrifié par la peur et me dit avec une douceur aussi incompréhensible que son attitude de la veille :

— Bonjour, ma belle! Tu as bien dormi?

J'étais complètement perdue, désemparée. Comment comprendre son violent écart de conduite? Je n'avais plus aucune confiance en lui; je me mis à pleurer ma douleur et ma frustration. J'anticipais le moment

98

où je pourrais tout raconter à ma sœur. J'aurais aimé le frapper au visage pour me purger de ma colère, mais son regard enjôleur réussit à me reconquérir rapidement. Il me dit :

— Je n'ai pas été très gentil avec toi hier, ma chérie. Pardonne-moi. Je ne comprends pas ce qui m'est arrivé. Tu ne mérites pas cela. Je vais faire attention à toi, désormais.

J'avais terriblement peur d'une récidive, mais je voulais croire que cela n'était qu'une simple incartade, que tout redeviendrait normal et romantique, comme par le passé.

Il prépara mon petit-déjeuner avec du pain frais, du jambon et un délicieux fromage. Un café au lait m'attendait dans la salle à manger que j'aimais tant. Sa mère y siégeait, toujours affublée de son large sourire, et me fit signe de me servir. Elle avait une physionomie plutôt amusante. Elle portait de longues jupes paysannes qu'elle remontait jusqu'au-dessus de sa généreuse poitrine. Le superbe perroquet vert, orange et jaune se trouvait toujours dans la pièce. Chaque fois que nous y venions, il criait : « *Puta, puta, niña de puta* », ce qui veut dire : « Fille de putain ». Assez grossier comme interjection ! Mais j'adorais ce bel oiseau. Tous les jours que j'allais passer là, je le caresserais et lui parlerais. Il me consolerait et meublerait ma solitude.

Comme le soleil était là, Ricardo suggéra que nous allions passer la journée à la plage pour nous donner du bon temps ensemble et remettre les choses en ordre. J'enfilai mon maillot et une robe soleil, attrapai mon sac de plage et le suivis vers la pleine mer, de l'autre côté de la péninsule, juste en face de l'hôtel où nous avions eu notre premier rendez-vous. Nous y avons passé des heures à contempler la mer et à nous faire dorer la peau.

Nous avons profité de cette journée à deux et, vers la fin de l'après-midi, il me présenta à plusieurs de ses amis en me désignant comme son amoureuse. J'étais plus rassurée, à présent. Chacun semblait respecter Ricardo anormalement. Les hommes se faisaient un devoir de venir le saluer et, souvent, ils prenaient soin de s'éloigner avec lui pour un bout de conversation plus sérieuse. J'avais l'impression qu'il avait un lien quelconque avec le crime organisé ou un trafiquant de drogue de haut niveau. Le respect qu'on lui vouait ressemblait davantage à de la crainte qu'à de l'affection. Les gens semblaient tous avoir peur de lui et, curieusement, ils ne croisaient jamais directement son regard. Je me disais que je devais rester sur mes gardes.

Tous les soirs par la suite, nous achetâmes avec mon argent quelques bouteilles de rhum pour lubrifier la communication avec ces personnes. Il disait que ces hommes l'aideraient à obtenir des contacts à La Havane pour se procurer des cigares. Comment juger de la véracité de ses paroles? J'étais nouvelle dans le domaine de la contrebande. Heureusement, Miguel et ma sœur venaient fréquemment passer quelques heures avec nous, ce qui diluait la désagréable ambiance de fête un peu trop arrosée où Ricardo et ses amis évoluaient.

Le soir, mon compagnon sortait régulièrement, toujours bien vêtu et parfumé. Il prenait soin de m'expliquer que ces sorties étaient nécessaires pour la concrétisation de notre projet et qu'il valait mieux qu'il ne soit pas accompagné. Je n'aimais pas du tout cette situation. Je comprenais que je ne maîtrisais plus rien.

Deux semaines ne s'étaient pas écoulées qu'il ne voulait déjà plus faire l'amour avec moi. Le matin, le café ne me réveillait plus et je devais faire mon petit-déjeuner moi-même. Ma sœur s'éclipsait avec son nouvel amant et je me retrouvais seule à affronter ma situation. De toute façon, Ricardo voyait d'un œil de plus en plus soupçonneux que je voie ma sœur de temps en temps, très rarement, en fait, étant donné qu'elle-même ne tenait plus beaucoup à entretenir nos relations maintenant qu'elle vivait son idylle amoureuse avec Miguel. Même si nous n'avions plus de rapprochements intimes, Ricardo cherchait à m'isoler, il resserrait son étau sur moi jour après jour et me confinait dans sa chambre de longues journées sans me donner aucune nouvelle quant à ses activités. Il avait même demandé à sa mère de lui rendre compte de mes allées et venues quand il n'était pas là.

Un soir, nous sommes allés au bar le plus couru du coin pour danser le merengue. Il n'y avait pas beaucoup de femmes et j'avais l'impression d'être la seule Québécoise en ces lieux. J'adorais danser et je crois que je suis plutôt douée pour cette forme d'expression. Selon la coutume latine, n'importe quel homme peut demander à une femme de danser avec lui et celle-ci est libre d'accepter. Personne ne la juge; c'est uniquement pour le plaisir de danser.

Comme je me sentais très mal à l'aise de pratiquer cette danse suggestive avec des inconnus, je demeurais à ma place, près de Ricardo, à siroter une consommation. Soudain, il me demanda avec insistance de danser avec un de ces Cubains que je ne connaissais pas. Puis, voyant que je prenais plaisir à la danse, il me poussa avec autorité vers un autre, puis un autre, et ainsi de suite. Je venais souvent lui demander de me rejoindre, mais il refusait chaque fois. Il me rassurait en me disant que tout était parfait et que je devais m'amuser.

Mais je n'étais pas autrement tranquillisée par ses paroles. En général, les Latinos sont extrêmement possessifs et jaloux, et son comportement était pour le moins incohérent. Ou bien il me transmettait un message trop explicite quant à ses sentiments, et ce n'était pas moins inquiétant pour moi.

Je dus danser durant deux bonnes heures, ce qui me libéra de mes tensions et me fit beaucoup de bien.

Je m'arrêtai un instant pour le chercher du regard; il n'était plus là. Je pris panique aussitôt. Je ne connaissais personne à cet endroit et j'avais peur que quelque chose m'arrive. Je le cherchai partout, à l'intérieur comme à l'extérieur, mais impossible de le trouver. J'étais d'autant plus apeurée que le fait de quitter l'établissement sans lui pouvait être mal interprété. S'il était caché quelque part, il serait furieux et me reprocherait d'être partie avec un des hommes qui se trouvaient dans le bar. Si, au contraire, il était furieux que j'aie dansé avec ces hommes malgré son accord, il avait peut-être quitté sans moi et m'attendait dans une colère intense à la maison. Que devais-je faire? Me fallait-il retourner à la villa au plus vite? C'était insupportable. Il m'interdirait peut-être d'entrer chez lui. Que ferais-je, dans ce cas?

En proie au désespoir, je m'appuyai contre une colonne de béton dressée dans un coin du bar. Il m'était impossible de bouger. J'étais dévastée intérieurement. Près d'une heure passa. Enfin, la porte des toilettes s'ouvrit et Ricardo apparut. Il arborait un air glacial et avait le regard vitreux. Il se dirigea vers moi d'un pas ferme et soutenu. Complètement pétrifiée, mais aussi soulagée de le voir, je lui adressai un sourire pour éviter toute tension entre nous. Il se planta devant moi, son visage à seulement deux centimètres du mien. Il ne semblait plus être lui-même, tant il paraissait égaré. Avait-il consommé une drogue quelconque, ou était-il fou? Ses yeux étaient noyés dans le noir. Il avait les pupilles dilatées et il me faisait peur. Il commença à me crier dans sa langue des insultes compréhensibles à la seule intonation avec laquelle il les prononçait. Ma peur était si grande que je me raidis, au point où aucun mouvement ne m'était plus possible. Je croyais qu'il allait me frapper. Tout le respect que je lui portais venait de fondre. Toute ma confiance envers lui était anéantie, toute possibilité d'amour, réduite en poussière. Cet homme, devenu soudain un inconnu, avait une emprise totale sur moi. Il n'était pas question de lui demander la raison de sa colère. Cela aurait été inutile, en plus de me plonger dans une plus profonde incertitude encore, car il semblait prendre plaisir à me terroriser.

Il m'empoigna fermement le bras et me traîna à l'extérieur avec tant de force que mes pieds glissaient sur le sol. Nous marchions très rapidement dans la rue principale qui nous menait vers sa demeure. Je le suivais du mieux que je pouvais afin d'essayer d'éviter le pire. Mais que pouvait-il y avoir de pire? Il avait déjà repoussé les limites de ma peur.

Nous arrivions à la villa, lui, agressif, moi, craintive. Il ouvrit la porte d'entrée et me poussa à l'intérieur. Qu'allait-il encore me faire? Allait-il me frapper, cette fois? Je m'empressai de le devancer dans la chambre, complètement soumise, dans le but d'acheter la paix pour une nuit. J'enfilai ma robe de nuit et entrai sous les couvertures en tremblant de tout mon corps. Je me faisais toute petite dans l'espoir qu'il oublie ma présence. Aucune raison ne justifiait son comportement.

À ma grande surprise, il s'allongea à mes côtés et sombra instantanément. J'étais soulagée, mais apeurée à l'idée qu'il se réveille. Je m'endormis également et fis une succession de cauchemars qui perturbaient sans cesse mon sommeil.

Le matin venu, j'ouvris les yeux plus tôt que lui, mais n'osai pas bouger du lit. Même si ma vessie était gonflée, je n'osais pas aller me soulager, craignant de le réveiller. De toute manière, il faisait bon de profiter de quelques minutes de calme et de repos conscient. La mère de Ricardo se présenta devant notre porte et jeta un regard dans la pièce. Je sentais qu'elle aussi vivait dans la crainte. Elle me fit signe de la rejoindre dans la salle à manger. Je me levai avec les plus grandes précautions et, doucement, sortis de la chambre sans réveiller Ricardo.

Maria était dans la salle à manger, la cafetière à la main, et me fit signe d'approcher. Nous nous sommes assises à l'extérieur sur une chaise de bois berçante avec un café au lait bien chaud. Je sentais qu'elle voulait me dire quelque chose. Elle mit sa vieille main ridée par le travail sur ma cuisse et plongea un regard de compassion dans mes yeux. Elle savait ce que je vivais. Du mieux qu'elle put, dans un langage gestuel teinté de douceur, elle tenta de me faire comprendre que son fils était bon dans son cœur, mais que, tout comme son père, il avait des crises de violence incontrôlables. Il valait mieux ne pas le contrarier et faire toujours ce qu'il souhaitait pour éviter que cela ne tourne mal. Mais je ne pouvais pas vivre dans cette instabilité et ce risque continuel qu'une autre crise survienne. Je la remerciai poliment. Elle le méritait bien, après les dures épreuves qu'elle avait subies.

Je me relevai et me dirigeai vers la chambre. J'étais fermement décidée à mettre fin à cette supposée relation. Je m'assis près de lui sur le lit et lui passai tout doucement la main dans le dos pour le réveiller. Il ouvrit les yeux et me sourit. Je comprenais maintenant qu'il avait un problème de comportement important. Cela confirmait mon désir de partir, de fuir le plus loin et le plus rapidement possible. Je commençai par lui annoncer que j'avais des choses importantes à lui dire. Il n'était pas question de prendre le risque de le mettre en colère. Je devais mettre des gants blancs. Il fallait que je joue le rôle de la douce et gentille victime qui ne voulait que quitter les lieux sans trop de remous.

Je le regardai avec douceur dans les yeux et, tendrement, lui expliquai que j'avais fait une erreur et qu'il valait mieux que je retourne chez moi, que notre relation ne pourrait fonctionner. Nous étions trop différents : notre culture était à l'opposé, notre milieu de vie était aux antipodes... Malgré nos efforts, nous ne pourrions jamais jeter ensemble les bases d'une relation heureuse.

Tout à coup, il laissa échapper un rire fort et agressif. Il se leva sans se soucier de moi et quitta la chambre. J'étais insultée. Il ne m'avait même pas répondu. Il m'ignorait totalement. Accablée par la honte de m'être placée dans une telle situation, je le suivis pas à pas. Il referma la porte de la salle de bain derrière lui et, au bout de quelques minutes d'attente, alors que j'étais assise dans la salle à manger, je l'entendis en sortir. Il se rendit à nouveau dans sa chambre où je le rejoignis aussitôt. Je voulais une riposte, une réponse. Il revêtit son maillot de plage blanchi par le sel, mit ses lunettes fumées et me dit sèchement :

— Tu veux partir ? Alors, va-t'en, je ne te veux pas non plus.

À demi soulagée, je me dirigeai vers la clef du coffre secret afin d'y récupérer mon passeport et mon argent. Je me figeai, affolée, devant le petit crochet duquel aucune clef ne pendait. Je lançai à Ricardo un regard accusateur. Il avait un large sourire de contentement. Je lui demandai où était la clef. Il semblait prendre plaisir à ce nouveau jeu du chat et de la souris. Il me dit :

— Je ne te dois rien. Si tu veux partir, vas-y. Ça vaudra mieux pour toi.

À ce moment, je ne compris pas que c'était une chance à saisir. Désemparée et ne voulant pas croire que le destin me jouait un pareil tour, je tentai de le raisonner.

— J'ai besoin de mon passeport pour traverser les douanes et de mon argent pour acheter mon billet de retour. Tu as tout mon argent et tous mes documents. Je ne peux pas partir.
— Ce n'est pas mon problème, me répliqua-t-il.

Il quitta la pièce sans un mot de plus. J'étais désespérée. Je ne pouvais croire ce que je vivais. Cela n'était sûrement qu'un mauvais rêve et j'allais me réveiller sous peu. Dans un état de total désarroi, je me mis à pleurer sur le lit de cet homme violent, de cette ordure innommable que je n'avais pas su subodorer et à laquelle je tenais encore malgré tout. Mais je devais trouver une solution. Notre relation était terminée. Je pouvais donc me considérer comme libre.

Je restai allongée sur ce lit durant un bon moment pour essayer de trouver un moyen de me sortir de ma délicate situation. J'avais déjà glissé un mot à ma sœur de ce que Ricardo m'avait fait, mais elle avait banalisé ce qui s'était passé. Elle considérait que lui et moi nous disputions comme le font souvent les couples et qu'il n'y avait rien de bien nouveau dans ce phénomène. En fait, elle flottait sur un nuage depuis qu'elle avait rencontré Miguel et elle ne se préoccupait plus de moi. Je la voyais rarement, ce que je trouvais très difficile.

Toujours couchée sur le lit, j'entendis soudain des pas se rapprocher. On frappa doucement à la porte. J'avais peur, mais je me disais que ce ne pouvait être lui. Je me levai pour ouvrir. Une jolie blondinette était là avec un beau sourire de pitié peint sur son visage. C'était la cousine de Ricardo. Elle s'appelait Angelina. Avait-elle entendu notre conversation, ou bien Maria lui avait-elle parlé de mes malheurs? En tout cas, elle était là juste au bon moment. J'avais vraiment besoin d'une épaule, de quelqu'un qui m'écoute, et elle semblait avoir beaucoup de compassion.

Elle me prit par la main et me suggéra par des signes de la suivre. Nous avons passé la journée ensemble. Elle ne parlait qu'espagnol, mais nous réussissions à communiquer grâce à quelques mots et à une abondance de gestes. J'ai cru comprendre qu'elle savait très bien que son cousin était violent, mais que, selon la famille, cela n'était pas grave. Si j'oubliais ses durs, mais courts moments de colère, je coulerais une belle vie avec lui quand même. Selon elle, il ne pensait pas ce qu'il disait et, surtout, il regrettait ce qu'il faisait. Elle essayait de me raisonner. Au fond de lui, me disait-elle laborieuse-ment, il avait de bonnes bases, quelque chose de bon. Je me disais : « Sûrement que sa bonté est bien cachée tout au fond de lui, en effet. » Lorsqu'elle eut terminé, je parlai à mon tour :

— Angelina, dans mon pays, la violence envers les femmes est inacceptable. Si un homme porte la main sur une femme, c'est la prison automatique. Frapper les gens n'est pas un bon moyen pour obtenir l'atten-tion.

— Tu n'as certainement pas tort, mais, ici, il n'y a pas de lois qui nous protègent. Je suis certaine que votre mésentente n'est qu'un malentendu et qu'il va s'excu-ser à son retour. Donne-lui une chance. Tu verras, il n'est pas méchant dans son cœur.

Je soutenais son regard, me demandant comment elle pouvait croire ce qu'elle disait. Nous avons finale-ment abandonné le sujet. Je voulais surtout me changer les idées. Après tout, c'était le but de sa visite. Je n'étais pas encore déterminée à quitter Ricardo. Cela peut sembler absurde, mais il m'avait totalement envoûtée. J'avais le sentiment que mon cœur cesserait de battre si je le quittais. Pourtant, le traitement qu'il m'avait infligé à quelques reprises et surtout son attitude quelques heures plus tôt auraient dû être amplement suffisants pour que je veuille m'enfuir. Mais j'ai décidé de rester sans trop comprendre ce qui me retenait.

Nous nous sommes fait les ongles et avons peigné nos cheveux. La journée a passé très vite. Malgré tout, je devais prendre une décision quant à ce que je ferais ce soir-là. Je retournai dans la chambre pour attendre Ricardo. Les minutes me paraissaient des heures. Épui-sée par la fatigue et les émotions, je décidai de me coucher plus tôt. Peut-être aurais-je la chance de dormir sans peur, cette fois.

Je sombrai dans un sommeil rempli de cauchemars affolants. Je courais pour me sauver, me perdais dans une ville inconnue, marchais des heures dans de longues ruelles de pierres usées par le temps. Les murs des maisons semblaient m'étouffer en se rapprochant. J'étais affolée quand j'entendis ce qui ressemblait à un coup de feu. En fait, c'était le claquement de la porte, fermée de façon agressive, qui m'avait arrachée brusquement à mon cauchemar pour me jeter sans transition dans un autre. Ricardo était là, debout au pied du lit avec son air d'être au-dessus de tout. Il semblait sur le point d'éclater de rire. Peut-être désirait-il me frapper? Je ne savais quoi lui dire. Il m'apostropha.

— Lève-toi. J'ai quelque chose pour toi, ma belle!

Il fronçait ses sourcils noirs et arborait un sourire hypocrite que j'avais déjà vu auparavant. Je n'avais d'autre choix que de le suivre. Il me conduisit dans le salon. Il avait posé deux boîtes de trente cigares sur un bureau de bois. Il les pointa et me dit:

— Voici! Tu m'as demandé de te laisser partir. Je te donne deux boîtes de cigares. Cela vaut deux cents dollars. Vends-les et retourne chez toi. Fais ta valise, ma belle.

Je le fixai, insultée et scandalisée. Ces boîtes pouvaient être vendues deux cents dollars, mais au Canada, pas à Cuba. Sur l'île, nous les achetions vingt, parfois trente dollars. Il voulait rire de moi. Il m'était impossible de quitter Cuba sans argent ni passeport.

— Donne-moi mon passeport. Tu sais très bien que je ne peux rien faire sans lui. Et j'ai besoin d'acheter mon billet de retour. Comment crois-tu que je vais faire, sans argent?

— Ha! ha! ha! Tu ne reverras jamais ton passeport. Je ne te le redonnerai pas. Tu devras te débrouiller autrement. Va-t'en.

Je me mis à pleurer et à crier de colère. C'est alors qu'il m'agrippa et me traîna jusqu'à la salle à manger, sans se préoccuper du fait que sa mère et son beau-père puissent se réveiller et entendre nos cris. Il me secoua fermement de ses deux bras musclés. Il me lâcha, sûrement horripilé par mes cris stridents, et je ne vis que son corps basculer quand il me frappa au visage. Je reculai sous le choc. Je pleurais ma colère, néanmoins impuissante.

— Pourquoi me traites-tu ainsi? Je ne t'ai absolument rien fait! Pourquoi changes-tu comme ça subitement? Tu n'es plus du tout le même. Tu n'as pas le droit de me frapper. Tu iras en prison si tu recommences.

Sur un ton sarcastique, il répliqua :

— Vas-y, dénonce-moi! Personne ne te croira! Ici, à Cuba, tout le monde est corrompu. Je peux soudoyer qui je veux. Même que je suis ami avec un membre de la famille Castro. Je suis bien protégé.

Sur ces mots, il balança la paume de sa main gauche contre mon front. Il valait mieux ne pas répliquer et risquer un coup encore plus violent. Je repartis dans la chambre aux enfers et me noyai dans mes larmes. Comme je lui en voulais! Étais-je en train de vivre un cauchemar? Allais-je me réveiller? La vie ne pouvait être aussi cruelle. J'étais à Cuba, dans ce terrible piège depuis presque trois semaines.

Ricardo ne me laissait plus du tout voir ma sœur, qui ne cherchait déjà pas beaucoup à me côtoyer. Il me séquestrait dans la chambre. Notre relation n'était plus que violence et menaces, sans jamais un seul moment de douce intimité. J'étais brisée. Je tentai des heures durant de me convaincre que la situation n'était pas insurmontable, que je trouverais une solution, voire une façon de faire en sorte que Ricardo redevienne le prince charmant que j'avais connu. Mais que me voulait-il? Pourquoi me gardait-il en otage? Il avait plusieurs citoyennetés et semblait disposer d'autant d'argent qu'il en voulait. Il n'avait nullement besoin de moi. Était-ce le seul plaisir de me séquestrer, de me voir souffrir, de me faire peur, qui le motivait? Était-il à ce point sadique? Je n'arrivais pas à comprendre son attitude, apparemment tout à fait gratuite. J'étais prise au piège, sans pouvoir rien faire pour m'en sortir.

Au cours de la journée du lendemain, Ricardo vint me voir et me dit:

— Ce soir, je reçois des touristes à souper. S'ils te voient, ils pourraient se douter que je t'enferme dans cette chambre et je ne veux pas être questionné sur ta présence. Si tu fais la moindre bêtise, je te promets que tu vas le regretter. J'ai des contacts partout et jamais tu ne sortiras vivante de ce pays. Si tu désires aller aux toilettes, tu ferais mieux de t'y rendre tout de suite avant que les clients arrivent. Pas question que tu sortes de la chambre quand ils seront là. Tu as deux heures devant toi.

Il passait souvent sa journée à fraterniser avec de

nouveaux touristes qu'il conviait à un repas traditionnel aux langoustes. Il établissait un prix fixe par personne. Sa nouvelle consigne n'avait rien pour me rassurer. Voilà que je serais séquestrée dans la chambre durant ces soupers. Je ne pourrais même pas aller aux toilettes. Je ne pouvais y croire; c'était ridicule.

Je cessai de pleurer immédiatement, car, de toute évidence, il m'était impossible d'obtenir de la compassion de cet individu sans cœur. Sans plus attendre, il referma la porte. Puisque le temps m'était compté, je pris un seau d'eau fraîche et l'emportai dans la salle de bain pour y faire ma toilette. Cette activité, aussi dérisoire fût-elle, me fit du bien. Lorsque j'en eus terminé, mes émotions avaient quelque peu retrouvé leur équilibre. Je m'allongeai sur le lit de ma prison et laissai le temps passer lentement. Je trouvai la soirée très longue. J'avais entendu les touristes entrer dans la maison. Ils avaient eu du plaisir avec ce Ricardo qui semblait si beau et amusant aux yeux de tous. Il cuisinait les langoustes à merveille. La technique était facile, sur le barbecue. Il s'agissait de couper en deux le fruit de mer et de le faire griller en s'assurant de garder une bonne hydratation de la chair. C'était un pur délice.

Après quelques heures, les visiteurs repartirent vers leur hôtel. J'entendis plusieurs portes s'ouvrir et se fermer, puis plus rien. Je compris que j'étais seule dans la maison. Ma vessie criait au secours. Après une station d'une minute dans la salle de bain, je me couchai. J'étais épuisée après cette longue soirée que j'avais passée à espionner à travers la porte ce qui se passait dans la maison et à essayer d'entendre la moindre parole, en anticipant le moment où Ricardo viendrait me rejoindre.

Le matin arriva bien trop vite et, lorsque je vis le

jour, je me rendis compte que mon agresseur avait déjà quitté les lieux, à moins qu'il n'ait pas couché à la maison. C'était le silence complet. Je retenais mon souffle pour essayer de savoir si Ricardo se trouvait là. Mon instinct me susurrait d'être prudente, que j'étais à la merci d'un vrai fou. Avais-je le droit de sortir, ce matin, de prendre le petit-déjeuner? Ou devais-je demeurer dans mon antre, soumise, à l'attendre? Allait-il vraiment me frapper si je sortais de mon cachot? Je ne pouvais croire que cela m'arrivait à moi. C'était absurde de vouloir me retenir contre mon gré. Il n'avait aucune raison de faire ça. Je ne pouvais rien lui apporter, ni rien lui rapporter. C'était à n'y rien comprendre. Chose certaine, j'étais bien coincée. Avait-il vraiment tous les contacts qu'il prétendait avoir lorsqu'il me menaçait? Devais-je prendre le risque de fuir et peut-être de mourir, ou me donner un peu de temps et préparer un plan d'évasion calculé? Mon choix était fait. J'allais agir sagement et me donner une journée ou deux pour réfléchir et mettre de mon côté toutes les chances de me tirer de là indemne. Je devais être très attentive à tous les détails qui pourraient éventuellement m'aider et tenter d'amadouer Ricardo pour qu'il me rende mon passeport.

Malgré ma peur, j'entrouvris la porte et examinai les lieux. Tout semblait calme. Je franchis le seuil et m'élançai sur le bout des pieds vers le danger. Arrivée dans la salle à manger, toujours seule, j'ouvris le réfrigérateur et volai un bout de pain, du fromage et un morceau de jambon. Je n'avais rien mangé depuis la veille au matin, et mon ventre s'affolait devant ce repas, frugal, mais combien délicieux. Je remarquai que le café était prêt et encore chaud; je m'en servis une tasse et m'empressai de tout engouffrer en quatrième vitesse, comme une voleuse. Je prenais bien soin de laver tout ce que j'avais utilisé lorsque je vis que la vaisselle du matin traînait encore. Je m'attelai à la tâche, dans l'idée de me faire dans toute la mesure du possible une alliée de la mère de Ricardo. Je savais que j'allais passer quelque temps en sa compagnie; autant prendre la chose positivement et tâcher de la rallier à ma cause. En tant que femme, peut-être me comprendrait-elle et m'aiderait-elle.

Lorsqu'elle entra, elle remarqua mon intervention et je lus immédiatement sa reconnaissance dans son large sourire et ses yeux rieurs. Elle me remercia et me fit signe d'aller m'amuser à la plage. Je ne comprenais plus rien. Devais-je lui obéir, ou aurais-je davantage de problèmes en rentrant? Je tentai de lui expliquer que j'avais peur. Elle me rassura en posant sa main sur la mienne, chaleureusement. Elle me fit signe comme pour me dire: «Va, amuse-toi, ne t'inquiète pas. Mon fils est un peu fou, mais cela passera.» Je m'assis sur le lit à nouveau et réfléchis. Après tout, qu'allait-il m'arriver de pire? Je devais montrer à Ricardo qu'il n'était pas le maître de ma vie. Je devais affirmer mon indépendance. Je pourrais ainsi avoir un minimum de communications avec ma sœur, qui semblait dans un autre monde que le mien. Peut-être allais-je avoir enfin l'occasion de la voir seule à seule.

Très rarement, en effet, lorsque Ricardo était de meilleure humeur, il m'offrait de venir profiter du soleil avec lui sur la plage. Mais cette offre alléchante couvait une menace dont j'avais appris à me méfier. Il passait son temps à me surveiller, à contrôler la direction de mon regard ou le sens de mes moindres gestes, en essayant de dénicher un motif d'accusation et un prétexte pour me rouer de coups.

À ces occasions, il m'arrivait, lorsque j'avais de la

chance, d'apercevoir Julie au loin qui s'amusait et profitait du soleil avec Miguel, à son poste de surveillant de la plage et de sauveteur. Parfois, Ricardo m'accordait l'autorisation de m'en approcher et de lui parler sous sa supervision. Mais elle semblait indépendante et froide à mon égard. Elle ne me questionnait pas ni ne prenait de mes nouvelles. Était-elle surveillée, elle aussi? Je n'en sais rien. De toute façon, je n'allais pas me plaindre devant mon bourreau. J'avais beaucoup trop peur de lui pour tenter de le dénoncer. En outre, je doutais fortement que Julie aurait osé intervenir.

En fait, elle avait vraiment changé. Il faut dire que je l'avais toujours connue aimable lorsqu'elle avait besoin d'aide ou qu'elle se sentait triste et seule, mais plus distante dès que ses besoins étaient comblés. Malgré tout, je n'aurais jamais cru qu'elle aurait pu se montrer aussi indifférente devant mon désarroi. Moi qui prenais toujours soin d'elle et qui me sentais responsable de sa personne, je ne pouvais compter sur son soutien.

Précisément lors d'une de ces rencontres, ma sœur m'avait annoncé fièrement qu'elle quittait la ville de Varadero pour accompagner Miguel dans sa famille et faire la connaissance de ses proches. C'était légitime, mais j'avais l'impression d'être abandonnée, d'avoir été laissée à la merci d'un loup affamé.

J'enfilai donc mon bikini noir plutôt mignon pour reprendre un peu confiance en moi et filai vers la plage, le cœur plus léger. Autant tenter de profiter de mes courts moments de liberté!

Comme d'habitude, pour me rendre à la plage, c'est-à-dire du côté de l'océan, là où sont les hôtels pour touristes, je devais traverser la péninsule de Hicacos sur laquelle se trouve la ville de Varadero. Je déambulais dans la longue rue principale, lorsque j'aperçus la mer. Elle était plus radieuse que jamais. Elle était turquoise et lisse comme une pâte d'amande, translucide comme des iris de jade et parfumée par le sel. Je l'aimais tant! Elle représentait la liberté et la vie. C'était ma confidente, ma seule amie. Je pris soin de m'installer dans un lieu peu fréquenté, loin des regards et surtout loin des endroits où mon agresseur chassait ses nouveaux clients.

J'allongeai mon corps amaigri sur une serviette récupérée à la villa et essayai de relaxer un peu avant la tempête qui m'attendrait sûrement au retour. J'arrivai presque à faire abstraction de ma peur et de ma souffrance. Le sable chaud me réconfortait. Je prenais le temps de le faire glisser entre mes doigts et d'apprécier ses caresses. Mes pieds brûlaient au contact du sol réchauffé par le soleil. J'écoutais le bruit des vagues, qui me disaient des mots doux et réconfortants. Le parfait bonheur dansait juste là, tout près, dans les anses salées, mais je n'avais pas la force de l'épouser. Je côtoyais le royaume de Poséidon, abattue par la détresse. Je voulais m'offrir à la mer afin qu'elle soulage mon mal de vivre, mais quelque chose me retenait de le faire. Je savais que ma destinée ne s'arrêterait pas là. Je devais lutter pour ma liberté et affronter la bête.

Pendant quelques heures, je profitai des douceurs du soleil sur ma peau rougie. C'était maintenant l'heure pour moi de rassembler mon courage et de faire face à la réalité. Je pliai soigneusement ma serviette, pris mon huile de bronzage et filai rapidement vers la maison. Mon cœur se serrait à chaque pas. Je la voyais. Elle n'était plus qu'à quelques mètres de moi. Je pouvais entendre les dialogues du téléroman que la famille écoutait religieusement tous les soirs. Ricardo était peut-être déjà là…

En m'approchant, je remarquai ses sandales posées tout près de la porte. Il y était. Mon âme était submergée par l'inquiétude et la crainte. Dès que je mis le pied à l'intérieur, j'aperçus Ricardo, sa mère et son beau-père, bien assis dans les fauteuils. Je pris sur moi et fis comme si rien n'était arrivé. Je traversai la pièce doucement avec une attitude de confiance à toute épreuve et pénétrai dans la chambre. Une fois la porte fermée, je me remis à respirer. J'étais à la fois apeurée et un peu soulagée. J'avais l'oreille tendue. J'agrippai mes effets et me rendis à la salle de bain faire un brin de toilette. Je pris tout le temps nécessaire.

Lorsque je revins dans la chambre, monsieur était là, bien étendu sur le lit, les yeux fermés, mais toujours habillé. L'émission n'était pas terminée, mais il était là. Je semblais ne pas exister pour lui, et cela m'arrangeait. J'enfilai une tenue de nuit et m'allongeai sur le lit à ses côtés. Je ne dis pas un seul mot. Nous n'entendions que nos respirations non synchronisées. Ne pouvant m'endormir, je me retournai tout doucement vers lui. Je ne savais quoi espérer. Il ne bougeait toujours pas. Quelques minutes passèrent; je me décidai enfin à parler.

— Comment dois-je me comporter avec toi? Que dois-je faire pour que tu me laisses partir?

Il se retourna et, avec un regard empreint de douceur, il me souffla qu'il ne voulait pas que je parte.

— Mais pourquoi agis-tu comme ça? lui demandai-je calmement.
— Je ne comprends pas non plus ce qui m'arrive, mais je sens une forte agressivité à ton égard. Elle monte en moi si rapidement qu'il est déjà trop tard pour la

freiner lorsqu'elle se manifeste. Je ne peux plus reculer, comme si un démon m'obnubilait. Je ne me maîtrise plus. Tu dois me croire, je t'aime, mais je ne comprends pas ce qui se passe en moi. J'aimerais te présenter mon vrai père. Je suis sa copie conforme. Peut-être que ça t'aiderait à mieux comprendre. Je t'aime vraiment et j'ai besoin de toi. Si tu es patiente, nous deviendrons riches en moins d'un an et nous serons très heureux.

Je l'écoutais avec attention en essayant sans y parvenir de me faire une idée de ses sentiments contradictoires et incohérents. Il m'expliqua son plan. Il dit qu'il avait beaucoup réfléchi durant la journée et qu'il me voulait dans sa vie, que je ne méritais pas le châtiment qu'il m'infligeait et qu'il n'agirait plus jamais ainsi. Je ne savais que croire, cependant. J'espérais vraiment que ce soit la vérité. Au point où j'en étais, qu'avais-je à perdre?

Quelques jours passèrent durant lesquels Ricardo me témoigna plus de douceur, mais je sentais tout de même qu'il valait mieux ne jamais le contredire. Un matin, il me dit:

— Ce soir, nous allons souper chez mon père. Mets une belle robe, mais ne sois pas trop vulgaire, car il adore les belles femmes.
— D'accord. Je mettrai ma robe de coton blanc. Elle est mignonne et simple.

Il avait emprunté d'un ami une vieille voiture dont la peinture verte était brûlée par le soleil. Le voyage ne dura que quelques minutes. Il immobilisa la vieille bagnole devant un gros buisson d'hibiscus orangés. Je le suivais sans prononcer un mot, résolue à prêter une oreille attentive aux conversations qui se dérouleraient là. Nous franchîmes une tonnelle garnie de lianes pour aboutir dans un jardin privé. Son père était assis près d'un feu, mais il se leva immédiatement pour nous accueillir. Il était aussi beau et charmeur que son fils.

— Je suis ravi de faire votre connaissance, mademoiselle. Jamais Ricardo ne m'a présenté ses copines auparavant. Vous êtes tout en beauté. Mon fils a beaucoup de goût. Si seulement j'étais plus jeune...

— Je suis heureuse de vous rencontrer, monsieur. Ricardo vous ressemble énormément.

La soirée fut parfaite. Ricardo agissait comme un vrai gentleman devant son père. Malheureusement, nous n'avons pas parlé du passé. Je n'obtins donc pas sur le père plus de détails qui, selon le fils, auraient pu me permettre de comprendre ses violentes réactions. Sur le chemin du retour, Ricardo m'expliqua :

— Je t'ai déjà raconté à quel point mon père était violent et combien ma mère avait souffert avec lui. Nadia, tu dois comprendre que je suis un peu comme mon père. Mais je te promets de travailler fort sur moi-même afin d'éviter de te faire du mal à nouveau. Ensemble, nous réussirons.

Il m'expliqua son plan pour faire de l'argent. Nous allions passer nos journées sur la plage pendant les deux prochaines semaines et offrir un souper aux langoustes au plus grand nombre de clients possible. Maintenant, j'allais bien sûr participer à ces fameux soupers et nous allions convaincre chaque client de rapatrier une, deux, voire plusieurs boîtes de cigares dans leurs valises au moment de rentrer au pays. Pour chaque boîte, nous leur donnerions une petite somme d'argent, entre dix et vingt dollars. Nous leur expliquerions que ces boîtes étaient un cadeau à un ami, mais que, moi, je ne pouvais aller immédiatement au pays pour les lui apporter. Nous allions les convaincre de nous rendre ce service. Nous leur dirions que notre ami les contacterait et passerait chercher la ou les boîtes.

— Mais, Ricardo, m'écriai-je, les touristes vont-ils vraiment croire cette histoire montée de toutes pièces?

— Je n'en suis pas à mon premier souper, crois-moi! C'est incroyable comme les Québécois sont naïfs. Ils font confiance à des inconnus sans poser de questions. Tu verras, ils acceptent pratiquement toujours mes propositions. Après tout, les quelques personnes qui n'acceptent pas rapportent au moins l'argent du souper. Une fois, un jeune client dans la vingtaine a même accepté de remplir sa valise entière de boîtes, et ce, pour la modique somme de cent dollars. S'il s'était fait prendre, il serait allé directement au pénitencier.

Je n'en revenais pas. C'était donc vrai, ce commerce de cigares! Et les touristes incrédules acceptaient sans se poser de questions... Le plan était parfait.

— J'ai un ami italien fiable à Montréal qui récupérera la marchandise pour moi et, à notre retour, nous irons la chercher. Je la vendrai à gros prix à des clients italiens à moi, à Montréal.

Avec de la patience, je remettrais donc les pieds au Québec et je pourrais enfin me tirer des griffes de ce terrible Cubain. Il n'aurait d'autre choix que de me donner mon passeport pour que je traverse les douanes.

J'acceptai le pacte, telle une jeune fille crédule en quête d'amour, afin d'acheter mon passage vers ma liberté.

Quelques journées passèrent au cours desquelles Ricardo évita les scènes. Les clients affluaient, chaque souper en apportait son lot et notre plan fonctionnait à merveille. J'avais trouvé la bonne recette. Je ne parlais presque pas. Je faisais exactement ce qu'il voulait et, aussitôt le souper terminé et la vaisselle lavée, je filais me coucher. Parfois, il sortait, mais je plaidais l'épuisement afin d'éviter le pire en le suivant dans un bar. Cela fonctionnait. Le temps passait et je me rapprochais de mon retour au Canada.

# Chapitre VII

Finalement, un mois avait passé et mon visa allait expirer. Ou nous rentrions au Québec pour y passer au moins une fin de semaine, ou je devais faire en sorte de prolonger mon autorisation de séjour. Au moment où nous avions quitté le Québec, Ricardo m'avait informée que nous passerions deux mois en terre cubaine. Je me demandais bien de quelle manière nous allions doubler la durée de mon séjour, mais il m'avait dit de ne pas m'inquiéter, que c'était une procédure normale pour nuire aux fraudeurs et que le bureau des passeports allait facilement prolonger mon visa lorsque je préciserais que j'étais là en villégiature.

Cependant, il se ravisa et décida que nous retournerions au Québec après un mois. Cela ne l'enchantait pas de gaspiller mon argent en nous procurant des billets d'avion, bien au contraire, surtout qu'il risquait de perdre complètement son investissement s'il fallait qu'on me fouille aux douanes et qu'on m'arrête. Mais il avait déjà fait transiter passablement de cigares vers le Québec et il comptait en tirer un profit substantiel.

Quant à moi, cette décision me réjouissait au plus haut point. Ma liberté n'était plus qu'à quelques heures de moi et ma séquestration allait prendre fin. Je devais m'armer de patience et jouer la nonchalance.

Le soir précédant notre départ, j'étais assise devant la minuscule télévision du salon en compagnie des parents. Ricardo m'avait ordonné de rester avec eux quand il était parti. Ils regardaient religieusement leurs émissions sur une chaîne cubaine. Soudain, la sonnerie du téléphone retentit. La mère de Ricardo alla répondre et bafouilla dans sa langue :

— Bonsoir, qui est à l'appareil ?

Croyant que c'était l'habituel coup de fil de sa sœur, la tante de Ricardo, je n'y prêtai pas trop attention, mais elle me jeta un regard narquois, qui voulait signifier qu'elle était quelque peu embêtée. Elle demeura muette un moment, puis déclara :

— Bonsoir, Julie. Un instant. Je lui remets le combiné.

Lorsque j'en pris possession, je m'exclamai :

— Julie ! Comme je suis contente que tu appelles ! Je n'avais pas de tes nouvelles ni la possibilité de te joindre. Comment vas-tu ?
— Je vais très bien ; la famille de Miguel est adorable. Je resterais ici le reste de ma vie si c'était possible. Je crois que c'est le temps pour toi de retourner au pays ?

Je compris alors qu'elle ne m'accompagnerait pas. Prise de panique, je rétorquai :

— En effet, nous retournons au Québec dans quelques heures. Mais je voulais savoir si tu revenais avec moi. Pourquoi n'as-tu pas acheté ton billet de retour ? Tu vas rester là ? Je ne veux pas te laisser. Tu me manques terriblement !

— Calme-toi, petite sœur! Je ne reviens pas immédiatement, non. La vie ici est pour moi un rêve qui se réalise enfin. J'adore ce village du sud, les marchés de fruits et de légumes, le poisson frais, sans parler de la courtoisie des villageois de la place. La famille de Miguel est vraiment merveilleuse. Ses proches sont doux et simples. La vie y est paisible et je me plais énormément ici.

Stupéfaite, inquiète, mais en même temps heureuse de son bonheur, j'étais saturée d'émotions contradictoires qui m'empêchaient de m'exprimer.

— Mais qu'est-ce qu'il y a, Nadia? Pourquoi ne dis-tu rien?

Je me mis à pleurer, étouffée par toutes ces nouvelles qu'elle me débitait en cascade. Je sentais comme un déchirement à l'intérieur de moi. Je devais fuir cette île, alors qu'elle voulait y vivre. Allions-nous nous perdre pour toujours? Allais-je la revoir? Comment cela allait-il se terminer? Un nœud dans la gorge, je lui expliquai ma situation, mais je devais être prudente devant la mère de Ricardo qui essayait visiblement de comprendre notre conversation.

— Ça ne va pas du tout, ici, je te l'ai déjà dit! Je dois partir, mais je ne peux pas trop te parler. Que vas-tu faire de tes journées, là-bas? Quand vas-tu venir me rejoindre? Comment allons-nous pouvoir nous reparler? Je suis terrifiée! J'avais tellement besoin de toi!

— Mais qu'est-ce qui se passe? Vous vous disputez toujours, Ricardo et toi? Si oui, ne force pas les choses, laisse-le. Je vais te donner mon numéro de téléphone chez la maman de Miguel. Appelle-moi quand tu pourras.

Je ne pouvais plus contenir la vague de larmes qui coulaient sur mon visage. Je sentais les regards des parents de Ricardo rivés sur moi. Ils semblaient ne pas comprendre que j'aie peur ou que je sois triste. Je pris un bout de papier et un crayon et notai le numéro que je cachai précieusement dans ma poche. Dans un souffle, je lui dis :

— Je t'aime, Julie, je t'aime.

— Ne t'inquiète pas, Nadia, tout va très bien pour moi. Pense à toi, maintenant. Ici, à Matanzas, personne ne demande mon passeport et j'apprends l'espagnol à une vitesse surréaliste. Grâce à ma peau très bronzée, je passe souvent pour une Cubaine. Je souhaite donc prendre mon temps pour décider du moment de mon retour. Je n'ai jamais autant nagé dans le bonheur et la liberté. Je ne sais pas ce que je ferai. Appelle-moi quand tu veux. Je t'aime aussi.

— Mais tu n'as pas peur de rester sur l'île plus long-temps que ton visa te le permet?

— Miguel m'a assuré que je n'avais rien à craindre. Comme c'est la première fois que je séjourne au pays et que je dépasse mon autorisation de séjour, le pire que je risque, c'est une fouille et un avertissement. Et puis, je n'ai rien à cacher. Cesse de t'inquiéter.

Elle raccrocha. Je ne savais pas si j'allais pouvoir lui reparler. Cet adieu me coupait le souffle. Je déposai le combiné lentement et saluai les parents de Ricardo, espérant retrouver un peu d'intimité dans la chambrette afin de vivre pleinement ma peine. La mère de Ricardo allait-elle me laisser quitter la pièce? Mais que pouvait-elle faire, à part le dire à Ricardo? Je devais me retrouver seule, peu importait ce qu'il me ferait ensuite.

Je me faufilai dans ma prison de souffrance. La

mère de Ricardo ne fit aucun geste pour me retenir. Elle se contenta de me suivre des yeux. Je crois qu'elle comprenait ma situation malgré les comptes qu'elle devait rendre à son fils. Je lui inspirais peut-être un secret sentiment de pitié.

Épuisée, j'appuyai ma tête sur un oreiller du lit double imprégné de mes souffrances et laissai libre cours à mes émotions. Je n'y pouvais rien, je devrais survivre seule.

Le jour de notre retour au Canada arriva. Je n'espérais plus ce moment, tellement le temps s'était écoulé lentement. Ricardo insista pour acheter des billets aller-retour sur-le-champ, ce qui ne laissait rien présager de bon. J'étais déçue de ne pas avoir ma sœur auprès de moi. Malgré tout, j'avais hâte de revenir au Québec. Je trouverais sûrement un moyen de m'évader, de ne pas revenir dans cette île de malheur. Dans mon pays, je serais assurément mieux protégée qu'en terre cubaine. Une fois arrivée à l'aéroport de Dorval, peut-être pourrais-je courir et me mettre à crier : «Aidez-moi, au secours!» On s'occuperait de moi et je pourrais tout révéler à la police. Le prix des billets ne me préoccupait en rien; c'était plutôt la liberté qui m'obsédait.

Les valises prêtes, Ricardo prit soin de remplir la mienne de boîtes de cigares. Il m'avait bien fait comprendre que, au moment de franchir les douanes, je ferais mieux d'avoir l'air calme pour éviter d'éveiller les soupçons et risquer de me faire prendre.

— Si tu essaies quoi que ce soit pour faire échouer mon plan, tu vas le payer cher. Je sais où tu habites et je connais le nom de ton père. Je me souviens de tous les détails que tu m'as révélés lors de notre première soirée. Je trouverai l'adresse de tes parents et les ferai exécuter. Je te retrouverai, peu importe où tu seras, et je te tuerai.

Remplie de frayeur, je décidai de laisser passer cette étape sans faire de vagues. Il n'avait pas mis de boîtes de cigares dans sa valise à lui, sous prétexte qu'il pourrait perdre son passeport s'il se faisait prendre, alors que, moi, je ne ferais que de la prison. Cette possibilité me causait une peur intense, mais je n'avais pas le choix de jouer le rôle de mule qu'il m'avait attribué. Il ouvrit la penderie où il rangeait ses quelques vêtements. Soumise, j'étais assise sur le lit, tête baissée, attristée de ne pouvoir espérer me tirer rapidement de cette situation. Il me lança une robe au visage.

— Mets cette robe fleurie. Ainsi, tu auras l'air d'une belle petite fille sage et tu passeras en douce.

Quelques instants plus tard, une navette nous menait à l'aéroport. Je me laissai conduire dans le silence. J'avais l'impression que ma sortie de secours se refermait devant mes yeux.

— Tiens! Voilà ton billet et ton passeport. Ne fais pas de gaffe, sinon… Je surveillerai tes moindres faits et gestes. Aie l'air naturel, surtout. Nous devrons nous séparer, autant au moment de l'embarquement que lorsque nous arriverons à Montréal. Je me fais presque toujours fouiller et, s'ils voient que tu es avec moi, ils te passeront au peigne fin, toi aussi.

Sans un mot de plus, il s'éclipsa et me laissa à moi-même. Je ne pouvais me sentir libérée, car je savais pertinemment qu'il allait me surveiller attentivement du coin de l'œil. À ma longue robe à fleurs, à mes cheveux roux libres sur mes épaules et à ma grosse valise à la main, j'ajoutai un sourire forcé pour paraître enjouée et détendue. Il devait faire au moins trente-cinq degrés Celsius dans l'aérogare. Des gouttelettes de sueur coulaient le long de mes cuisses. J'avais la forte impression que tout mon sang s'était concentré dans ma tête et que mes jambes s'engourdissaient. Allais-je me faire prendre? Allait-on m'arrêter? Si on me mettait sous les verrous, on ne ferait qu'une bouchée d'une jeune femme seule et sans défense comme moi. J'imaginais la suite.

Pourtant, l'embarquement se fit sans problème et toutes mes craintes s'avérèrent sans fondement. Ce serait à notre arrivée en terre canadienne que les choses se corseraient, si elles devaient mal tourner. Cela me rassurait un tant soit peu. Au moins, si mon trafic était découvert, je serais traitée selon les lois de mon pays. Mais je savais déjà que je ne pourrais me détendre durant le voyage.

# Chapitre VIII

Quelques minutes plus tard, Ricardo et moi étions installés côte à côte à bord de l'oiseau de métal qui allait m'emporter vers ma libération. Il sortit une carte de crédit. Je ne savais pas qu'il en détenait une; il n'avait jamais que de l'argent liquide. Il me donna la revue de la boutique hors taxe qui se trouvait dans la pochette du siège situé devant nous. Il me dit de choisir ce que je voulais. À nouveau, je me questionnai sur son comportement. Il était si incohérent et changeant que je n'arrivais pas à le suivre. Maintenant, il voulait m'offrir des cadeaux. Je réalisais à présent à quel point il m'avait manipulée depuis le début dans le seul but de faire passer ses maudits cigares. Il avait besoin d'une mule. J'avais été la proie parfaite : une jeune femme qui cherche l'aventure et qui mord dans la vie sans méfiance. Il ne pouvait espérer mieux. Je m'étais fait prendre dès le début sans rien voir. Je n'en revenais pas.

Comme si nous étions un couple qui nageait dans le bonheur, il pointa quelques montres et me demanda si j'aimerais celle-ci ou celle-là. Je répondis que oui pour l'une d'elles. Il appuya sur un bouton juste au-dessus de nos têtes. Quelques instants plus tard, une belle agente de bord s'approcha. Elle était grande, très élancée, avec les cheveux bien coiffés et un rouge à lèvres parfaitement agencé.

— Bonjour! Je m'appelle Lisa, annonça-t-elle. Que puis-je faire pour vous?

Ricardo ouvrit la revue à la bonne page et lui désigna les articles :

— Nous voudrions acheter dix de ces montres au quartz, une de chaque modèle, et deux paires de lunettes soleil Ray-Ban.

— Très bien, monsieur. De quelle manière allez-vous acquitter la somme?

À mesure qu'il passait sa commande, elle avait pris en note les détails et nous tendait maintenant l'addition.

— Par carte de crédit. Visa.

Cela faisait une belle somme. Il remit sa carte, signa la facture et se vit remettre un coupon qui lui permettrait de récupérer la marchandise à l'arrivée. Il commanda encore à boire et paya à nouveau avec sa mystérieuse carte de crédit.

— Je ne savais pas que tu avais une carte de crédit, lui dis-je.

Il fouilla dans sa poche et en sortit cinq ou six.

— Elles ne sont pas à moi. C'est un de mes contacts qui me les prépare et me les donne avant mes départs. Il me doit des faveurs. Ce sont des numéros volés, que nous ne pouvons utiliser qu'une fois. Comme nous ne connaissons pas la limite du compte que nous utilisons, nous prenons le risque de nous faire prendre si la transaction ne passe pas.

— Mais c'est du vol! Tu fraudes sans arrêt!

— N'es-tu pas contente de tes cadeaux? Si ça ne fait pas ton bonheur, je les donnerai à quelqu'un d'autre.

Je me tus et baissai à nouveau la tête en signe de soumission.

À Montréal, toujours avec mon allure de jeune fille innocente et à nouveau seule, j'avançai d'un pas lent et inquiet vers le comptoir du douanier. Je n'étais vraiment pas rassurée. En plus de tout ce que je transportais dans mes valises, les achats en vol de Ricardo à la boutique hors taxe me paraissaient douteux et risqués. La file n'était pas très longue. Juste avant que je parvienne au préposé, une dame en uniforme s'approcha de moi. Un peu affolée, je me demandai si elle ne m'avait pas choisie pour passer de l'autre côté, là où les fouilles avaient lieu. Elle m'adressa la parole.

— Madame, est-ce que vous avez vos papiers? Veuillez avancer. Le douanier est prêt à vous accueillir.

Je m'exécutai sans dire un mot, tout en la remerciant du regard. Avait-elle remarqué quelque chose? Je ne crois pas. Tout allait bien jusque-là. Mes pas se figèrent devant l'homme qui allait décider de mon sort. Il avait la peau noire et de petites lunettes d'allure sérieuse sur le bout du nez. Il devait avoir environ cinquante ans. Allais-je passer, ou non? Il avait probablement beaucoup d'expérience. Plusieurs touristes ou contrebandiers avaient sûrement tenté de le rouler auparavant. Je pris mon air le plus angélique et répondis à toutes ses questions.

— Vous êtes à Cuba depuis un mois? Où logiez-vous?

— Je séjournais à l'hôtel Herraduran.

— Que faisiez-vous, tout ce temps?

— J'ai des amis cubains que je suis allée visiter. J'avais grand besoin de vacances.

Il soutenait mon regard avec sévérité. Cela m'inquiétait quelque peu. Je tâchais d'avoir l'air crédible et me contentais de fournir de courtes réponses aux questions que l'on me posait.

— Avez-vous quelque chose à déclarer?

— Non, je n'ai que quelques petits souvenirs pour ma famille.

— Allez-y, passez!

Enfin fini! J'étais essoufflée à cause du stress dont j'étais tout à coup libérée et qui me laissait les jambes toutes molles.

Nous récupérâmes nos valises et les paquets-cadeaux. Nous nous dirigeâmes vers la sortie, où un ami latino prénommé Carlos nous attendait. Bien sûr, étant donné les menaces que Ricardo avait proférées contre ma famille et moi, je n'avais pas mis à exécution mon projet de courir et de crier pour qu'on me remarque. Il nous guida vers mon véhicule qui était enfoui sous la neige et m'aida à le dégager de toute la glace accumulée au fil des semaines. Comme je ne portais que des vêtements d'été, j'étais complètement gelée, mais l'air frais me rappelait que j'étais enfin chez moi. Je montai dans ma vieille voiture et insérai la clef dans le contact. Elle ne démarra ni au premier essai ni au deuxième. Je priais le ciel de me venir en aide, quand j'entendis le grondement du moteur, d'abord faible, mais soudain.

Ricardo paya la facture du stationnement avec une

de ses fameuses cartes de crédit et en un clin d'œil nous fûmes sur l'autoroute. Je conduisais. Carlos avait pris place à l'arrière, alors que Ricardo était assis à mes côtés. Il m'indiquait le chemin sans connaître les noms des sorties ou des rues. Sans l'ombre d'un doute, il avait fait ce trajet à maintes reprises. J'étais nerveuse au volant. Je sentais que je ne devais pas faire d'erreur, car il semblait sur les dents; son timbre de voix me l'indiquait. Il était vingt-trois heures. J'étais exténuée, après la journée d'émotions que je venais de vivre. Je savais sur quelle route nous étions et j'aperçus une superbe rivière qui serpentait sous un pont que nous traversions. Plusieurs îles bordaient le cours d'eau. J'eus même la chance d'entrevoir le reflet de la lune sur la surface liquide. C'était très beau et le paysage me donnait une bonne idée de l'endroit où nous étions. Nous arrivions à Laval, au nord de Montréal. À la sortie de la voie rapide, Ricardo nous dirigea parmi les rues vers un édifice à plusieurs logements.

Il m'informa que nous allions dormir dans l'appartement d'une amie. Je stationnai mon véhicule et nous montâmes au huitième étage avec nos larges et lourdes valises pour enfin atteindre la porte. Ricardo glissa une clef dans la serrure et nous entrâmes. Il n'y avait personne dans l'appartement. Il me dit aussitôt :

— Tu pourras te coucher, mais ne touche à rien, surtout. Moi, je devrai aller parler à Carlos à l'extérieur.

C'était un trois-pièces assez modeste, mais agrémenté d'une grande fenêtre qui offrait une vue spectaculaire sur la rivière des Mille-Îles. Il faisait noir et la ville était tout illuminée. Je reconnaissais l'Île-Bizard un peu plus loin. C'était de toute beauté, mais j'avais d'autres préoccupations.

Une petite table se dressait près de la grande fenêtre, avec dessus des draps propres et bien pliés. Une note bellement calligraphiée traînait sur le comptoir à l'attention de Ricardo. Il l'attrapa aussitôt et quitta l'appartement en me demandant d'arranger les lieux pour nous. Il referma la porte derrière lui. J'avais donc quelques minutes précieuses devant moi pour demander de l'aide et obtenir plus de détails sur l'endroit où j'étais coincée.

Je comprenais que nous étions dans l'appartement d'une femme qui ne s'attendait pas à notre venue, à la mienne, surtout. Je me mis à inspecter les lieux à toute vitesse. J'étais comme un agent secret en plein travail. Tout ce que je déplaçais devait être remis exactement dans la même position, sinon Ricardo pourrait découvrir que j'avais fouillé l'endroit. Il n'y avait pas de nourriture dans le frigo. La femme n'y venait donc pas régulièrement. Il y avait un nom avec un numéro de téléphone sur le comptoir, mais rien qui pût m'aider.

J'aperçus tout à coup le téléphone. Comme si je venais de gagner le gros lot, je me précipitai pour prendre le combiné et composer le numéro de mes parents, mais il n'y avait aucune tonalité. J'étais coincée encore une fois. Je continuai d'inspecter les lieux. Dans la chambre, un lit douillet souhaitait la bienvenue à Ricardo. Il avait sûrement déjà couché avec cette femme dans ce lit. Peut-être espérait-elle son retour, qui sait... J'avais mal au cœur en imaginant tous ces scénarios. Il était tard et l'épuisement m'avait gagnée. Sans attendre ni réfléchir, je me changeai et profitai du confort qui s'offrait à moi. Je n'entendis même pas Ricardo rentrer. La fatigue accumulée me permit de dormir profondément.

Au matin, je constatai que la liste des tâches de la journée était longue. Nous n'étions pas là pour perdre du temps. Nous devions joindre son ami Carlos qui avait récupéré toutes les boîtes de cigares, puis rencontrer des clients potentiels durant l'après-midi. Il y avait un grand nombre de boîtes, peut-être une centaine. Et des cigares de toutes sortes : *Partagas*, *Romeo y Julieta No. 1, 2 et 3*, et une édition spéciale, *Cohiba*, *Montecristo*, et bien d'autres variétés encore. Nous sommes revenus à l'appartement où Ricardo sortit une pile de timbres et d'étiquettes officielles qu'il avait dénichés je ne sais trop où. Il m'expliqua que nous devions les coller soigneusement, chacune sur les bonnes boîtes et avec une extrême minutie; un acheteur potentiel qui connaissait la marchandise eût pu se rendre compte qu'il s'agissait de contrebande seulement par l'emplacement du timbre et de l'étiquette sur la boîte. Nous en avions pour au moins deux heures de travail. Les cigares étaient parfaits en tous points : les feuilles, la torréfaction, la couleur... Même les boîtes et les timbres étaient originaux. Il les avait achetés en contrebande sans payer les taxes aux douanes. Ces boîtes de grande valeur étaient destinées à un acteur américain très connu et à un caïd influent de la Petite Italie de Montréal.

Ricardo ouvrit la première boîte et la contempla. Il voulait tout me montrer afin que nous travaillions ensemble : la texture soyeuse et légèrement molle des feuilles, leur couleur, leur odeur et la façon dont elles avaient été roulées. Tout était étudié avec professionnalisme. Il remarqua que quelques cigares commençaient à se dessécher et cela sembla beaucoup l'inquiéter. Nous allâmes au magasin où il acheta deux grosses boîtes de plastique transparentes et une bobine de corde mince.

Nous revînmes aussitôt. Il me montra comment

fabriquer un humidificateur avec les boîtes, les ficelles et de l'eau. Il m'indiqua la quantité d'eau à mettre au fond de la boîte. Ensuite, il coupa deux bouts de ficelle de la même longueur et les fixa aux poignées situées de chaque côté du récipient, de manière à ce qu'elles forment un support souple parallèle. Il y déposa le plus de cigares possible sur deux rangées de hauteur, qui se retrouvèrent suspendus à environ cinq centimètres de l'eau. Finalement, il mit le couvercle sur les boîtes. Une ou deux journées suffiraient pour remédier au problème et redonner aux cigares leur parfaite apparence.

Nous étions pressés par le temps. Les cigares étaient prêts, les timbres, parfaitement apposés. Il ne nous restait plus qu'à les vendre. Après en avoir parlé avec son ami Carlos, il renonça à son idée initiale et décida de me laisser au café du coin, sans rien dans les poches. Il m'acheta un café et me quitta. Il voulait rencontrer ses clients seul.

À ce moment, j'aurais pu m'enfuir vers le poste de police le plus près, mais Ricardo m'avait bien avertie que, si je prenais la fuite, il me retrouverait et me tuerait. De plus, il avait, disait-il, des contacts avec la pègre italienne de Montréal. C'était donc dans mon intérêt de lui obéir. Je n'avais pas le choix d'attendre d'avoir un peu d'argent de poche et ma voiture. Ensuite, je trouverais un moyen pour qu'il me laisse partir. Je rêvais peut-être en couleurs, de m'imaginer qu'un jour je pourrais prendre la fuite, mais, maintenant que j'étais au Québec, j'avais le pressentiment que j'y arriverais un jour ou l'autre. Je ne lâcherais pas prise.

Mais je savais pertinemment que Ricardo possédait une mémoire hors du commun. Je ne pouvais douter qu'il avait mémorisé tous les détails de nos premières conversations. Il se souvenait donc du conflit qui m'opposait à mes parents et il se rappelait leurs noms aussi bien que leur adresse. Si je filais en douce et que je me cachais, il demanderait très certainement à un de ses fameux contacts de la pègre italienne de passer faire une visite surprise à mes parents. Et Ricardo savait que j'aurais donné ma vie pour les sauver. Si je m'enfuyais, je ne pourrais les protéger, alors que, si je restais auprès de lui, je connaîtrais toutes ses allées et venues ainsi que ses plans crapuleux. Il ne se préoccuperait pas de moi, si ce n'est pour me battre de temps à autre. Valait mieux sauver mes parents que rester en vie et avoir leur mort sur la conscience l'éternité durant. Je serais patiente. Un jour, il se lasserait de moi et me laisserait partir. Enfin, je l'espérais...

À son retour au café, je sentis qu'il était content de sa première transaction. Il avait rencontré le client dans une chambre d'hôtel et lui avait vendu vingt boîtes à trois cents dollars chacune. Son trafic était très rentable. Je comprenais maintenant l'importance de sa mise en scène. Il eut beaucoup de mal à joindre son deuxième client. Deux jours ont passé sans résultat et Ricardo s'impatientait déjà. Il me proposa de nous rendre à Québec pour y trouver des acheteurs. Il me demanda si je croyais pouvoir en dénicher, ce que je lui confirmai sans hésiter. En fait, je ne savais pas si je pourrais trouver des acheteurs de cigares, mais je voulais à tout prix retourner dans ma ville, où je me sentirais plus en sécurité.

Durant tout le trajet, je me demandai où nous pourrions aller vendre cette fameuse marchandise. Peut-être dans les nouveaux bars à cigares ou dans des boutiques spécialisées... J'avais également eu le temps et l'énergie nécessaires pour tenter de préparer un piège à mon tour et ainsi prendre le contrôle de la situation.

Nous nous installâmes dans l'appartement de Limoilou que ma sœur et moi avions quitté un mois auparavant. Je passai quelques jours avec lui à visiter les salons de cigares et les tabagies de la ville, sans trop de succès. Nous n'avions vendu que trois boîtes. Ricardo commençait à douter de mes paroles et à devenir plus agressif.

Un soir qu'il cherchait des moyens d'obtenir de l'argent plus rapidement, il vint s'asseoir près de moi et me dit:

— J'ai trouvé une solution. Pourquoi ne vas-tu pas danser durant quelques jours, afin de gagner l'argent des cigares qui n'ont pas été vendus? Après tout, c'est ta faute! Une fois les boîtes scellées, les cigares ne peuvent demeurer parfaits pour la vente très longtemps sans un humidificateur haute performance.

Il mettait facilement la responsabilité de notre insuccès sur mes épaules et me répétait sans cesse: «Si mon plan ne fonctionne pas, je te le ferai payer de ta vie.» Mais, juste de penser à retourner dans les bars de danseuses, j'en avais mal au cœur.

— Je ne veux recommencer à danser sous aucun prétexte! Mon corps ne pourrait le supporter. Je suis trop faible. J'ai perdu plusieurs kilos. Et je ne m'imagine pas de nouveau dans un isoloir. J'en serais malade.

Il m'adressa un regard meurtrier et me dit:

— Je te déposerai de force devant le bar de danseuses et je t'y attendrai. Tu seras incapable de t'enfuir. Il vaut mieux pour toi que tu rapportes beaucoup d'argent.

Ma gorge se nouait à l'idée de retourner sur scène, moi qui croyais avoir au moins réussi à clore ce terrible épisode de ma vie. J'étais prise à nouveau, et dans une bien pire situation : à présent, je danserais pour un autre que moi, sous l'emprise de la peur et de la menace. Mais je n'avais toujours pas le choix. Un jour, sûrement, je pourrais me libérer de mes chaînes, maintenant plus lourdes que jamais.

Je préparai mon sac de lingerie et mon étui aux trésors, maintenant métamorphosé en un coffre de la mort qui me rappelait l'horreur de l'abus et de la honte.

Le soir venu, nous prîmes la route en direction du bar. J'avais résolu de retourner au Carol. Ma tête allait exploser, tant mon pouls martelait mon cerveau, et le nœud qui serrait mon estomac allait bientôt sortir par mon œsophage. Ricardo arrêta ma voiture devant la porte principale. Je ne pouvais croire qu'il irait jusqu'au bout. Cela ne pouvait m'arriver réellement. Il me dit :

— N'essaie pas de t'échapper. Je serai là et je t'attendrai comme un loup attend sa proie. Ai-je besoin de te rappeler ce qui va t'arriver si tu essaies de te sauver ou d'appeler la police ? Tu ne peux même pas imaginer ce qui t'attend, dans ce cas. Danser vaut mieux pour toi, et tu ferais mieux de rapporter le magot, sinon tu devras te trémousser sur scène plus longtemps.

Bouche bée, je quittai ma voiture et pénétrai dans le bar le cœur gros. Je regardais tout autour de moi et ne voyais que du noir. C'était la fin du monde. Il n'y avait pas d'issue. Même chez moi, dans ma propre ville, j'étais destinée à demeurer sous la tutelle du diable, qui faisait de ma vie un pur enfer.

Je me présentai à la propriétaire qui me permit de fouler la scène une fois de plus. Il était très simple de se faire engager, même temporairement, dans un bar de danseuses. Dès qu'on voyait que la fille avait de l'expérience et qu'elle était assez attirante pour faire saliver les hommes, on ne tergiversait pas plus longtemps et on l'invitait à donner son spectacle.

Je tourbillonnai sur scène comme une âme perdue, les yeux vides et sans passion. Mon dédain de ce que j'étais obligée de faire se sentait sûrement durant mes prestations. Je constatai que je rapportais moins qu'avant. Les filles n'étaient plus les mêmes et je n'en connaissais aucune. Tout était nouveau. Néanmoins, je ne pris aucune pause et travaillai avec acharnement dans le but de mettre fin plus rapidement à ma souffrance et d'acheter ma délivrance.

Il était trois heures du matin lorsque je pris mes effets et sortis comme un mulet battu de l'établissement. Ma voiture était toujours là, garée tout au fond du stationnement. Les phares s'allumèrent et elle se dirigea vers moi. Avant même de redémarrer, Ricardo me demanda l'argent afin de faire le compte. Je n'en croyais pas mes oreilles. Il agissait comme un vrai proxénète, à présent. J'avais réussi à accumuler trois cents dollars de peine et de misère. Il ne me redonna pas mon argent et ne m'adressa pas la parole de tout le trajet vers notre logement.

Lorsque nous arrivâmes, il prit une boîte de cigares vide qui se trouvait sous le lit et l'ouvrit. Elle contenait déjà l'argent du gros client de Montréal, et Ricardo y ajouta celui que j'avais si laborieusement gagné en recalculant la somme comme un séraphin. N'ayant plus d'énergie pour me battre, je ne dis rien. J'étais défaite, anéantie. Comme nous dormions dans le même lit, je me couchai tout au bord, le plus loin possible de lui. Je n'avais nullement le goût de me coller à cet homme qui me traitait comme une merde. Sa présence m'était devenue insupportable

Je fus forcée à danser dans les mêmes conditions jusqu'à la mi-février, c'est-à-dire durant près d'un mois. L'heure de notre retour à Cuba approchait. Je devais à tout prix fuir avant, mais je ne trouvais toujours pas de truc pour y parvenir. Je ne pouvais même pas conduire ma propre voiture, et Ricardo m'attendait chaque soir en face du bar. Il m'avait demandé de nous faire une sauce à spaghettis; nous en mangions tous les soirs avant de quitter pour le bar. Je ne mangeais rien d'autre de la journée. Je maigrissais à vue d'œil, épuisée par les nuits sans sommeil et l'énergie que je dépensais à danser des heures durant.

J'aurais préféré mourir, plutôt que de retourner à Cuba. Je rassemblai tout le courage qu'il me restait et tentai de raisonner Ricardo.

— Je t'en supplie. Prends mon argent et laisse-moi ici. Je ne peux pas rapporter autant d'argent qu'avant en dansant, de toute manière. Tu seras mieux sans moi et tu pourras trouver quelqu'un d'autre pour t'aider.

— Ferme-la! Tu dis des conneries et ça me fait perdre la maîtrise de mes nerfs. Je vais te frapper plus fort que jamais, si tu n'arrêtes pas de te plaindre. Je fais ça pour qu'un jour nous soyons riches et que nous vivions la belle vie. Mais toi, tu ne comprends absolument rien.

Passant sans délai de la parole aux actes, il s'élança et me frappa au visage de son poing osseux. Je n'eus même pas la force de réagir. Ma tête se renversa et tout mon corps bascula vers l'arrière. Heureusement, nous étions dans la chambre et je tombai sur le lit.

Sous la menace, il réussit quelques heures plus tard à me faire monter dans l'avion vers ma détresse et ma perte. À nouveau, il utilisa une carte de crédit pour acheter des montres. Je ne comprenais pas ce qu'il allait en faire. En fait, il revendrait les articles à Cuba. Il faisait de l'argent de toutes les façons possibles.

Je fus de nouveau cloîtrée dans la maison, vraisemblablement pour une nouvelle période de deux mois, cette fois. J'étais désespérée. Allais-je y mourir, ou serais-je sauvée par miracle? Je ne croyais plus vraiment que je pourrais m'en sortir, comme si j'étais livrée à la mort dans un combat perdu d'avance.

# Chapitre IX

Les semaines s'écoulaient et le scénario était toujours sensiblement le même. Je passais mes journées enfermée dans la chambre infernale, sauf quand j'allais sur la plage jouer le rôle de la vacancière heureuse qui ramène les clients à la maison le soir pour des soupers gastronomiques payants. Le matin, Ricardo me permettait de venir prendre un petit-déjeuner dans la salle à manger. C'était toujours un petit pain frais avec un morceau de gouda et du jambon ou une banane. Mais, par la suite, il me bousculait.

— Retourne dans la chambre et assure-toi d'aller à la salle de bain, car tu ne pourras pas sortir avant un bon bout de temps. Tu sais que j'ai demandé à ma mère de te surveiller et de me rendre compte, si elle te voit ou si elle entend quelque bruit que ce soit dans la chambre. Si tu oses sortir sans ma permission, je te jure que tu vas le regretter... Je vais te raconter une anecdote. La petite maison brune, derrière, un homme l'habite depuis mon enfance. Il a fait de la prison pour avoir tué sa femme, mais il a réussi à sortir après deux ans seulement.

— Mais qu'est-ce qu'il lui a fait, à sa femme? Comment est-elle morte? demandai-je, horrifiée.

— Il croyait qu'elle le trompait. Il l'a attachée à son lit par les poignets et les jambes et lui a enfoncé un fer à repasser dans le vagin. Elle est morte dans des souf-frances assurément indescriptibles.

Avait-il inventé cette terrifiante histoire pour me faire peur? Si oui, il avait bien réussi. Je ne voulais plus sortir de la chambre.

Un soir, alors que Ricardo se préparait à sortir, sa cousine Angelina passa par la maison pour me saluer. Voyant que son cousin se faisait beau et que, moi, je demeurais là bien tranquille sans bouger, elle m'offrit devant lui de sortir en sa compagnie. Le regard qu'il me jeta voulait tout dire. Il n'acceptait même pas que je me procure du lait sans lui. Comment accepterait-il que je passe la soirée dans un bar autrement que sous sa supervision? Il regarda sa cousine et dit:

— Venez donc avec nous! Mes amis et moi nous rencontrons au petit bar au bout de la grande rue prin-cipale. Accompagnez-moi, si c'est ce que vous voulez.

Je tremblais à l'idée de tenter l'expérience à nou-veau. Ne sachant pas ce qui s'était produit lors de ma dernière sortie avec lui, Angelina insista pour que j'accepte. Avec elle à mes côtés, je me sentais un peu plus en sécurité. Au moins, je ne serais pas seule à juger les péripéties de la soirée; une personne pourrait être témoin des tortures que je subissais. Ricardo me regar-dait, fier de son coup et conscient que je n'avais pas d'autre choix.

Nous nous préparâmes donc pour une soirée dont je ne pouvais que deviner la fin. J'avais décidé de me faire le plus jolie possible pour mon plaisir personnel. De toute manière, je terminerais probablement la soi-rée avec un autre bon coup au visage. Aussi bien profiter de ma beauté. Habillée d'une élégante robe noire que Ricardo avait choisie pour moi et chaussée de mes escarpins de cuir verni noir, je laissai mes longs cheveux roux frisotter dans mon dos. Je me sentais belle, mais comme déséquilibrée par mon manque de confiance et mes inquiétudes secrètes. Angelina, de son côté, portait une superbe minijupe fleurie de couleurs vives avec une camisole qui dévoilait ses courbes généreuses.

Ricardo s'approcha et me serra dans ses bras pour me susurrer à l'oreille :

— Tu es belle, mon amour, ce soir.

Il venait de me déstabiliser par ces simples mots. Je voulais tant croire ce qu'il disait, qu'il allait un jour changer comme par enchantement! Peut-être allais-je enfin passer une belle soirée… Était-ce possible?

Je crois que, chaque fois qu'il sortait, Ricardo consommait de la drogue; ses yeux changeaient et il devenait subitement agressif. J'essayais de comprendre. Qu'est-ce qui pouvait bien l'amener à se transformer en un monstre aussi brutal d'un moment à l'autre?

Bien entendu, cette soirée-là ne fit pas exception. La rencontre au petit bar tourna rapidement en beuverie. Une fois de plus, Ricardo disparut un long moment et, lorsqu'il revint, il avait un regard étrange, et son agressivité était perceptible au premier coup d'œil. S'il évita de trop me tabasser devant sa cousine, il ne se fit pas faute de m'accuser de toutes sortes de méfait, notamment de rechercher la proximité des hommes que, selon lui, je mettais toute mon énergie à aguicher.

N'empêche, je fus très contente de m'en tirer à si

bon compte et de rentrer enfin, aux petites heures. Il s'endormit dès qu'il posa la tête sur l'oreiller.

Sur les entrefaites, j'eus une communication avec Julie qui m'informa qu'elle retournait au Québec. Sa relation avec Miguel battait de l'aile; son bel amoureux l'avait trompée avec une autre touriste, une Italienne.

Elle m'informa aussi que nous ne partagerions plus notre appartement. Elle voulait récupérer tout l'espace pour elle. Comme elle ne voulait plus que mes affaires traînent dans son environnement, elle m'indiqua qu'elle les expédierait dans une maison à revenus appartenant à notre père et qu'elle les entreposerait dans une chambre inoccupée. Ainsi, j'étais de plus en plus seule à Cuba, à la merci de mon tortionnaire dont les moments de gentillesse se faisaient bien rares.

Après ce bref appel qui aurait pourtant dû me réjouir, je me sentais plutôt rejetée et triste. Dans les propos de Julie, il y avait un message que je ne croyais pas avoir mérité. Elle avait sûrement voulu me dire que je ne faisais plus partie de sa vie. Notre relation en tant que sœurs inséparables était bel et bien anéantie sans que nous puissions mettre les pendules à l'heure.

Pendant quelque temps, la vie fut néanmoins presque normale. Notre butin augmentait à vue d'œil, et Ricardo était relativement calme. J'étais à Cuba depuis un mois, maintenant. Il m'expliqua que mon visa devait être renouvelé pour me permettre de prolonger mon séjour. Je devais me rendre au consulat. Je n'étais pas certaine de comprendre.

Il me confirma qu'il avait un bon contact avec un agent douanier et que, si personne ne remarquait la somme d'argent qu'il cacherait dans mon passeport comme pot-de-vin, mon visa serait modifié sans difficulté. Il avait apparemment déjà usé de cette tactique auparavant. Mais que se passerait-il si je me faisais prendre dans cette tentative de corruption ou si je ne remettais pas mon passeport au bon agent? Il m'expliqua que tout se passerait bien, mais que, dans le cas contraire, je serais automatiquement arrêtée et incarcérée pendant un temps indéfini. Il ajouta :

— Ici, les prisons, on sait quand on y entre, jamais quand on en sort. Des gens y ont été mis pour un vol insignifiant et y sont morts. D'autres, ceux qui ont de l'argent ou de bons contacts, s'en sortent.

Il avait réussi à me faire très peur, mais qu'est-ce que je craignais le plus? La folie de Ricardo ou l'éventualité d'être arrêtée et de ne plus sortir de prison? En voyant mon hésitation, il m'assura qu'il m'accompagnerait jusqu'au coin de la rue et qu'il y attendrait mon retour. Si j'osais dénoncer notre entente, je le regretterais amèrement, précisa-t-il. J'avais vraiment peur de lui. Je redoutais le pire. Comment l'affronter et m'en sortir? Il valait mieux user de prudence et exécuter ses ordres.

Le matin venu, il sortit mon passeport, que j'étais très contente de revoir, et y glissa une coupure de vingt dollars américains. Évidemment, c'était parfaitement illégal. Normalement, avant de pouvoir revenir sur l'île, je devais retourner au Canada et y passer au moins une fin de semaine. Mais Ricardo n'allait pas gaspiller mon argent dont il avait tant besoin en me payant un billet d'avion. Il avait tout calculé. Il n'oubliait jamais rien et semblait ne pas faire d'erreur. Il avait choisi soigneusement les vêtements sobres que j'allais porter, notamment.

À treize heures exactement, nous quittâmes la villa pour le consulat. Après vingt minutes de marche rapide, nous arrivâmes juste au bon moment pour joindre son contact. J'étais en sueur. L'angoisse tordait mon estomac. Je devais avoir l'air d'une simple touriste très calme et j'étais, selon moi, tout le contraire. J'ouvris la porte massive et pénétrai dans le vestibule climatisé du consulat. Plusieurs agents étaient là, debout, mais lequel était le bon? Mon angoisse s'intensifiait.

Un homme s'approcha de moi avec un air glacial et un regard perçant. Il me demanda rapidement, en espagnol, quel était le but de ma visite. J'avais retenu quelques termes que Ricardo m'avait appris pour la cause; je balbutiai que ma démarche concernait l'obtention d'un prolongement de mon visa en tant que touriste. L'homme me dévisageait en gardant le silence. Tous les autres agents avaient cessé de bouger. J'étais l'attraction du moment. Mon interlocuteur me fit signe de pénétrer dans un bureau. Je franchis la porte et attendis. L'air conditionné me glaçait

Mes jambes tremblaient quand l'agent responsable arriva. La porte resta ouverte et j'entendais le personnel déambuler dans le hall auquel je tournais le dos. Quant à mon vis-à-vis, il portait un habit vert trop grand pour lui, mais il était très propre et élégant. Il me fit signe de m'asseoir, ce que je fis sans hésiter. Comme ça, il ne pourrait pas remarquer l'entrechoquement de mes genoux. Je lui remis mon passeport si précieux qui renfermait la coupure américaine. Il ouvrit le document à la bonne page et glissa doucement le pot-de-vin dans un tiroir, sans que personne à l'extérieur du bureau ne se rende compte de rien. Il leva les yeux, me sourit et estampilla la page de mon passeport sans hésiter. Il ajouta :

— Bon séjour parmi nous, madame.

Il quitta la pièce. Ça y était. Je sortis aussitôt pour rejoindre Ricardo qui m'attendait impatiemment juste au coin de la rue. Mon stress venait de se relâcher. Je me sentais beaucoup mieux, mais je savais maintenant que j'en avais pour encore un mois à endurer ma situation. Je devais tenir le coup. J'allais réussir. Après tout, ce ne serait peut-être que quelques gnons de plus, que j'allais recevoir d'ici la fin de mon supplice. Ricardo n'eut rien de plus pressé que de me réclamer mon passeport, qu'il enfouit dans sa poche sans autre formalité. Je n'allais le revoir qu'au moment de reprendre l'avion.

Quelques jours passèrent durant lesquels je tissai des liens d'amitié avec Angelina, la cousine de Ricardo. Aussitôt qu'il quittait la villa, je la rejoignais avec un grand soulagement. Je passais souvent mes journées entières avec elle à apprendre l'espagnol. Elle m'avait prêté un livre de conjugaisons que j'étudiais religieusement. J'étais décidée à comprendre toutes les conversations que Ricardo avait à mon insu. Ma motivation était à son sommet. Nous passions des heures à nous faire des manucures et des coiffures. Cela me changeait les idées et m'évitait de passer trop de temps avec Ricardo à risquer de me valoir d'autres cicatrices.

Un jour, Ricardo se fâcha et m'interdit de rejoindre sa cousine. Je crois qu'il avait vu mon petit jeu et qu'il avait peur de voir faiblir sa domination. La famille commençait à m'aimer davantage et je gagnais des points. Ce soir-là, il me réservait la soirée et me promit une belle surprise. J'étais curieuse, mais craintive à la fois. Était-ce un piège, ou était-il sincère? Il me demanda de mettre une jolie robe et de le suivre. Il était beau dans son complet noir et il sentait bon. Cela me rappelait les quelques moments idylliques que nous avions déjà vécus ensemble. J'enfilai une mignonne robe noire garnie de bordures blanches. Elle s'attachait dans le cou et en dévoilait juste assez. J'avais chaussé des escarpins noirs et parfumé mon corps d'une eau de toilette plutôt épicée et sensuelle. Je voulais qu'il craque à nouveau, qu'il me rende la vie plus facile le temps qu'il me restait à faire à Cuba. Je me sentais belle et désirable.

Une longue marche nous amena à l'hôtel où nous avions eu notre tout premier rendez-vous. L'Herraduran. C'était le nom de l'établissement hôtelier où nous étions attendus. Ricardo avait fait des réservations à la terrasse du restaurant. On nous mena à une table située au centre des autres, juste au milieu d'une large demi-lune. Nous avions une vue superbe sur la mer. Quelques hibiscus ornaient notre table, agréablement décorée. Il faisait chaud, mais pas trop humide. Il n'y avait aucun vent. Le ciel était parfaitement dégagé et nous offrait son plus beau spectacle d'étoiles scintillantes.

Ricardo m'aida à m'asseoir, tel le gentleman qu'il avait été jadis. Il me prit la main délicatement en accompagnant son geste de son doux regard charmeur. Je ne pouvais que sombrer dans le rêve du moment, comme une enfant sans mémoire.

Il nous commanda une excellente bouteille de vin. Le serveur semblait bien le connaître, l'hôtesse également. Il me demanda la permission de s'absenter un instant pour saluer des amis. Pendant ce temps, je savourais ce moment de paix bien mérité. Il revint après avoir partagé quelques propos anodins et des poignées de main avec les responsables de l'hôtel. Tout à coup, il se mit à me dire qu'il m'avait vue regarder un homme passer juste à côté de notre table.

— Je n'ai jamais vu d'homme passer près de notre table, mentionnai-je.

Il protesta en disant que je faisais exprès pour tout saboter et que je courtisais tous les hommes qui se trouvaient sur mon passage. Il commença à hausser le ton. Nos voisins de table arrêtèrent de manger en nous dévisageant. Je le suppliai de se rasseoir et de se calmer. Même si, au fond, je n'étais responsable de rien, je m'excusai en lui expliquant que jamais je n'aurais osé faire une telle chose. Il repoussa soudain d'un geste brusque sa chaise qui se renversa sur le sol. Il se leva et me pointa du doigt. Les gens autour de nous semblaient ne pas vouloir s'en mêler. Il s'avança vers moi d'un bond et, sans que je puisse réagir, il me gifla si fort que je tombai sur le sol de béton. La table était renversée. Je regardais partout autour de moi dans l'espoir d'obtenir de l'aide ou un quelconque regard de compassion, mais je ne vis rien qui y ressemblât. On semblait ne pas me voir, comme si on avait été prévenu de l'incident qui surviendrait, comme si c'était un coup monté. Je ne pouvais croire ce qui m'arrivait. Ma joue était engourdie et mon âme croulait sous la honte.

Il me dit qu'il ne voulait plus de moi, que je ne valais rien, et il quitta les lieux. Je ne voulais certes pas le suivre. Je restai là, assise par terre, les mains dans le visage, brisée et tremblante. Personne ne venait à mon secours, comme si on avait eu l'ordre de m'ignorer. Je regardai Ricardo s'en aller nonchalamment et sans souci, en savourant sa gloire. J'étais seule pour affronter ce moment et le regard humiliant des spectateurs qui m'observaient à la dérobée. Je pleurais de honte en regrettant l'erreur que j'avais commise, lorsque j'avais suivi ce dément au sourire charmeur en terre cubaine. Je concentrai mon énergie afin de me relever et de tituber vers la sortie du restaurant et de l'hôtel. Personne ne m'aborda. On ne fit que m'adresser des regards interrogateurs en silence.

Je n'avais ni maison, ni argent, ni documents légaux et il le savait bien. J'étais à nouveau prise au piège dans l'ouragan de sa domination. Je n'avais d'autre choix que de revenir dans la maison du diable et de me laisser bercer par sa violence. Je marchai péniblement avec ma peine vers le bout de la rue. Chacun de mes pas était lourd, chaque enjambée me martelait la tête. J'avais enlevé mes hauts souliers, que j'avais finalement mis pour rien. Je ne gagnerais jamais. Ricardo réussissait toujours à me détruire, il me tenait à la merci de ses coups de folie furieuse.

La route me semblait trop courte, car je m'approchais trop vite de la réalité qui m'attendait encore. Je devais trouver la force de supporter cette prison encore près d'un mois.

La dernière fois que j'étais rentrée abattue à la maison, mon air nonchalant avait su acheter la paix. Je devais essayer à nouveau. J'ouvris la porte, saluai les parents qui cette fois étaient seuls dans le salon et traversai la pièce pour me rendre jusqu'à la chambre. Ricardo était là, de l'autre côté de la porte. Il avait mis des vêtements de sport et s'était allongé sur le lit. Il me dévisageait avec un regard dénué d'émotion. Je pris mes vêtements de nuit et passai à la salle de bain sous son regard indifférent. J'aspergeai mon visage d'eau fraîche et tentai de retenir le torrent de larmes qui voulait s'échapper de mes yeux. J'étais désemparée, toujours prise dans un piège qui se refermait de plus en plus sur moi. Je revins à la chambre et m'assis sur le lit. Ensuite, je brossai mes cheveux. Il soupira et me dit:

— Plus jamais tu ne me feras honte ainsi devant les gens et surtout devant ceux qui me connaissent. Je suis connu et respecté, ici! Je dois préserver mon image. Tu m'as manqué de respect et tu as eu ce que tu méritais.

J'ai précautionneusement essayé d'amorcer une conversation, mais j'ai rapidement compris que je monologuais. Il s'approcha de moi et je me repliai par réflexe sur moi-même pour me protéger. Il avait réussi à me dominer par la peur. J'étais persuadée qu'il me frapperait à nouveau, mais il me serra les bras. Il plongea son regard dans le mien et me força à m'asseoir sur le lit. Il détacha le lacet de ma robe et en baissa la fermeture éclair. Je ne savais plus comment réagir, mais je savais que je supporterais davantage son désir sexuel que sa violence.

Il enleva mon vêtement léger et me renversa sur le lit. Je ne dis absolument rien quand il se rua sur moi pour me voler ce qu'il me restait de dignité. Cela ne dura que quelques instants insupportables. Il me rejeta comme il m'avait prise, sans un mot et sans joie. Les larmes tombaient comme des clous sur mes cuisses tremblantes. Je bouillais; la rage fermentait en moi depuis trop longtemps. Ma colère était maintenant plus grande que ma honte, mais tout aussi impuissante.

Il contourna le lit et souleva l'oreiller. J'aperçus soudain un pistolet qu'il prit dans ses mains. J'eus le souffle coupé et mon sang se cristallisa. La mort n'était maintenant qu'à deux mètres de moi. Voyant ma terreur, il me dit:

— Ne t'inquiète pas. Si tu es gentille, il ne t'arrivera rien.

Il fit un bruit effrayant comme pour imiter celui de l'arme qu'on chargeait. Glacée par la peur, je m'allongeai tel un chat mort dans ce lit qui allait peut-être me voir pousser mon dernier soupir. Il se changea et s'allongea, la main tendue sous son oreiller. Je ne fermai pas l'œil de la nuit, alors que lui ronflait dans le parfait bonheur. Les pires scénarios s'entrechoquaient dans mon esprit. Comment allais-je survivre jusqu'à la fin du mois? Et, si je réussissais, dans quel état serais-je?

Les jours se succédèrent, et la violence s'intensifiait. La peur m'envahissait davantage de jour en jour. Ricardo me tenait à sa merci. Lasse de me battre, j'étais devenue parfaitement soumise à lui. Je passais mes journées enfermée dans la chambre, attendant mon heure. Je faisais le lavage de toute la famille à la main et frottais comme je l'avais vu faire à Maria les vêtements et sous-vêtements sur une planche à récurer. La tâche rendait mes ongles saignants. Mon dos se tordait de douleur. Je passais des nuits blanches, percluse de terreur encore plus que de courbatures. Je ne me nourrissais presque plus. Le temps passait malgré tout, et les heures d'étude que j'accumulais à l'insu de tous dans mon livre d'espagnol semblaient porter leurs fruits.

La mi-avril nous ramena au Québec. Après un court séjour à Montréal, nous revînmes à Québec où je m'arrangeai pour louer une chambre au sous-sol d'une maison à revenus appartenant à mon père où Julie avait entreposé mes affaires. Ricardo me laissa même appeler ma sœur pour savoir l'endroit exact où elle les avait mises. Je m'attendais à tout. Elle pouvait tout aussi bien les avoir jetées. Julie fut très heureuse de mon appel et nous avons échangé un long moment. Elle m'apprit que mes effets se trouvaient dans une chambre dont je n'avais pas la clé, mais à laquelle je savais comment accéder par effraction; j'y avais joué, plus jeune.

J'avais pris bien soin de ne pas révéler à Ricardo que notre modeste logement appartenait à mon père, Ce dernier n'était pas au courant non plus de notre présence à cet endroit. Ce furent de nouveau les démarches pour vendre les cigares que Ricardo y avait fait transiter et ceux dont il avait rempli ma valise. Les transactions furent profitables, mais pas suffisamment au goût de l'insatiable Ricardo qui m'obligea à nouveau à aller danser.

Nous demeurâmes à Québec pendant deux semaines et, au mois de mai, nous repartions de nouveau vers Cuba pour un autre deux mois. Ricardo fit prolonger mon visa de la même manière qu'il s'y était pris la fois d'avant. Nous n'allions revenir au Québec qu'à la fin de juin et nous n'y passerions qu'une fin de semaine pour repartir aussitôt. Toujours, j'étais soumise aux pires humiliations et aux coups répétés. Pour me frapper, Ricardo prenait le moindre prétexte et, lorsqu'il n'en trouvait pas, il en inventait. Sans doute avait-il besoin de défouler son agressivité sur quelqu'un, mais j'étais de plus en plus lasse de lui servir de punching-ball. Mon impuissance tournait au désespoir.

Ricardo avait profité de notre dernier séjour à Québec pour parler à Julie et insister pour qu'elle revienne avec nous à Cuba, sous prétexte que Miguel regrettait amèrement ses actes et qu'il la priait de le rejoindre. À mon agréable surprise, elle avait accepté et volé avec nous vers l'île de mes souffrances. J'étais heureuse, puisque nous étions à nouveau réunies.

Elle voulait réparer les pots cassés avec Miguel et

avait de nouveau emménagé avec lui dans la villa voisine. Pourtant, je n'avais plus de contacts ou presque avec elle. Chaque fois que j'essayais de lui parler de ma situation, elle la banalisait. Tout ce qui semblait compter pour elle, c'était sa relation avec son amoureux. Elle se détachait de moi, ce que je trouvais incompréhensible. Je savais pourtant qu'elle avait toujours agi ainsi lorsqu'elle rencontrait quelqu'un. Quand elle était seule, elle s'accrochait à moi, mais, dès qu'elle se trouvait un amoureux ou une amie, elle me laissait tomber.

Cependant, au cours de ce séjour, il arriva que je fusse obligée de sortir avec Ricardo, Julie et Miguel. Je ne sais qui avait organisé cette escapade, mais elle ne faisait pas du tout mon affaire. Cependant, la présence de ma sœur me rassurait un peu. Elle qui voyait mes différends avec mon amoureux comme des prises de bec sans conséquence, elle aurait peut-être l'occasion de se détromper.

J'avais confié mes craintes à Angelina.

— Je ne veux pas sortir, lui avais-je dit. C'est dangereux pour moi, et Ricardo finira par me frapper à nouveau. Je dois te dire quelque chose : il tient une arme chargée sous son oreiller, la nuit, pour s'assurer que je ne me sauve pas.
— Mais qu'est-ce que tu dis là ? Je crois que tu exagères un peu. Tu as reçu quelques gifles, mais ce n'est pas si grave que ça.

Elle doutait de mes paroles. Elle ne pouvait croire qu'il pouvait être aussi violent. Elle tenta de me rassurer tant bien que mal et me dit d'accompagner Ricardo en toute confiance.

Nous rejoignîmes ma sœur et Miguel à leur appartement. Ricardo me confia la clef de la villa, ce qui me dérouta un peu. Un semblant de gentillesse me faisait tellement de bien! J'analysais chacun de ses gestes dans le but de prévoir les risques de violence. Voilà qu'il me tenait par la main; il faisait toujours tout pour sauver les apparences et faire croire que tout allait pour le mieux.

— Allez! Nous devons partir!

Nous marchions rapidement pour rejoindre des amis à lui. Nous nous dirigions vers un bar situé au centre de la ville, sur un coin de rue. Nous fîmes un arrêt à une terrasse où nous nous joignîmes à trois hommes qui attendaient Ricardo. Je faisais extrêmement attention de ne pas croiser leur regard et de demeurer parfaitement soumise, afin d'éviter toute colère de la part de mon tortionnaire. Il acheta des bouteilles de rhum et, en dépit de mes craintes, tout s'annonçait presque agréable. Soudain, il commença à se détacher de moi et cessa de m'adresser la parole. Il avait déjà consommé beaucoup de rhum durant l'après-midi, et ses amis et lui en étaient à leur sixième bouteille depuis notre arrivée à la terrasse. Je sirotais mon deuxième verre quand tous se levèrent pour quitter les lieux. Je me joignis sans tarder au groupe qui atteignit la grande rue. Comme Ricardo ne me regardait plus et se tenait loin de moi, j'imaginais déjà les coups qui m'attendaient plus tard.

Il riait aux éclats comme un fou. Il avait l'air de bien s'amuser. J'étais apeurée à l'idée qu'il se transforme à nouveau en terrible agresseur. Alors que j'avais l'impression qu'il avait oublié ma présence, je dis à ma sœur:

— Reste avec eux. Je retourne à la maison. Fais diversion. Il ne s'en rendra pas compte et je vais aller dormir.

Julie ne voulait pas. Pour elle, la fête ne faisait que commencer. Par expérience, je savais que Ricardo était enclin à un dédoublement de personnalité et qu'il devenait très violent lorsqu'il consommait trop. Je pouvais anticiper ce moment qui approchait et je ne voulais pas être la victime, cette fois. Ma sœur me pria une dernière fois de rester, mais je m'excusai et quittai doucement. Je ne parlais pas, je marchais d'un pas silencieux. Comme Ricardo devançait le groupe, j'avais de bonnes chances de réussir à filer en douce. Heureusement, j'avais les clefs de la villa.

J'avais réussi à faire quelques mètres, quand il s'arrêta brusquement de marcher, se retourna sèchement pour se diriger dans ma direction d'un pas ferme et agressif. Je me pétrifiai. Mon sang ne circulait plus dans mes veines. Il se mit à crier :

— Mais où crois-tu aller comme ça?

Je me suis instinctivement rapprochée de ma sœur pour lui tenir le bras. Je suppliais le ciel à haute voix de m'épargner.

— Je vous en supplie, Seigneur, aidez-moi, sauvez-moi, ne m'abandonnez pas.

Je dirigeai mon attention vers Ricardo pour lui dire :

— Je t'en prie, laisse-moi retourner à la maison, je ne me sens pas très bien.

Il y avait des poignards dans ses yeux d'ébène, qui ressemblaient à des grottes sans fond.

— Mais pour qui me prends-tu? Tu crois que je vais te laisser partir comme ça?

— Je tiens à ce que tu passes une belle soirée et je ferais n'importe quoi pour ça. Je ne veux pas que ça se termine comme d'habitude. Calme-toi, arrête de crier, s'il te plaît. Je ne veux que m'amuser et que la soirée se déroule normalement.

Il se mit à hurler de plus belle :

— Je sais bien ce que tu veux. Tu ne veux que des hommes.

Je le suppliai à nouveau :

— Crois-moi, je ne désire que ton bonheur et que tu passes une belle soirée. Je ne veux pas de problème. Je vais aller avec toi et danser un peu, puis je retournerai à la maison et tu pourras continuer ta soirée.

Il semblait avoir déjà pris sa décision. Je méritais toute une raclée. De son point de vue, je lui avais manqué de respect, je venais de jouer avec les poignées de mon cercueil. Il n'était déjà plus le même. Il me poussa violemment dans le dos.

— Retourne à la maison tout de suite.

Il pointait le chemin du retour avec son doigt. C'en était plus qu'assez. Je décidai de l'affronter pour la première fois, fût-ce au prix de ma vie en laquelle je ne croyais presque plus. Je n'étais plus capable de supporter l'humiliation et la violence dont il m'abreuvait. Je le poussai à mon tour. Insulté plus que jamais, il leva le bras, écarta les doigts et, dans un élan de fureur, il essaya de me frapper, mais je réussis à esquiver le coup. Il prit un autre élan et Julie poussa un cri de terreur :

— Non!

Il la regarda et lui dit :

— Reste en dehors de tout ça.
— Laisse ma sœur tranquille!

Probablement pour la protéger, Miguel l'éloigna pour nous laisser régler nos problèmes seuls. Ricardo se vengea aussitôt en me donnant une gifle au visage. Ma joue semblait pétiller et bouillir de douleur. Ma frustration et ma colère étaient maintenant plus grandes que ma raison. Ce coup n'avait fait qu'intensifier mon désir de vengeance. Sans plus réfléchir, je me redressai et le giflai à mon tour avec une débordante rage au cœur. Le bruit sec me fit presque regretter mon geste, mais, l'espace d'un très court instant, j'en ressentis une jouissance certaine. Je m'étais enfin décidée à accepter la souffrance, mais pour une bonne cause.

Ricardo avait changé de couleur. Il frôlait maintenant l'écarlate et l'indigo. D'avoir reçu une gifle d'une femme en public devant ses amis l'avait insulté au plus haut point et mis dans une colère indescriptible. Je n'avais plus de doute, j'allais mourir, cette fois. Avant que j'aie le temps de faire le moindre geste, il m'assena un terrible coup de poing. Je vis la scène au ralenti, comme si j'étais déconnectée de la réalité. Ma mâchoire bascula de côté et tout mon corps s'effondra. Ma tête se fracassa sur le trottoir. Des points lumineux commencèrent à apparaître devant mes yeux. Toutes les pièces de monnaie que je tenais à la main avaient volé telle une pluie d'étoiles sous un ciel qui s'écroule; elles atterrirent partout autour de moi. Je me vois encore tomber au ralenti, moitié sur le trottoir, moitié dans la rue. Je vois ma tête qui heurte le trottoir. Je n'étais pas tout à fait consciente, puisque j'entendis ma sœur pousser Ricardo et lui crier :

— Tu es malade! C'est ma sœur! Ça ne va pas, dans ta tête?

J'entrevis Miguel la tirer par le bras, la forcer à le suivre et lui intimer l'ordre de cesser de crier. Et puis plus rien : le noir et l'inconscience venaient de prendre mon âme.

Je ne sais combien de temps je suis restée là, seule, mon corps gisant partiellement dans la rue, appuyé contre le trottoir. Je repris conscience progressivement et ouvris les yeux. Il faisait noir et il n'y avait personne à l'horizon. Je ne me souvenais plus pour quelle raison j'étais allongée là. Je me relevai tout doucement et m'assis sur le trottoir, au bord de la grande rue qui semblait ne plus finir. Ma tête voulait exploser, mais je ne comprenais pas pourquoi.

J'avais d'autres problèmes de mémoire, beaucoup plus graves, ceux-là. Où étais-je et quel était mon nom? Qui étais-je? Qu'est-ce que je faisais là, vêtue ainsi, allongée dans une rue? Je ne comprenais plus rien. J'étais effrayée. Je savais que j'avais vécu un traumatisme, mais je ne savais pas comment ni dans quel contexte. Je me relevai péniblement. Mon corps me faisait souffrir, mais je ne m'expliquais pas pourquoi. J'examinai les lieux autour de moi, me levai et réussis à faire quelques pas. Un drôle d'arbre, un palmier je crois, ornait la rue. J'en découvris plusieurs autres. L'air était chaud. «Je crois que je ne viens pas d'ici. Qu'est-ce que je fais là, alors?»

me questionnais-je sans cesse. Inquiète, je commençais à réaliser que j'étais en voyage et que quelque chose de terrible venait de se produire. Je devais trouver de quoi il s'agissait.

Je fouillai dans mon sac qui gisait à mes côtés, entouré de pièces de monnaie éparpillées. Je lus sur une des pièces que je pris du bout des doigts : *pesos*. Je venais de comprendre : j'étais à Cuba. De mon sac, je sortis un tube de rouge à lèvres et une clef. À quoi pouvait-elle bien servir ? Je me dis qu'en marchant un peu dans les environs je finirais par me rappeler ce qui s'était passé.

Je suivis la rue principale. Je déambulai durant au moins quarante-cinq minutes avant de réaliser où j'étais. J'aperçus tout au bout d'une rue secondaire une maison carrée qui me rappelait vaguement quelque chose. J'avais près d'un demi-kilomètre à parcourir avant de l'atteindre et l'anxiété grandissait en moi sans que je comprenne pourquoi. Je ne savais pas à quoi m'attendre, mais j'avais déjà vu cette villa. Je devais me rapprocher encore pour savoir où j'étais. Un pas de plus et je reconnus la maison de Ricardo.

J'étais parvenue tout près quand je me rappelai la violente scène qui venait de se produire. Ricardo me retenait contre mon gré, il m'avait frappée très fort devant tout le monde et personne, pas même Julie, n'était venu à mon aide. J'avais de la difficulté à réaliser qu'il y avait autant de méchanceté gratuite dans le cœur des humains. Un stress indescriptible m'envahit subitement. À cause des menaces de Ricardo, j'étais constamment partagée entre le souci de mon propre sort et mon devoir de faire en sorte que ma famille soit épargnée. Je me remis à trembler. J'essayai d'aligner la clef avec la serrure, mais j'en étais incapable. J'ai dû rester au moins une demi-heure debout à essayer encore et encore d'ouvrir la porte, mais rien à faire. Je n'étais pas soûle, mais fragile et terrifiée.

Tout à coup, pendant que je me concentrais pour essayer d'entrer, j'entendis une voix qui se rapprochait de moi et je m'immobilisai. Une main se glissa sur mon épaule. Je me mis à pleurer très intensément lorsque je réalisai que c'était Miguel, accompagné de Julie, qui était arrivé derrière moi. Je tremblais, je sanglotais, je délirais tellement j'étais terrorisée. Trop faible pour tenir debout plus longtemps, je m'accroupis et les implorai:

— Aidez-moi. Ne me laissez pas là, je vous en prie. J'ai terriblement peur. Que va-t-il m'arriver, maintenant? Ricardo va me tuer!

Miguel me dit doucement à l'oreille:

— Viens avec nous dans notre villa. N'entre pas chez lui. Je le connais depuis l'enfance. Il est capable de tout. Tu sais qu'il est armé et ce soir il est fou furieux.

Il me prit par les épaules.

— Mais quand il verra que je ne suis pas rentrée à son retour, il voudra me tuer, c'est certain.
— Écoute, Nadia. De toute manière, il voudra te tuer. Aussi bien venir avec nous! Je vais essayer de lui parler, de le raisonner un peu, sinon tu ne survivras pas. Ricardo est dans un état de crise et il est armé, je te l'ai dit.

Julie et lui m'enfermèrent avec eux dans leur logement indépendant. L'endroit était petit. Il y faisait très chaud et humide. Il n'y avait qu'une minuscule fenêtre dans la chambre, qui ne contenait qu'un lit double et un meuble bon marché. La porte, bien ordinaire par ailleurs, était doublée d'un large et massif grillage cadenassé avec une chaîne. Julie s'est couchée avec son copain. Moi, je suis restée assise, raidie par la terreur, sur une chaise droite dans la cuisine, en face de la porte. Je me sentais seule et absolument démunie. Même si j'avais appelé au secours, cela n'aurait servi à rien. De toute façon, la ville entière semblait respecter Ricardo sans discuter, ou bien il était craint unanimement. Il pouvait faire ses quatre volontés sans que personne ne s'avise de lui faire la moindre remontrance.

J'attendais que le temps passe avec le mince espoir que sa colère meurtrière se dissipe. Et je rêvais de pouvoir un jour lui échapper. Si je parvenais à survivre...

J'entendis des bruits de pas derrière moi. C'était Miguel. Il me prit aux épaules et me massa doucement, ce qui me fit énormément de bien. Il me dit:

— Ne reste pas dans la cuisine; viens avec nous te coucher. Tu dois dormir. Tu auras sûrement une autre grosse journée demain. Nous allons te faire une place. Tu trembles et tu es épuisée.

Le chagrin me nouait le cœur. Ce que j'avais vécu au cours de la soirée m'avait terriblement ébranlée, mais que penser de ma propre sœur? Il me manquait un bout du casse-tête. Pourquoi ne m'avait-elle pas attendue ou aidée alors que j'étais inconsciente sur le trottoir? Je me sentais trahie par mon propre sang. Quelle raison pouvait justifier son attitude? J'étais trop épuisée pour trouver des réponses à mes questions.

N'étant pas en position de négocier, je me levai sans hésiter et me dirigeai vers leur lit. Je pris soin de demeurer habillée pour éviter des malentendus dont je n'avais vraiment pas besoin. L'épuisement, le stress et la peur avaient grugé toute l'énergie qu'il me restait. Ma peur que Ricardo arrive, défonce la grille et vienne me fusiller était si vive que Julie me suggéra de prendre place au milieu d'eux dans le lit. Cela me mettait mal à l'aise, mais je me disais que jamais quelqu'un ne songerait à abuser de moi alors que j'étais dans un tel état de détresse. Elle n'eut nul besoin d'insister. Mais je ne pouvais m'endormir. Mes yeux papillotaient au moindre bruit.

Mes bras crispés se trouvaient le long de mon corps quand je sentis une main se glisser dans la mienne. Je me retournai brusquement vers Julie, mais elle dormait profondément. Je regardai Miguel qui, lui, avait eu le temps de déplacer sa main sous ma robe dans le but de découvrir les secrets de mon corps encore sous le choc. C'était inacceptable, mais, ne voulant pas faire de peine à Julie, je m'empressai de repousser la main baladeuse sans dire un mot et quittai le lit pour retourner dans la cuisine, seule avec mon désarroi. Le dos appuyé contre un des murs de béton frais, je glissai vers le sol pour m'asseoir et pleurer. Je pleurais toute ma vie en déroute.

Il devait être quatre heures trente du matin et l'aube commençait à chatouiller l'horizon. Ricardo n'était donc pas venu me tuer au cours de la nuit. J'allais peut-être m'en sortir encore. Quelques pensées positives traversaient mon esprit lorsque j'entendis clairement le gravier rouler sous des pas à l'extérieur. Assurément, quelqu'un arrivait près de la porte. C'était lui. J'entendis cogner rudement. On frappa à nouveau après quelques secondes de silence. Ricardo cria :

— Je sais que tu es là! Sors tout de suite! Je ne te ferai pas de mal! Je ne veux que parler avec toi!

De mon côté, j'avais aussi peur de sortir que de rester. Si je demeurais à l'intérieur, il se lasserait de m'attendre et, à ma sortie inévitable, il m'achèverait. Après quelques cris, Miguel se leva et vint à la porte pour ouvrir. Quant à Julie, elle resta au lit, indifférente à la scène qui se jouait. Elle ne prenait pas les menaces de Ricardo au sérieux. Malgré la scène de la veille, elle persistait à croire que nous ne faisions que nous disputer comme des amoureux et que je devais arrêter de le contredire comme je le faisais. Je chuchotai à Miguel:

— N'ouvre pas la porte. Il te tuera.
— C'est mon ami. Il ne me fera rien. Sois sans crainte.

Il ouvrit la porte sans déverrouiller la grille. Miguel lui suggéra d'aller se coucher un peu, que nous discuterions dans la matinée, à tête reposée. Pour Ricardo, il n'en était pas question. Il hurlait et jouait avec un couteau de chasse sur les mailles de la grille. Miguel lui dit:

— Calme-toi un peu, Ricardo.
— Je ne te considère plus comme un ami, dorénavant, puisque tu l'abrites contre ma volonté, rétorqua-t-il sèchement. Vous me devez tous obéissance. Je vais de ce pas chercher mon pistolet et je reviens dans quelques minutes pour la tuer.

Je décidai d'intervenir. Je le suppliai encore en pleurant:

— Laisse-moi simplement tranquille, je ne veux

rien de plus. Je ne suis plus capable de supporter une pareille pression.

Il partit et revint comme prévu quelques minutes plus tard. Au comble de la terreur, j'avais refermé la porte et m'étais réfugiée dans un coin de la cuisine par terre sur le béton, en espérant que les balles ne m'atteindraient pas. Mains jointes, je continuais mes prières, quand il cogna à la porte.

— Nadia, sors tout de suite! Je veux te parler. Sinon, je vais t'attendre jusqu'à ta sortie, peu importe le temps que cela prendra, et je te tuerai de sang-froid.

J'avais une telle frousse que j'étais pétrifiée dans mon coin. J'entendais les pas de Ricardo sur le gravier. Le temps passait sans que je puisse logiquement le compter. Après un long moment, il reprit la parole.

— Ma belle, je sais que tu as peur, mais je ne te ferai aucun mal, je te le promets. Viens dehors. Nous allons seulement nous asseoir et parler.

Miguel me dit alors:

— Selon ce que je connais de Ricardo, tu peux maintenant sortir de l'appartement. Le ton de sa voix a changé et tu n'as plus à craindre pour ta vie.

Cela m'était impossible à croire dans le vif de l'action. Je sentais qu'il pensait maintenant à sa propre sécurité, qu'il ne voulait pas se mêler davantage de ma terrible situation et qu'il ne pouvait plus m'aider. Je devais affronter seule le scorpion venimeux, en dépit de la peur qu'il m'inspirait. De toute manière, cette attente anxieuse m'était insupportable.

J'ouvris la porte de bois et le vis aussitôt derrière les barreaux du grillage. Il était assis à une dizaine de mètres, sur un muret de pierres. Il semblait triste. Je l'examinai longuement. Il ne bougeait pas d'un poil. Il tourna la tête vers moi et me dit :

— Je ne vais pas te tuer. Viens, nous devons parler.

Miguel s'approcha de moi et me dit de ne pas bouger, le temps qu'il tente de le raisonner un peu.

— N'ouvre pas la porte, Miguel. Il est armé, il va tirer, il va tous nous tuer!

Ricardo se releva et s'approcha lentement. Je comptais chacun de ses pas sur les cailloux, connaissant exactement la distance entre la maison et le muret. Je sentais qu'il était assez proche, maintenant. Je fermai les yeux et me recroquevillai en boule pour éviter un coup de feu. J'étais absolument persuadée qu'il jouait un jeu pour nous faire ouvrir la porte et qu'il allait tirer. Tout un scénario se déroulait dans ma tête. La situation pouvait changer à tout moment, avec ce psychopathe instable. Miguel prit la parole le premier :

— Il est tard. Va te coucher! Nous réglerons cela demain, tu verras.

Sans doute Miguel connaissait-il très bien son ami. Personnellement, je n'aurais jamais imaginé que de simples paroles auraient amadoué Ricardo.

— Je ne dormirai pas. Je dois impérativement régler cette petite dispute tout de suite.

Il appelait ça une petite dispute, alors que je crai-

gnais pour ma vie, certes pas sans raison. Je me disais :
« Peut-être que c'est moi qui exagère, après tout. Je l'ai
poussé, aussi ! » Subitement, mes émotions passaient
de la rancœur à la culpabilité.

— Tu n'as plus rien à craindre, me dit Miguel. Je
connais mon ami et je sais que la crise est passée. Tu
peux sortir le rejoindre, à présent.

Je n'avais d'autre choix que de sortir un jour ou
l'autre. Je me voyais mal endurer plus longtemps la
crainte de mourir dès ma sortie. En demeurant là, je
risquais également la vie de ma sœur et de Miguel. Je
devais y aller. J'ouvris la grille tout doucement, puis
la refermai soigneusement derrière moi pour protéger mes sauveurs. Je n'étais plus qu'à cinq pas de lui,
lorsqu'il prit la parole. Il parlait doucement et j'écoutais à peine, sachant que rien ne changerait de toute
manière. Il me dit :

— Tu as couru après les problèmes et c'est ta faute
si j'ai perdu les pédales. Tu me mets dans une telle
colère, parfois... Mais c'est fini. C'est du passé, maintenant. Tu peux venir te coucher avec moi. Tu dois
dormir. Tu sembles exténuée.

D'un geste très lent, il approcha sa main vers mon
visage. Je reculai et, par pur réflexe, me protégeai de
mes deux bras. Je n'étais plus capable de supporter
les coups. Il me terrifiait au point que mes réactions
étaient irrationnelles, uniquement instinctives. Je
comprenais qu'il avait un gros problème, même une
maladie mentale grave. Cependant, je croyais fermement que j'avais contribué à le mettre en colère, cette
fois. Il ajouta :

— Viens à la maison. Ce n'est qu'une petite dispute d'amoureux, que nous avons eue là.

Je devais encore jouer la carte de la femme soumise, mais il ne m'était pas facile de faire semblant d'être d'accord avec lui. Il m'adressa un clin d'œil en me faisant signe de le suivre dans sa résidence. J'obtempérai en surveillant ses pas attentivement, jusqu'à la chambre où j'aurais préféré ne plus avoir à remettre les pieds.

La première chose qu'il fit fut de vérifier son arme, toujours sous l'oreiller. Il n'avait nul besoin de parler. Je compris la menace sans qu'il ait besoin de dire un mot. Jamais, de son propre chef, il n'accepterait de me rendre ma liberté.

Le matin venu, j'entrouvris les paupières pour réaliser que le cauchemar était toujours bien réel. J'étais dans un film à suspense, à jouer le rôle de la victime d'un meurtrier fou. J'avais peine à croire que tout ça m'arrivait vraiment. J'étais clouée sur le lit où l'espace que Ricardo me laissait était insuffisant pour que je puisse dégourdir mes membres. Je comptais chacune de ses respirations. Et j'imaginais que je me jetais sur lui pour l'étouffer avec son oreiller. Une migraine insupportable me vrillait le cerveau et je pouvais à peine frôler ma joue, bleue et tout enflée. Ma vie allait se conclure sur cette île sans que personne ne me retrouve jamais.

# Chapitre X

Au cours du mois de juin 1996, nous avions effectué un voyage éclair à La Havane. Ricardo m'avait expliqué qu'il avait ourdi un plan machiavélique qui nous rapporterait gros. Ce voyage en était un de reconnaissance des lieux, histoire de planifier son coup. Sans me fournir trop d'informations, il m'avait expliqué qu'il avait besoin de moi à nouveau pour réussir.

Toutefois, ce ne fut que lors de notre séjour suivant, soit vers la fin d'août, que l'affaire aboutit. Elle me donne rétrospectivement des sueurs dans le dos.

— Nous n'avons plus assez d'argent pour acheter des boîtes de cigares dans les boutiques de tabac habituelles, me dit Ricardo, qui n'était jamais satisfait des résultats obtenus avec les touristes. Comme je t'en ai déjà parlé, j'ai une autre solution. Mais nous n'avons vraiment plus beaucoup de temps devant nous, puisque ton visa expire dans quelques jours.

J'avais donc survécu à deux nouveaux mois de torture. Combien de temps encore allais-je être séquestrée avant d'être délivrée? Je commençais à songer à m'évader une fois rendue au Québec, malgré les menaces dont il m'abreuvait. Après tout, il ne me restait que deux choix: mourir ou risquer la vie de mes proches. Tout bien considéré, je croyais trop en la vie pour me suicider, mais je savais fort bien que je ne pouvais demeurer en vie encore longtemps dans l'enfer au sein duquel je me débattais. Et s'il mentait? Souvent, les hommes de son espèce paraissent forts devant une femme fragile, mais, dans les faits, ils ne font que parler et n'agissent pas. Aurais-je enduré tout ça pour rien? Il était impératif que je commence à penser à moi. Je devais attendre, mais agir au moment opportun.

— Il m'est impossible de tripler la durée de ton visa, continua Ricardo. Mes amis du consulat ne peuvent aller jusque-là. Il serait imprudent pour eux de répéter la fraude et ils risqueraient de se faire prendre. Je ne peux me permettre de brûler mon contact. Ainsi, il ne nous reste que trois jours et demi pour mettre mon plan à exécution avant de repartir. Cette fois, après avoir atterri à Dorval, nous irons à Québec. Pour que nous parvenions à tout faire dans le temps qu'il nous reste, tu dois m'obéir au doigt et à l'œil d'ici notre départ.

— Mais pourquoi nous rendrons-nous à Québec? demandai-je, bien que cela me satisfît grandement.

— C'est pour doubler notre profit! Tu danseras pendant que je vendrai les boîtes et, quand nous aurons atteint mon objectif de dix mille dollars, nous pourrons enfin nous offrir des billets d'entrée pour les tapis rouges!

— Mais tu ne m'as jamais parlé de tapis rouge. Qu'est-ce que c'est? De toute façon, il n'est absolument pas question que je retourne danser. Je préfère mourir!

— Tu fermes ta gueule! Tu feras ce que je te dis, c'est tout! Tu ne viendras pas bousiller mes plans.

Je pouvais constater la rage qui l'habitait en voyant sa figure rougir.

Le jour du départ allait donc finalement arriver. J'allais retourner chez moi, mais il ne me restait vraiment pas beaucoup de temps pour préparer mon évasion. Je devais en premier lieu lui obéir aveuglément, faire semblant d'entrer dans son jeu, de manière à ce qu'il ne se doute de rien.

Son plan consistait à voler des cigares à leur sortie de la fabrique de La Havane et à les emporter au Québec pour les vendre à de nouveaux clients. Nous serions riches, disait-il.

Le lundi, Ricardo loua une voiture avec ma carte de crédit, c'est-à-dire sous mon nom. C'était une Geo Metro noire. C'était le seul type de voiture disponible en location sur l'île, et seuls les touristes avaient le droit d'en louer une. Le plan avait sûrement été longuement étudié, car tous les contacts étaient au courant et nous attendaient à chacun de nos points de rencontre. L'opération devait prendre trois jours au total. Ricardo avait retiré tout le reste de mon argent pour payer nos billets d'avion et pour soudoyer les personnes qui l'aideraient dans son entreprise. Notre retour en sol canadien était prévu pour le vendredi suivant.

Nous partîmes à l'aube. Il était environ cinq heures du matin. Nous nous mîmes en route vers La Havane, le paradis du tabac. Bien sûr, Ricardo ne me laisserait conduire le véhicule sous aucun prétexte. J'admirais cependant le paysage tout à fait splendide qui bordait la route. Nous suivions la côte nord de l'île vers l'ouest. J'évitais de poser la moindre question pour ne pas susciter de conflits. La journée passait assez rapidement. Nous ne nous arrêtions pas et ne mangions pas, autant pour ne pas perdre de temps que pour économiser notre argent.

Lorsque j'aperçus la première indication que nous approchions de La Havane, je fus un peu soulagée en songeant que je pourrais sortir de la voiture et me dégourdir un peu. Je vis un superbe fort sur une colline qui bordait la chaude mer turquoise des Caraïbes, puis nous pénétrâmes dans la ville en passant près d'un gros char d'assaut qui gisait là en souvenir des combattants morts lors de la Révolution.

Nous passâmes ensuite devant l'immense parlement, d'une beauté royale. Un long et majestueux escalier donnait accès à l'édifice orné de pierres alignées. Des enfants se promenaient dans les rues. Ils étaient sales et avaient l'air pauvres. Les petits vendaient des roses pour rapporter quelques sous à leurs parents. Les gens vivaient dans une grande pauvreté. Toutes les maisons étaient de vieilles bâtisses multicolores rattachées les unes aux autres.

Nous longions les ruelles creusées par l'usure en cherchant celle où aurait lieu notre rendez-vous. Ricardo avait une adresse précise qu'il tentait vainement de retrouver dans le labyrinthe des rues de la vieille ville.

Près d'une heure plus tard, il immobilisa le véhicule devant un établissement qui me semblait à l'abandon. C'était un bâtiment de vieilles pierres grises sans fenêtre. Ricardo retira les clefs du contact, les fourra dans sa poche et m'ordonna de le suivre, ce que je fis sans savoir à quelle étape de son plan nous pouvions bien être parvenus et si je devais m'inquiéter que son échafaudage s'écroule. Il entra par une grande arche qui faisait office de porte. Sur le sol de bois défraîchi et poussiéreux, il y avait des déchets un peu partout. Des trous constellaient les planches de pin clouées maladroitement qui constituaient le plancher. J'entendis un bébé pleurer. Ricardo s'engagea dans un escalier qui semblait nous rapprocher de ces pleurs. Il longeait une grande cour intérieure remplie de fleurs sauvages et de mauvaises herbes; beaucoup de lianes descendaient du balcon vers le sol pour donner à l'endroit l'apparence d'un temple maudit. Je prenais soin de regarder où je posais mes pieds.

Tout en haut de l'escalier, nous nous engageâmes dans un corridor pour arriver à une porte semi-ouverte. Ricardo semblait lui-même se méfier, ce qui ne m'inspirait pas confiance. Un homme ouvrit la porte et nous salua d'un large sourire amical. Je fus plus rassurée. Une femme se berçait, un nourrisson dans les bras, et trois autres enfants d'âge différent s'activaient pieds nus dans les décombres de cet endroit sinistre et inquiétant. Je ne pouvais croire que des enfants pouvaient grandir dans un tel endroit. Tout semblait en ruine. Des trous dans le vieux plancher de bois moisi de l'étage supérieur traversaient le plafond. Des morceaux de vitres cassées, des ordures entassées, toutes sortes de détritus garnissaient le sol recouvert de carreaux de céramique cassés et de clous rouillés. Ces enfants qui n'avaient sûrement pas reçu le vaccin contre le tétanos risquaient de se blesser à tout bout de champ.

Ricardo et l'homme discutèrent en espagnol durant un moment. J'essayais tant bien que mal de comprendre, mais seules quelques bribes m'étaient perceptibles. Nous devions trouver une cachette sûre pour attendre la nuit, puis nous stationner devant la porte du côté nord-est de la fabrique. Nous n'avions pas droit à l'erreur. Chaque minute serait cruciale. Un homme nous ouvrirait la porte à une heure précise et nous donnerait quelques centaines de boîtes de cigares. Nous n'aurions alors que quelques minutes pour fuir et nous cacher jusqu'au lendemain matin. À ce moment, nous pourrions quitter la ville incognito. Ricardo donna à l'homme dont le nom devait demeurer secret un sac de sport que je savais rempli de mon argent. Une poignée de main s'ensuivit et nous quittâmes l'endroit lugubre.

De retour dans la voiture, Ricardo me dit que nous devions sortir de la ville et trouver un refuge pour attendre la nuit. Il me donna une carte et me demanda de le guider. Il valait mieux pour moi ne pas me tromper. Mon sens de l'orientation étant quand même bon, je nous trouvai un tout petit village du nom de Matanzas, un magnifique endroit perché au sommet d'une montagne, au milieu de la brousse. Nous nous arrêtâmes devant un hôtel accueillant où nous louâmes une chambre. Avec la permission de Ricardo, je traversai le hall et sortis pour voir la cour arrière. Une grande piscine creusée s'y trouvait. Elle était entourée d'une clôture métallique blanche, mais, surtout, elle donnait sur une vue magnifique. Des montagnes à perte de vue entouraient et sécurisaient du même coup les plus prestigieuses plantations de tabac de l'île. Là, la température était plus fraîche qu'ailleurs, puisqu'il s'agissait en fait d'une vallée. Ainsi, la plantation offrait une meilleure qualité de feuilles de tabac.

Ricardo arriva derrière moi et, à ma grande surprise, il me serra dans ses bras. L'espace d'un minuscule instant, je fondis de bonheur sans me soucier du passé ou du futur. Nous nous dirigeâmes vers une cabane qui faisait office de chambre. C'était modeste, mais propre. J'appréciais comme une gracieuseté inattendue du ciel ce moment de douceur incompréhensible que m'offrait Ricardo. Il semblait détendu comme s'il touchait à son but et il lâchait prise. Mais ce fut de courte durée. Vers une heure du matin, alors que tous nos effets personnels se trouvaient encore dans la voiture, nous nous préparâmes à partir. Nous prîmes la route de La Havane à nouveau sans que je me doute vraiment du risque que cette aventure comportait.

Nous nous rendîmes à la fabrique générale de cigares. Lorsque nous fûmes tout près, Ricardo immobilisa la voiture un bref instant et me résuma la situation. Si la police apparaissait, il se sauverait et je resterais seule dans le véhicule avec la marchandise volée. Il prétendait qu'on minimiserait ma peine, vu que j'étais une touriste; alors que, si un Cubain se faisait prendre à participer à un tel coup, jamais il ne reverrait la lumière du jour. De toute manière, comment aurais-je pu me sauver? Je ne connaissais rien de l'endroit ni personne. Mais peut-être que, si j'expliquais ma situation à la police, cela m'aiderait à retourner au pays et pourrait même me débarrasser de mon tortionnaire. Ricardo redémarra et repéra la porte nord-est de la fabrique. Il éteignit les lumières et sortit.

Tout à coup, le battant s'ouvrit et un homme apparut. J'étais très nerveuse; ce que nous faisions était un vol important. Les boîtes sortirent très rapidement, par dizaines. Le coffre de la voiture fut plein en quelques secondes. L'homme ouvrit les portières arrière et ils remplirent la petite voiture autant qu'ils le purent. Il devait y avoir des centaines de boîtes. Ricardo serra la main de l'autre homme qui disparut aussitôt après avoir attrapé une grosse enveloppe que Ricardo lui tendit.

Il monta dans la voiture, démarra et fila vers la sortie de la ville. Il semblait extrêmement tendu. Il valait mieux que je garde un silence complet jusqu'à ce que nous soyons parvenus à notre cachette. Mes genoux s'entrechoquaient et mon ventre se tordait de douleur.

De retour à l'hôtel, il verrouilla soigneusement les portières de la voiture et apporta quelques boîtes dans la chambre afin d'en examiner le contenu. Nous étions crevés. Le retour nous avait paru très long, compte tenu du stress qui nous nouait les nerfs.

Il étendit les boîtes sur le lit. Elles étaient toutes différentes les unes des autres. Il inspira et expira un bon coup en les examinant de ses yeux étincelants et en les caressant, comme s'il se trouvait devant des lingots d'or. On aurait dit le petit Gollum et son or précieux dans *Le Seigneur des anneaux*. Il valait mieux que je ne m'approche pas trop près de son butin. Il ouvrit un des emballages et en sortit un cigare pour l'examiner soigneusement, en m'expliquant que c'était les meilleurs au monde, les plus convoités. On les voyait dans les films, et beaucoup de vedettes du cinéma en fumaient.

Après avoir examiné toutes les boîtes, il prit dans sa main un Cohibas et me le tendit. Il s'en octroya un aussi et me suggéra de le suivre. Il devait être quatre heures trente du matin et il faisait frais à l'extérieur de la chambre. Valait mieux enfiler une veste.

Nous sortîmes prendre l'air et marchâmes sur le trottoir qui menait à la grande piscine. Nous nous installâmes sur des chaises longues juxtaposées et regardâmes le ciel qui commençait à changer sa robe noire pour celle de l'aube. Nous avons fumé durant une grosse heure en silence, mais dans l'état particulier où on se trouve lorsqu'on savoure la réussite. Je sentais Ricardo heureux et libre, ce qui me donnait un certain répit.

Au bout d'un moment, je me levai et aperçus une immense boule de feu orange qui se glissait entre deux montagnes parsemées de palmiers royaux. Le soleil venait saluer notre jour de gloire. La plantation passa du vert à l'ocre, puis au rose. Des nuages d'humidité commençaient déjà à naître, juste au-dessus du champ. Au bas des montagnes s'exprimait une flore luxuriante et verte qui représentait la vie la plus pure. C'était le plus beau spectacle que j'aie jamais vu. Je me trouvais chanceuse de profiter de cette beauté presque inconnue du commun des mortels. Seules quelques personnes avaient droit à ce merveilleux déploiement de couleurs. En l'espace d'une heure, le soleil surmonta les montagnes et fit augmenter considérablement la chaleur ambiante.

Ricardo me fit signe que la pause était terminée et que nous devions revenir à la pénible réalité. Sa quête de la richesse n'étant pas encore à son terme, beaucoup de travail nous attendait. Aurais-je la chance un jour de revoir un paysage aussi exceptionnel? Qui sait...

Après quelques courtes heures de sommeil, nous reprîmes la route vers Varadero. Il nous fallut une bonne partie de la journée pour y parvenir. Cependant, au passage, Ricardo s'arrêta dans une petite ville qu'il disait plutôt spéciale. Il m'expliqua qu'il voulait visiter son parrain, ce qu'il n'avait que très rarement eu la chance de faire. Ce n'était pas un parrain comme les autres. C'était une sorte de chaman qui pratiquait le vaudou et qui était destiné à veiller sur son filleul toute sa vie durant. Ricardo m'annonça qu'il allait me le présenter, mais que jamais je ne devrais le regarder dans les yeux.

— Ces hommes sont très respectés et ils ont d'immenses pouvoirs. Ce sont de grands sorciers.

Ces affirmations insolites, prononcées avec la plus grande solennité, me faisaient presque peur. Cela me semblait presque irréel. Peut-être que cette mise en scène n'était qu'un coup monté avec la complicité d'un imposteur. Je ne le saurais que bientôt.

Nous immobilisâmes le véhicule devant une villa qui, de prime abord, semblait plutôt normale. Ricardo me demanda d'attendre dans le véhicule. Il viendrait me chercher au moment opportun. Il devait demander la permission à son parrain de me présenter à lui.

Quelques minutes plus tard, il réapparut. Il me fit signe de le rejoindre à l'entrée de la maison. J'avançai prudemment vers la porte et pénétrai dans la pièce. On aurait dit un autre monde. L'endroit était sombre, rempli de chandelles allumées, et les fenêtres étaient condamnées. Des photographies de gens étaient posées sur tous les murs. Il y avait aussi dans la pièce des statues, des plumes et de petits pots de poudre avec des écriteaux dessus. On aurait dit une grotte menant à l'enfer.

Tout à coup, un homme à la peau très foncée et aux cheveux très longs s'approcha de moi. Je ne voyais presque pas ses yeux, mais je me rappelais que je ne devais pas les regarder. Il sentait la sueur. D'ailleurs, il devait faire quarante degrés Celsius dans la bicoque. Il me prit la main, alors que j'étais effrayée par son apparence et par l'ambiance digne d'un film d'horreur. Il respira très fort et marmonna une sorte d'incantation. Il s'arrêta brusquement pour finalement demander à Ricardo s'il pouvait nous laisser un instant. Je ne trouvais pas cela rassurant, mais je ne voyais aucun moyen d'échapper à cette entrevue en tête à tête.

Ricardo quitta la pièce, et cet homme inquiétant plongea de force son regard dans le mien. J'étais pétri-fiée par la peur quand, soudain, un surprenant état de bien-être me pénétra. Il marmonna des incantations à peine perceptibles, puis allongea le bras vers moi comme pour me tendre la main. Par réflexe, j'ouvris la mienne et la lui tendis. Il avait de longs ongles noirs et ses mains tremblaient. Je lui aurais donné cent ans. Il déplia ses doigts crochus pour déposer une roche dans ma paume. Il cessa aussitôt ses incantations et se retira dans une autre pièce. Je ne comprenais plus rien.

La porte de la villa s'ouvrit, et Ricardo me fit signe de le suivre sans plus attendre. J'avais l'impression que nous essayions de nous sauver, comme si nous prenions la fuite devant une menace quelconque. J'avais peur de la suite, comme si quelque chose de maléfique allait se produire.

Il m'expliqua que son parrain agissait toujours ainsi. Jamais il ne saluait les gens à leur départ, car cela aurait été comme leur dire adieu. Apparemment, le sorcier lui avait dévoilé des choses plutôt étonnantes à mon sujet. Il m'avait décrit comme « la fille de la dame de cuivre ». Il faisait ainsi référence à une légende peu connue selon laquelle cette femme d'une beauté remarquable avait perdu son grand amour; comme ses finances personnelles périclitaient, le soir, elle se baignait nue dans le lac du village et enduisait son corps de cannelle, de poussières de cuivre et de miel dans le but d'attirer le plus d'hommes possible et de les spolier de tous leurs biens. Le sorcier avait ainsi dit que j'avais le même pouvoir et que de m'enduire de cannelle et de miel, puis de me laver avec la roche, qui était en cuivre, selon Ricardo, m'aiderait à obtenir ce que je voudrais des hommes que je croiserais sur mon passage. C'était bien beau, tout cela, mais en quoi cela allait-il changer notre vie? Ce ne serait que plus tard que je comprendrais.

Nous avons repris la route vers Varadero. Un peu plus d'une heure plus tard, nous arrivâmes à la villa. Nous vidâmes la voiture de son contenu et la ramenâmes à l'entreprise de location. Nous avions réussi cette partie du travail et nous nous envolerions le lendemain pour le Canada. Je dus préparer les boîtes en y apposant les timbres, et ce, avec la plus grande minutie, bien sûr.

Heureusement, pendant que je travaillais, Ricardo n'était pas là à me harceler. Il s'était empressé de sortir pour rejoindre des amis, me laissant seule comme une idiote pour exécuter tout le travail. Cependant, je préférais de beaucoup qu'il m'oublie. J'avais très hâte de repartir pour le Québec, car, encore une fois, j'aurais une occasion d'échapper à la vie de torture qui m'était imposée. Cette fois, je ne devais pas rater ma chance. Je m'endormis dans l'espoir de revoir mon pays le lendemain.

Lorsque j'ouvris les yeux, Ricardo était déjà prêt. Il avait tout préparé dans le silence le plus complet. Dans l'énervement du moment, je me mis à courir vers la salle de bain. Je ne pus retenir le peu de nourriture que j'avais ingurgitée la veille. L'anxiété me tordait les boyaux. Nous avions rempli à ras bord mes deux valises de boîtes de cigares; il n'y avait dedans aucun vêtement. Je me sentais comme une contrebandière et, bien malgré moi, c'était exactement ce que j'étais.

Je passai la douane vêtue de ma robe fleurie, avec mon air paisible de vacancière. Il n'y eut aucun problème. Ricardo passa à son tour avec ses passeports et ses valises remplies de vêtements. On fit une fouille complète de ses valises, assurément à cause de son air de terroriste et de sa citoyenneté cubaine. L'avion nous conduisit comme prévu à l'aéroport de Dorval. Le fidèle ami de Ricardo s'était présenté à l'aéroport longtemps en avance pour être certain de ne pas rater notre arrivée. Il nous conduisit à mon véhicule; cette fois, je l'avais laissé dans un garage dont les propriétaires étaient des latinos connus de mon compagnon.

Nous ne sommes pas restés à Montréal. Nous avons suivi Carlos qui, dans le stationnement du restaurant où nous étions allés manger, a remis discrètement à Ricardo toute la marchandise qui lui avait été expédiée durant notre séjour à Cuba. Nous avons immédiatement repris la route vers ma ville, Québec. En me rapprochant des miens, je palpais enfin le moment de ma libération. Comment allais-je m'y prendre? Je n'en avais pas encore la moindre idée, mais je trouverais la solution au prix de ma vie s'il le fallait. Après tout, nous retournions dans la même maison que lors de notre dernier séjour à Québec, et Ricardo ne pourrait me cacher éternellement. J'allais sûrement croiser mon père un jour ou l'autre et il ferait tout pour me libérer. C'était un bon moyen; je devais être patiente.

À Québec, Ricardo rencontra le copropriétaire de la maison de chambres. Il prenait soin de me cacher lorsqu'il prenait les arrangements pour notre séjour. Mon air de chien battu aurait pu éveiller les soupçons. J'eus droit à une bonne nuit de sommeil avant de commencer le travail. Je dus partager avec Ricardo le seul lit à une place que contenait le réduit d'environ sept pieds sur huit pieds, situé au sous-sol de l'immeuble, que Ricardo avait consenti à louer. Je ne croyais pas pouvoir dormir, mais, fatiguée, je sombrai en fermant les yeux. Ricardo ne devait rencontrer ses clients que dans quelques jours. Nous devions attendre et rester prêts, au cas où la livraison devrait être effectuée.

Nous passâmes par une boutique à un dollar, et Ricardo y acheta quelques trucs : un bol de plastique, un pot de cannelle et un pot de miel. Ensuite, nous allâmes dans une boutique où il me fit acheter le plus grand couteau qu'il y trouva. C'était une longue machette bien aiguisée. Les quelques dollars qui nous restaient pour manger venaient de s'envoler. Mais qu'avait-il en tête ?

— Que feras-tu d'un pareil couteau ? lui demandai-je. Tu ne peux te promener avec ça en pleine ville.

Il se tourna vers moi et me dévisagea de son cruel regard.

— Que crois-tu, ma belle ? C'est pour toi, ça. C'est un investissement. Maintenant, tu n'auras d'autre choix que de m'obéir. À partir de maintenant, cette arme m'assurera que tu rapportes l'argent dont j'ai besoin.

Nous étions déjà hors du magasin et je savais qu'il était assez fou pour avoir dit la vérité. Mais avait-il vraiment besoin d'une machette pour se faire entendre ? Je préférai rester muette, plutôt que de lui donner des raisons de l'utiliser.

À notre retour à la maison de chambres, il sortit les sacs et en vida le contenu sur la table commune. Il y avait un plat de plastique vert de grandeur moyenne, un pot de miel et un de cannelle. Le soir venu, il mélangea les deux ingrédients et ouvrit sa valise pour en retirer la roche de cuivre du sorcier vaudou, qu'il me remit. Il me tendit le pot et m'ordonna d'aller prendre une douche en me lavant avec cette supposée potion magique. Je devais ensuite me frotter avec le mystérieux caillou, qui en fait ne contenait sûrement que quelques traces de cuivre. Il disait que, étant l'unique descendante de la dame de cuivre, j'attirerais à moi deux fois plus d'hommes si j'utilisais cette potion. Ainsi, je lui rapporterais beaucoup d'argent. Dans un silence complet, je pris le plat et la roche et pénétrai dans la douche. Ricardo me dictait quoi faire :

— Tu dois frotter plus fort avec la roche; le cuivre doit pénétrer ta peau en même temps que le miel et la cannelle.

— Je te jure que je fais exactement ce que tu m'as demandé, Ricardo.

Il avait approché une chaise sur laquelle il s'était assis. Il me regardait pour s'assurer que je faisais le travail exactement selon sa volonté. J'écorchais ma peau fragile de rousse avec cette dure roche pour me sauver d'un châtiment qui pourrait être bien pire si je ne suivais pas ses consignes à la lettre.

Je sortis de la douche rougie sur toute la surface de mon corps par les frottements. Ricardo semblait heureux du résultat. Il disait que je rayonnais presque, que ça fonctionnait réellement. Je préférais le laisser croire ce qu'il voulait. J'étais prête à tout pour ne pas retourner sur le plancher de danse, mais il n'aurait sûrement aucune pitié. Le cœur au bord des lèvres, je le suppliai de ne pas me forcer à retourner dans les bars. Il ne répondit pas à mes prières. Par contre, il se fit un malin plaisir de sortir sa machette, de se mettre à genoux devant notre lit et de faire mine d'aiguiser son instrument à l'aide d'une lime. Il était facile de lire la jouissance dans son regard. Il avait les dents serrées. Il aurait probablement pris plaisir à me transpercer de part en part. Son regard se posait alternativement sur le coutelas et sur moi. Je frissonnai de terreur quand il le rangea dans le fourreau ajusté à son corps. Il me fusilla du regard, ce qui voulait tout dire. Il me menaçait sans nul besoin d'avoir recours à la parole pour que je me soumette à ses ordres. Il me fit monter dans ma voiture. Je tentai une ultime fois de le convaincre de ne pas m'obliger à danser.

— Ricardo, je t'en prie, je ne peux plus faire ça. Je vais être malade à nouveau. Le cœur me lève juste à imaginer les odeurs des clients et les mains qui me touchent. Je dois te parler de quelque chose.

— Que vas-tu inventer, cette fois, pour que je te prenne en pitié? Ton petit jeu ne fonctionnera pas avec moi. Tu ne m'auras pas.

# Chapitre XI

Finalement, nous ne passâmes qu'une semaine à Québec avant de repartir pour deux mois, deux nouveaux mois de cauchemar. Ricardo ne cessait de multiplier les avanies à mon égard, et les menaces qu'il proférait contre moi ou mes proches étaient plus efficaces qu'une prison.

Quelques semaines passèrent. Parfois, lorsque Ricardo, grisé par le rhum, revenait de sa tournée des bars, il me réveillait en entrant dans la chambre brusquement et il me frappait au visage, ce qui laissait invariablement une nouvelle ecchymose. La menace de me tuer était toujours très présente et je le croyais capable de passer à l'acte. Il semblait sans remords. Quelques fois, je songeai à demander l'intervention du consulat, mais c'était peine perdue; Ricardo y avait ses contacts, qu'il utilisait pour prolonger mon visa.

Lorsqu'il demeurait avec moi dans ma cache, il écoutait toujours sa vieille radio. Il ne pouvait accéder qu'à des chaînes espagnoles. Un soir, je saisis qu'une violente tempête tropicale allait s'abattre sur l'île.

Ce fut une expérience unique. Le matin de l'ouragan, le vent était littéralement déchaîné. Les palmiers semblaient vouloir s'arracher à leur gangue de terre.

Des habitants avaient revêtu des manteaux, ainsi que des tuques pour certains. Il faisait très froid.

Ricardo étant un champion de planche à voile de calibre international, il voyait là une excellente opportunité de s'amuser dans les immenses vagues qui s'abattaient sur la plage. Elles devaient mesurer vingt pieds de hauteur et elles s'étendaient sur une large distance, ce qui donnait la chance aux planchistes les plus fougueux de relever des défis périlleux. Ricardo s'était préparé très tôt, excité à l'idée d'affronter ces vagues monstrueuses. C'était un athlète. Il s'entraînait matin et soir en courant sur la plage. Il n'avait pas une once de gras et il nageait comme un vrai poisson. Sachant qu'il venait de quitter la maison pour une bonne partie de la journée, curieuse, je me faufilai à l'insu de sa mère, qui me guettait toujours, pour me diriger vers la plage. Je pris soin de ne pas emprunter le chemin habituel de Ricardo pour ne pas risquer de le croiser.

Dans la baie de Cárdenas, qu'on pouvait voir depuis la cuisine de la villa, la mer demeurait relativement calme. C'était de l'autre côté de la longue péninsule de Varadero que le vent se déchaînait vraiment sur l'océan Atlantique. Plus je m'en rapprochais, plus j'entendais le bruit fracassant des vagues meurtrières. Le vent fouettait le sable, qu'il excitait de ses caresses. J'avais emprunté un chemisier polaire à Ricardo. Malgré tout, le froid me transperçait littéralement. Je tournai le coin de la dernière rue. C'est alors que j'aperçus le monstre qui menaçait l'île. C'était d'une beauté étonnante, mais effrayante en même temps. Le ciel était d'un gris foncé décoré de gros nuages cotonneux. Une légère bruine tombait, mais le vent la transformait presque en grésil.

Je marchai vers l'endroit où Ricardo s'adonnait habituellement à son sport favori. Fouettée par les bourrasques, je le repérai sur la plage, la planche à la main. Il s'élança sur une vague, giflé par les éclaboussures, affrontant Poséidon comme s'il s'agissait d'un adversaire de sa taille. Il n'avait peur de rien. Il était impressionnant. Ce sport était vraiment un défi lancé à la nature. Les planchistes chevauchaient des vagues monstrueuses avec une audace que je n'aurais pas cru possible. Chaque instant, je m'attendais à ce que mon tortionnaire aille s'écraser sur la plage, désarticulé comme une marionnette dont on aurait coupé les fils. Mais il dominait les éléments et se rattrapait sans cesse au dernier moment.

Constatant que j'étais hors de son champ de vision, je m'approchai de l'eau comme je l'avais déjà fait dans le passé, mais cette fois avec l'intention de mettre fin à mes jours. J'avais le regard rivé sur l'horizon grisâtre, comme si j'espérais y voir une ultime lueur d'espoir, mais rien ne m'interpellait. J'avançai d'un pas indolent et calculé dans l'antre de l'océan enragé pour me livrer à sa fureur. J'étais enfin déterminée à renoncer à la vie qui me tuait à petit feu. Je priai longtemps dans la marée montante sans avoir peur d'elle. C'était plutôt comme si elle allait me délivrer.

— Seigneur, s'il vous plaît, faites-moi un signe. Il faut m'aider à sortir de là ou à en finir. Je n'ai plus l'énergie de poursuivre et de combattre.

Le silence était habité par un opéra de vagues qui semblait me gazouiller une berceuse réconfortante. Je sentis instantanément une grande paix intérieure m'envahir, comme un bien-être sécurisant. On aurait dit que le Seigneur avait voulu me répondre, qu'il m'exhortait à ne pas abandonner, qu'il me soufflait qu'une autre vie m'attendait. En même temps, je sentais grandir en moi une force nouvelle, une énergie qui me galvanisait contre les épreuves qui m'attendaient encore. Elle prenait possession de toutes les fibres de mon être, une à une, et ce m'était un réconfort incommensurable.

Il ne restait plus que quelques semaines avant notre prochain retour au Canada. J'étais déterminée à passer au travers de l'épreuve. J'allais tenter d'utiliser ma nouvelle force pour supporter et même banaliser la violence gratuite dont je serais l'objet impuissant. Après tout, quelques coups de plus n'allaient pas me tuer; j'en avais déjà tellement enduré! J'allais survivre à n'importe quel prix.

La fin d'octobre me ramena à Québec, où je fus à nouveau contrainte de danser pendant deux semaines, en dépit de l'écœurement profond que m'inspirait de plus en plus ce métier. Toujours convaincu dans sa naïveté que cela me rendait irrésistible aux yeux des hommes, Ricardo m'obligeait chaque fois à prendre ma douche magique et à me frotter avec la pierre de cuivre. C'était dérisoire, mais je n'avais pas le choix.

À la mi-novembre, je repartais pour Cuba, toujours séquestrée, toujours battue, toujours menacée. J'en étais presque arrivée à perdre ma combativité, tellement cette situation me paraissait inextricable. Nous revînmes trois semaines à Québec vers le milieu de janvier 1997, pour repartir encore en février et mars.

Un soir, Ricardo fit un de ses fameux soupers aux langoustes avec de nouveaux clients. Il avait planifié une soirée spéciale au bord de la mer avec musique et barbecue. Plusieurs touristes étaient présents. L'alcool coulait à flots, alors que je ne mangeais toujours rien et me tenais à l'écart pour éviter les conflits. Malgré la nuit tombée, la chaleur était humide. J'étais assise sur un gros tronc d'arbre mort et j'attendais que le temps passe.

Soudain, un jeune couple au milieu de la trentaine s'approcha. L'homme me dit s'appeler Sam et il me présenta sa conjointe, Lucie. Ils me demandèrent la permission de s'asseoir à côté de moi. C'étaient des francophones de Montréal, deux avocats amoureux et très sympathiques. Nous avons parlé quelque temps. Au cours de la conversation, je sentis qu'il m'était possible de me confier un peu à eux, qu'ils allaient me prêter une oreille attentive. Je commençai par leur expliquer que je n'avais pas d'emploi sur l'île comme Ricardo m'obligeait à le prétendre; je leur dis aussi que je n'avais aucun amour pour cet homme, que toute cette mise en scène était fausse. Avec un air interrogateur, ils m'informèrent qu'ils m'avaient vue sur la plage avec Ricardo au cours de la journée et qu'ils l'avaient vu me bousculer. Je baissai la tête et me mis à pleurer comme une enfant. Je ne pouvais reprendre mon souffle, tant ces paroles me confrontaient brutalement à la terrible réalité dans laquelle j'évoluais.

Lucie me serra très fort dans ses bras. Elle se retourna vers son amoureux et lui demanda du regard l'autorisation de me venir en aide. Ils ne savaient pas le quart de l'histoire, mais ils étaient scandalisés et ils insistaient pour m'offrir leur soutien. J'étais prise au dépourvu. Je désirais leur aide plus que tout au monde, mais comment allaient-ils pouvoir intervenir? C'était le meilleur moment, décidèrent-ils. Ricardo était déjà saoul, la musique était très forte et il y avait beaucoup de gens. Il était possible pour moi de m'enfuir en douce vers leur hôtel. J'avais très peur. Je les avertis qu'il était armé et que, s'il se rendait compte de notre départ, il nous tuerait tous. Lucie me regarda dans les yeux et me dit qu'elle ne pourrait plus vivre comme si elle ne savait rien. Elle devait agir. Comme je n'avais guère le choix, j'acceptai de les suivre en espérant que je ne mettais que ma vie en danger.

Tout le monde était debout et dansait sur la musique latino. Ricardo s'amusait à faire danser les jeunes et jolies touristes qu'il cherchait à séduire de son regard de braise. C'était le temps ou jamais. L'espoir montait en moi comme une intense bouffée d'air frais. Il m'étouffait presque, tant son apport en oxygène était riche. Nous nous levâmes du siège improvisé et je les suivis incognito, les souliers dans les mains, prête à courir au besoin. Ricardo ne se rendit compte de rien. J'étais soulagée et à la fois terriblement apeurée. Il allait peut-être nous retrouver, faire jouer ses contacts pour découvrir où je me cacherais. Sam essaya de me rassurer en me disant que, maintenant, plus rien ne pouvait m'arriver, que Ricardo ne nous suivait pas et que nous serions bientôt à leur hôtel. Selon lui, il était impossible que Ricardo nous localise. De plus, puisqu'il était cubain et qu'il ne travaillait pas à l'hôtel, il ne pouvait pénétrer sur le site de l'établissement, où il n'était pas connu. En effet, aucun Cubain n'avait le droit de se trouver sur le site d'un hôtel, sinon pour son travail. Cette mesure avait pour but de protéger les touristes contre le harcèlement et l'extorsion. De plus, il n'avait pas son passeport canadien sur lui à ce moment-là.

Mon cœur battait fort dans ma poitrine et mon anxiété était à son comble. J'avançais dans le noir sur des jambes tremblantes, prêtes à céder sous moi. Nous cherchions notre chemin vers l'hôtel en vérifiant le nom des rues. À un carrefour plus sombre, je vis trois gendarmes en uniforme vert qui tenaient une conversation que je ne pouvais comprendre. Je leur fis un salut amical. Sans bouger, ils me dévisagèrent. J'en étais presque à croire que tout le monde complotait contre moi, lorsque j'aperçus l'hôtel. Je me dis que j'étais probablement hors de danger.

Nous grimpâmes aussi vite que possible l'escalier en colimaçon qui semblait interminable. Nous arrivâmes au troisième étage, et Sam ouvrit la porte de l'appartement 303. Une fois à l'intérieur, je me sentis enfin soulagée.

— Nadia, me dit Sam, te voilà sortie de ce cauchemar insensé. Repose-toi bien cette nuit. Demain, nous aurons encore une grosse journée. Je communiquerai avec le consulat. J'y ai un contact qui pourra sûrement nous aider.

— Mille mercis, mes amis. Grâce à vous, je vais vivre à nouveau!

Sam et Lucie téléphoneraient à quelques personnes ressources et me feraient revenir au pays sur le même vol qu'eux, et cela, dans seulement deux jours. Je ne pouvais y croire... Je resterais sur le site de l'hôtel où je serais à l'abri. Je pouvais enfin respirer. Comme je retrouvais peu à peu mon calme, je leur racontai dans ses moindres détails mon horrible séquestration. J'étais tout excitée et contente, mais j'avais encore peur et d'évoquer les violences de Ricardo me faisait réaliser les risques que je prenais. J'expliquai à mes bienfaiteurs que, si Ricardo venait à nous trouver, il nous tuerait tous les trois sur-le-champ, qu'il était armé et très violent, qu'il avait la police dans sa poche. Il nous fallait être prudents et faire attention à qui on parlait.

— Cesse de t'inquiéter, Nadia, intervint Sam. Tu es en sécurité, ici, avec nous, à l'hôtel.

Je ripostai instantanément, comme si une vague de panique revenait me hanter subitement.

— Vous ne comprenez pas. Ricardo va partout où il le désire. Il peut tout faire, dans ce pays, on dirait. Il connaît des gens de la haute société, et plusieurs semblent lui devoir beaucoup. Je suis persuadée qu'il peut venir ici.

J'étais assise sur leur lit, grelottant de peur et de doute. Lucie s'évertua à me rassurer et je finis par me calmer après de longues minutes.

Tout à coup, nous entendîmes frapper à la porte. Tous mes nerfs se tendirent d'un seul coup. Sam nous fit signe de ne pas bouger, qu'il allait ouvrir. Je le suppliai de ne pas le faire, certaine que c'était Ricardo qui rappliquait. Il demanda qui était là.

— *Policia*, répondit la voix. Ouvrez la porte.

Croyant que nous n'avions rien à craindre de la police, Sam ouvrit. Trois gardes armés se tenaient sur le palier. Ils se mirent à parler très rapidement entre eux en espagnol. Ils demandèrent à Sam ce que je faisais là et si tout allait bien.

— Nous avons eu des plaintes des voisins qui prétendaient avoir entendu quelqu'un pleurer durant un long moment, ajouta l'un des policiers. Est-ce vrai?

Un autre s'empara de sa radio et dit:

— Elle est ici!

Le premier policier reprit la parole:

— Elle est canadienne. Elle vit ici avec un Cubain. Elle n'a pas le droit d'être dans l'hôtel. Elle doit revenir avec nous immédiatement.

Comment mon bourreau avait-il réussi à me retrouver? C'était impossible. Je m'adressai aux trois agents en espagnol. Je me débrouillais tant bien que mal dans la langue du pays et j'étais déterminée à dénoncer Ricardo et à me défendre jusqu'au bout.

— Vous n'avez pas idée de ce que je vis ici. La situation est grave et j'ai besoin de votre aide.

Sam reprit la parole en espérant qu'ils fassent preuve de compassion.

— Cette femme est retenue ici contre son gré par un Cubain. Elle veut simplement retourner chez elle. Pouvez-vous nous aider?

Les policiers s'éloignèrent un peu dans le corridor pour tenir un conciliabule. Lorsqu'ils revinrent, l'un d'entre eux s'excusa, nous souhaita une bonne fin de soirée et referma la porte derrière lui. Ils repartaient, mais leur réaction était incohérente. Pourquoi nous laissaient-ils soudain tranquilles sans riposter? Nous l'avions quand même échappé belle. J'avais peut-être eu

peur pour rien. Je m'en faisais beaucoup trop. J'essayai
de me convaincre que j'étais maintenant en lieu sûr.

Sam nous offrit, à Lucie et à moi, de prendre le lit
alors que, par précaution, il allait faire le guet sur le
balcon durant notre sommeil. Je commençais à me
détendre lorsqu'on frappa de nouveau à la porte.

— *¡Policia!*

Mais que se passait-il? Nous ne faisions plus de bruit
depuis un long moment. Sam ouvrit la porte doucement. C'est alors que Ricardo le poussa et entra. J'étais
figée de peur. Il me regardait fixement, alors que les
gardes qui l'accompagnaient s'avançaient vers moi.
Un garde me demanda mon passeport. Bien sûr, je ne
l'avais pas. Je tentai vivement de leur expliquer que
l'homme qu'ils accompagnaient me retenait contre
mon gré depuis très longtemps, qu'il gardait mon passeport, qu'il était très violent avec moi et que je ne
demandais qu'à retourner dans mon pays. Ils ne vou-
lurent rien comprendre. Ils insistèrent pour que je les
suive, mais je refusai. Sam essayait tant bien que mal
de leur expliquer qu'ils allaient contacter le consulat
le lendemain, mais c'était peine perdue.

Ricardo me regarda fixement et déplaça sa main
droite que je regardai aussitôt. Il était armé de son
pistolet, qu'il dirigeait vers moi au travers de son pantalon de sport bleu et blanc. Il leva l'autre main et fit
un signe de fusil sur sa tempe en me fixant.

Comment avait-il pu pénétrer dans l'hôtel? Il avait
sûrement donné un pot-de-vin à ces idiots de gardiens
de sécurité qui se foutaient éperdument de mon sort.
Ce devait être les mêmes que nous avions croisés dans

la rue un peu plus tôt. Ils avaient tous des radios et communiquaient entre eux. La tâche avait été facile pour Ricardo quand il les avait aperçus.

Lucie était affolée. Elle criait et se recroquevillait sur le lit; elle craignait à présent de perdre la vie pour avoir voulu sauver la mienne. Je ne pouvais me permettre de les mettre en danger. Ils avaient été si gentils avec moi! Je me levai pour me diriger vers la porte, quand Sam intervint. Il me dit de ne pas partir et demanda aux gendarmes de quitter les lieux ou il appellerait les agents de sécurité de l'hôtel. Les gardes se mirent à rire et lui dirent que tout était monnayable, sur cette île. De toute évidence, ils avaient été soudoyés par Ricardo. Ils sortirent de la chambre, nous laissant aux mains du fou furieux. Nous ne pouvions plus rien faire. Nous étions pris au piège.

Ricardo se rua alors vers Sam, l'empoigna à la gorge et le leva de terre. Il traversa la pièce et l'enfonça dans le mur où il s'effondra sur le sol, inconscient. Il se retourna vers Lucie et moi. Je criai à Lucie de s'enfermer dans la salle de bain et de n'ouvrir à personne. Je me dirigeai vers le balcon et refermai la porte derrière moi. Les nerfs à vif, j'avais oublié qu'une porte-fenêtre ne se verrouille pas de l'exté-rieur. Comme je ne pouvais, bien sûr, rivaliser de force avec lui, il l'ouvrit et m'empoigna violemment par les cheveux. Je criais à l'aide, mais personne ne semblait entendre. J'étais certaine qu'il allait me jeter par-dessus le garde-corps. Il agrippa ma tête entre ses deux mains et me l'écrasa de toutes ses forces contre la grande porte vitrée du balcon. Le bruit de la vitre résonna dans ma tête durant quelques instants. Je ne comprenais pas comment elle ne s'était pas fracas-sée, tant il m'avait cognée fort contre elle. Il me souleva à nouveau et me poussa dans la pièce. Il me regarda et me dit en français qu'il allait me tuer durant mon sommeil.

Il me traîna de force sur tout le chemin du retour à la villa. Je regardais l'hôtel s'éloigner de moi telle une bouée de sauvetage et je pleurais toutes les larmes de mon corps, implorant l'aide du Seigneur. C'en était fini de moi. J'allais dire adieu à la vie ce soir-là. En approchant de la villa, j'entendis une voix familière qui criait. C'était ma sœur qui m'avait certainement entendue gémir :

— Qu'as-tu fait là? Pourquoi t'es-tu sauvée? Tu cherches les problèmes ou quoi? Il va te tuer!

— Mais voyons, Julie, tu sais que je dois m'échapper, justement pour essayer de sauver ma vie.

— Mais il va toujours te retrouver et il te tuera quand même! C'est quoi, l'idée de t'enfuir? Tu risques qu'il t'agresse, qu'il te violente davantage et en finisse avec toi plus rapidement, c'est tout.

On ne pouvait être plus dévasté que je l'étais. Ma sœur me jetait en pâture au lion sans même tenter de m'aider. Elle ne pouvait réagir ainsi, tenter de me faire abandonner mon espoir de survivre. Soudain, elle ajouta :

— Moi, je vais plutôt t'annoncer une bonne nouvelle. Je crois être enceinte. Je dois penser à ma famille, maintenant, et je ne peux rien pour toi. Bonne chance, petite sœur! Sache que je t'aime quand même.

Quel adieu effroyable! Une fois que nous fûmes dans la chambre, Ricardo me jeta sur le lit et se coucha. C'était incompréhensible. Je n'étais qu'une petite chienne qu'on ramène à la maison quand elle fugue et qu'on oublie dans un coin.

Je ne dormis pas de la nuit, croyant ne jamais me réveiller. Ma tête voulait éclater et mon visage était bleuté. Une grosse bosse était apparue sur ma tête durant la nuit. Mon crâne tout entier me faisait souffrir. Pourquoi ne me tuait-il pas? Je lui présentais ma vie en offrande sur un plateau d'argent et maintenant il ne voulait plus d'elle. Il préférait me soutirer le peu d'énergie qu'il me restait, Dieu sait dans quel but mystérieux.

Je passai tout un mois de plus ainsi, à me faire insulter et battre. Il me disait souvent la même chose.

— Tu essaies de me faire passer pour fou. C'est une insulte à ma dignité. Tu devrais avoir honte d'exister...

Abandonnée à mon sort, je n'avais que le goût de lui cracher au visage et de lui crier que, le problème, c'était lui, mais cela aurait été un suicide pur et simple. J'étais chargée de l'aider à devenir riche et puissant grâce à ses fameux cigares et il ne me laisserait pas partir aussi facilement.

J'étais donc complètement seule avec mon désarroi. Surtout, j'avais l'impression d'être abandonnée par ma famille. Pendant quelque temps, j'avais nourri l'espoir que Lucie et Sam auraient entrepris des démarches pour dénoncer Ricardo et faire en sorte que ses exactions cessent, mais je n'entendis plus jamais parler d'eux. Sans doute avaient-ils eu leur leçon et craignaient-ils pour leur propre sécurité s'ils s'avisaient de brasser cette affaire.

Les ecchymoses s'accumulaient et se remplaçaient, les éternels soupers se succédaient et je n'avais toujours aucun espoir de voir une fin à mes nuits cauchemardesques. Quand donc cela allait-il finir? Jusqu'où irait-il? Quand allait-il en avoir fini avec moi? J'avais l'impression d'être devenue une plaie ouverte. Je m'évadais parfois de ma prison pour me rendre à la mer dans le but d'y abandonner mon âme, mais même le royaume de Poséidon semblait ne pas en vouloir. En fait, je n'avais pas la force de m'offrir à lui complètement. Je tentai maintes fois de me noyer dans l'océan, mais j'étais incapable d'aller jusqu'au bout. Malgré tout, mon goût de vivre était encore très vif et une force incroyable en moi me lavait de mes douleurs et me permettait de toujours croire à un monde meilleur. Je ne pouvais me résoudre à en finir à vingt ans seulement.

# Chapitre XII

Alors qu'une journée beaucoup plus chaude se préparait, Ricardo nous fit profiter de la chaleur du soleil à la plage dans le but de parfaire son beau bronzage avant un éventuel retour dans mon pays. Ce fut pour moi une agréable surprise lorsque j'aperçus ma sœur dans la hutte du sauveteur, tout près de nous. Elle était belle et rayonnait le parfait bonheur. Son ventre de quatre mois était arrondi et ses yeux s'illuminaient en raison de sa future maternité. Mon ventre à moi était toujours plat et j'enviais son épanouissement. Je demandai la permission à Ricardo d'aller à sa rencontre et il accepta, non sans se joindre à moi.

— Salut, Julie! Tu es très belle. Comment ça va?
— Allo, petite sœur! Je vais super bien, je ne suis pas malade et je profite de mes derniers moments à Cuba.

Mon regard était tout à coup devenu inquisiteur. Elle prit soin de s'éloigner un peu de la hutte en me demandant de la suivre dans un chuchotement.

— Miguel m'a trompée à nouveau et je ne peux supporter cela. Je retourne chez nous dans deux jours. C'est mieux comme ça. Je vais accoucher au Canada et j'élèverai mon enfant seule, c'est tout. Je suis certaine que c'est une fille. Nous voulons l'appeler Alyson. C'est beau, n'est-ce pas!

— Je suis surprise! Tu as pourtant l'air si heureuse! Mais tu fais assurément le bon choix. Alyson est un prénom superbe. J'ai bien hâte de voir ce petit trésor!

Suspicieux, Ricardo s'empressa de mettre un terme à nos chuchotements. Il insista pour que nous retournions à la villa. La journée de soleil venait d'être brusquement écourtée. Je serrai ma sœur dans mes bras aussi fort que possible comme pour un adieu, sans pouvoir lui avouer ma terreur.

Au début d'avril 1997, lorsque nous revînmes à Québec, j'étais de plus en plus convaincue que quelque chose avait changé dans mon corps. En fait, depuis le milieu de mars, j'avais des malaises le matin et je devais me précipiter à la toilette pour vomir. En outre, mes règles prenaient du retard.

Sous la menace, Ricardo prétendit me forcer à aller danser à nouveau pour lui rapporter le plus d'argent possible. Évidemment, je n'y croyais plus depuis longtemps, à la prétendue richesse qui allait nous libérer de tous nos soucis. Il n'en aurait jamais assez, c'était manifeste.

Je ne voulais plus du tout me retrouver sur la scène du Carol. J'argumentai avec véhémence et, devant son obstination inébranlable, je finis par me résoudre à lui avouer mon secret. Je savais que ce que j'allais lui annoncer aurait un énorme impact sur mon avenir.

— As-tu remarqué que je suis malade, depuis quelques jours? Je crois que je suis enceinte.

Je craignais le pire. Il allait me traiter de tous les noms. C'était de toute manière impossible d'obtenir le moindre respect de sa part, mais, maintenant, il allait sûrement être incapable de me tuer. Après tout, une partie de lui vivait sans doute en moi.

— C'est impossible. Nous n'avons eu que quelques rapports en un an. Tu essaies de me manipuler.

— Je suis certaine de moi, mais je vais faire un test demain matin pour te le prouver.

— Tu essaies de jouer avec mes sentiments pour ne plus danser, mais tu n'y arriveras pas. Tu iras coûte que coûte.

Il crispa la main qu'il tenait rivée à son arme blanche et prit soin que le bruit de la lame dans le fourreau retentisse jusqu'à moi. Il voulait me dominer à tout prix. Il allait m'utiliser jusqu'à épuisement, et sans doute me jeter lorsque je ne répondrais plus à sa demande. Plus un mot ne fut prononcé jusqu'à ce que nous atteignions le bar, mon nouvel esclavage.

Pour s'assurer que je retournais bien sur scène et pour charmer les seules personnes que j'aurais pu connaître dans le métier, Ricardo entra avec moi. Mais il ne resta pas. Je me changeai en espérant rapporter assez pour acheter la paix une journée. Le bar Carol, sur lequel j'avais résolu de me rabattre à nouveau, était très couru et sa réputation n'était plus à faire, à Québec. Je savais qu'il n'y avait pas de test d'embauche, surtout que j'avais déjà de l'expérience dans le métier. Il serait peut-être facile pour moi de trouver de nouveaux clients et de faire de l'argent. Mais il était clair que Ricardo m'en demanderait toujours plus.

Je montai sur scène avec le dédain de moi-même.

J'étais certaine d'être enceinte et je ne voyais que ce petit être qui flottait dans mon ventre et qui ne demandait qu'à être aimé. Je ne pourrais supporter que les mains impures de mes clients touchent mon ventre.

Mon spectacle fut un désastre. En pleurs, je quittai la scène avant la fin de la chanson. Je courus dans le vestiaire, empoignai mes quelques vêtements et filai vers la porte arrière du bar. Dans un pur état de panique, j'avais décidé que tout ça était fini. Je préférais endurer tous les sévices plutôt que de faire subir des attouchements sordides à mon enfant. Je devais me sauver, peu importait comment.

J'entrouvris la porte de métal qui constituait la sortie de secours et me ruai à l'extérieur dans le froid en vomissant les émotions trop longtemps accumulées. Lorsque je levai les yeux pour voir où j'étais, la malchance me guettait toujours : je pouvais reconnaître ma voiture noire aux vitres teintées tout au fond du stationnement. Mon désir d'évasion venait de se transformer en une rage indescriptible. Je ne pouvais plus vivre ainsi. J'avais perdu beaucoup de poids. Je sombrais dans la dépression et les ténèbres des idées suicidaires un peu plus chaque jour.

Je retournai à l'intérieur, sachant que Ricardo m'avait forcément aperçue. Je devais reprendre mon souffle. Lorsqu'il constaterait que je n'avais pas l'argent exigé, il deviendrait fou et mon heure serait venue. Je demeurai assise sur le banc de bois du vestiaire durant un bon bout de temps. Ensuite, je fis les cent pas du téléphone public vers le petit banc. Lorsque j'atteignais le téléphone, je prenais le combiné et écoutais attentivement la tonalité. Que devais-je faire? Appeler la police, eux qui ne réussiraient peut-être même pas à arrêter Ricardo? Et de quoi aurais-je l'air, quand il inventerait que je n'étais qu'une danseuse qui le harcelait? Qui aurait raison? Qui croirait-on? Bien qu'il fût armé en tout temps, il serait facile pour lui de se débarrasser de la machette dès l'arrivée d'une voiture de patrouille. Je serais donc à nouveau la coupable. En plus, Ricardo allait-il attenter à la vie d'un membre de ma famille? Je ne pouvais prendre de risques. Il finirait par me laisser partir. Il ne voulait certainement pas de cet enfant, et moi je ne rapportais plus...

Je décidai d'affronter Ricardo et de lui dire que je ne danserais plus. De toute manière, je mourais à petit feu; autant en finir au plus vite. Je souffrirais peut-être moins. En tout cas, moins longtemps. S'il me tuait, je serais enfin libérée de ma torture et les gens que j'aimais seraient saufs.

Lorsque l'heure de la fin de mon quart de travail sonna, je sortis du bar de la démarche le plus droite possible. J'essayais d'avoir l'air sûre de moi. Ricardo était là, son visage dur fixé vers l'horizon, se foutant éperdument de moi.

J'ouvris la portière et m'assis dans ma voiture. Ricardo me fixa de son regard menaçant et tendit la main. Je savais bien ce que cela signifiait. Je lui dis que je n'avais pas d'argent pour lui, que je n'étais plus capable de danser, que j'allais vomir sur mes clients, tellement cela me répugnait. Il me poussa violemment contre la portière et me frappa de toutes ses forces directement au visage. J'étais sonnée et je me mis à pleurer. Il me dit:

— Demain, tu y retourneras et il vaut mieux que tu

rapportes, cette fois. Si tu es enceinte, tu ferais mieux de te dépêcher à faire de l'argent avant d'être trop grosse.

Après une courte pause, il ajouta :

— Peut-être que tu étais malade, aujourd'hui, mais tu n'auras pas d'autre chance.

Il démarra. Il ne me croyait pas. Il était froid et sans cœur. Comment pouvait-il être aussi insensible ? J'étais fermement décidée à mettre un terme à tout cela, peu importait si le prix à payer était ma vie. Je venais de pénétrer dans un bar de danseuses pour la dernière fois. Je le fixai sans dire un mot et il se retourna avec un regard interrogateur. Je lui demandai d'immobiliser le véhicule sur-le-champ. Comme je l'avais prévu, il refusa. J'ouvris la portière et le menaçai de quitter le véhicule en marche, s'il n'arrêtait pas tout de suite. Il continua et me fit signe de sauter. Je refermai la porte et le bousculai avec force en poussant son épaule. Je lui criai :

— Tu es en train de me tuer. J'aime mieux mourir que de continuer à danser. Laisse-moi tranquille! C'est terminé!

Il se mit à crier que je ferais ce qu'il dirait et qu'en arrivant à la chambre «j'en mangerais toute une». Il me frappa à nouveau. Complètement affolée et prête à tout risquer, je saisis son visage et enfonçai mon pouce de toutes mes forces le plus loin possible dans son œil. Mon agressivité était si grande, ma folie était si intense que je tremblais et ne pouvais lâcher prise, comme si mes doigts étaient figés. Il criait et me griffait le visage. Soudain, il immobilisa le véhicule dans le stationnement d'un vendeur de voitures d'occasion. Je le lâchai, m'empressai de retirer la clef du contact et me jetai hors de l'auto dans l'espoir de crier à l'aide. Comme c'était un dimanche, tout était fermé. La ville semblait morte, comme dans les films d'horreur. J'aurais beau crier et courir dans ce stationnement désert, personne ne m'entendrait ni ne me verrait. Tout de même, je criais et me lamentais le plus fort possible, dans le fol espoir que quelqu'un vienne me secourir.

Ricardo était penché sur la voiture, les pires jurons à la bouche. J'étais comme un rat en cage dans un laboratoire, sans ressource, sans secours, vouée à mourir. Un moment, le silence régna entre nous. Dans une détresse totale, sachant que personne ne viendrait, j'éprouvai un malaise en songeant que j'avais blessé Ricardo sans savoir jusqu'à quel point. Il semblait souffrir terriblement. Mon sentiment de culpabilité était incohérent et déplacé, mais j'étais séquestrée depuis trop longtemps et ma logique était affectée.

Je m'approchai. Il me demanda de le conduire à l'hôpital. Lui avais-je vraiment crevé un œil? Et si, une fois à l'hôpital, il me dénonçait? Il pouvait facilement inventer n'importe quoi à mon sujet. Je ne voulais pas finir en prison. J'aurais tant aimé l'abandonner là, dans un coin perdu, sans ressources! Mais mon cœur trop généreux ne pouvait se résoudre à faire une telle chose. Ma naïveté et mon imprudence m'avaient coûté bien cher, mais j'étais toujours incapable d'assouvir ma vengeance jusqu'au bout. La rancune ne me convenait pas. Jamais je ne pardonnais ni ne justifiais un acte de violence gratuite, mais j'arrivais tout de même à en comprendre les raisons. Je ressentais ce que l'être brutal avait un jour dû subir, dans sa jeunesse, sans doute, pour en arriver là. Je ne pouvais faire ou vouloir du mal à un enfant intérieur qui souffrait. Ce n'était certes pas une raison pour tolérer le mal que Ricardo m'avait fait, mais ma bonté naturelle avait pris le dessus.

Toutefois, je gardai mes clefs dans mon poing serré, bien décidée à reprendre la maîtrise de la situation. Je lui fis signe de monter et démarrai. Il y avait longtemps que je n'avais pas conduit.

J'avais des égratignures partout et mon visage enflait. Ce que j'avais pu infliger à mon tortionnaire passait après tout sur le compte de la légitime défense et mes propres ecchymoses parlaient pour moi. Je me sentais maintenant coupable des souffrances de Ricardo, ce qui était complètement absurde. Je croyais bien pourtant que ce n'était pas pour moi, le syndrome de la femme battue, qui se sent toujours coupable malgré tout ce qu'elle subit. Et moi qui n'avais jamais compris pourquoi ces femmes violentées ne dénonçaient pas leur conjoint violent! Voilà que je me retrouvais dans la même situation. Ricardo m'avait battue, dominée, contrôlée par la terreur, il m'avait isolée de mes proches et était parvenu à m'enlever toute ma confiance en moi, à m'effrayer à un point que je ne peux exprimer, et j'étais prête à prendre à ma charge tous ces sévices! Abandonnée à moi-même dans un désarroi total et sans la moindre force psychologique et physique, je n'avais aucune chance de me soustraire à ma prison d'enfer si en plus je me mettais à croire que ce qui m'arrivait était ma faute. Je me disais que mon bébé et moi allions mourir.

Nous roulions depuis quelques minutes, quand il me dit qu'il allait mieux et qu'il ne croyait plus nécessaire de recourir à des soins médicaux. Pendant un moment, je me demandai quelle était la bonne chose à faire:

continuer vers l'hôpital ou retourner à la chambre. Bizarrement, et malgré mon visage tuméfié, j'avais peur d'être accusée d'actes de violence par les professionnels de la santé. Ricardo allait sûrement jouer à l'homme battu. Il jouait tous les rôles à la perfection, avec son charme dévastateur. Je serais encore mal jugée et on me chargerait de tous les torts. Je ne pouvais plus supporter l'idée d'être encore la fautive ou de subir ce que je ne méritais pas.

J'étais tiraillée par des sentiments contradictoires, j'étais épuisée et je n'étais plus en mesure de combattre. Je ne voulais que cesser de vivre et me libérer de ma vie de misère. Incapable d'affronter de nouvelles complications, je repris le chemin de la chambre.

J'expliquai à Ricardo de façon claire et froide que tout était fini entre nous, qu'il n'y avait plus à revenir là-dessus et qu'il devait prendre ses effets et quitter immédiatement la chambre. À ma grande surprise, il accepta sans riposter. Il devait y avoir anguille sous roche. Était-il possible que, cette fois, il se rende à mes exigences et me libère de ma prison?

Lorsque nous parvînmes devant la maison de chambres, il me demanda d'attendre et de l'écouter. Il me dit :

— Voyons, ma belle, nous avons fait tellement de choses ensemble. Ça ne peut pas se terminer comme ça! Je t'aime. Je ne te le dis pas assez souvent, je le sais. Et je suis dur avec toi. Je vais changer. Donne-moi une chance et tu verras.

Aujourd'hui, j'ai peine à croire que je n'ai pas réussi à éviter le piège qu'il me tendait. Mon jeune âge et mon manque d'expérience ne justifient rien. J'ai été d'une naïveté inexcusable, pour me laisser à nouveau prendre à son jeu, mais je comprends avec le recul à quel point il maîtrisait l'art de la manipulation. En toutes circonstances, il pouvait adopter l'attitude et trouver les mots qui auraient fait craquer quiconque.

Là, il me disait exactement les paroles que j'avais envie d'entendre. Il posa sa main sur les marques de mon visage et les caressa tout doucement. Il me fixa d'un regard irrésistible et s'approcha pour m'embrasser. J'avais peur, je subodorais le traquenard, mais je lui cherchais encore des excuses. Il devait souffrir d'une maladie mentale quelconque pour être aussi versatile. Comment pouvait-il être si fou et violent et, quelques instants plus tard, devenir un beau charmeur, gentil et doux? S'il était malade, il avait besoin de soins.

En outre, j'étais certaine de porter son enfant, que je ne voulais certes pas élever seule et sans père, mais que je ne voulais pas non plus voir souffrir. Je devais donc tenter quelque chose pour sauver de Ricardo cet être sans défense.

Il posa ses lèvres sur les miennes et son emprise sur moi était telle que je sombrai dans le sortilège de son baiser empoisonné. Il me demanda pardon et me fit des promesses. Il m'assura que nous allions travailler très fort ensemble et qu'il allait changer du tout au tout. Il se disait même prêt à consulter pour sauver notre couple et notre famille. Peut-être avais-je vraiment réussi à lui faire comprendre qu'il devait s'amender… Peut-être fallait-il que je lui donne une chance de voir le monde sous un plus beau jour…

Ainsi, je lui pardonnai. Malgré mes doutes et mes

craintes, je le laissai entrer dans notre chambre. Nous avons pris une douche chaude et avons fait l'amour. Tout ce temps, je n'ai cessé de pleurer. Je savais tout au fond de moi que c'était la dernière fois que nous étions aussi proches l'un de l'autre et que j'avais fait une belle bêtise en lui ouvrant à nouveau mes bras, mais je n'avais pas pu résister à ses manœuvres de serpent. J'étais sous son emprise depuis trop longtemps et ma vision était déformée. J'ai appris depuis que j'avais développé le syndrome de Stockholm, une sorte d'empathie de la victime envers son bourreau.

Le lendemain matin, lorsque je me réveillai, Ricardo était assis sur le bord du lit et me regardait. Il avait guetté mon réveil. Lorsque je le vis avec son air sérieux, je compris qu'il avait repris son rôle de bourreau. Il avait son couteau à la main et l'aiguisait avec vigueur. Je m'assis, collée au mur, de retour à la case départ. Il me demanda quel était mon plan. Je ne comprenais pas du tout de quoi il voulait parler. Devant mon regard interrogateur, il répéta la question et me dit:

— Si tu ne danses pas, comment vas-tu rapporter de l'argent?

C'était hallucinant. C'était à nouveau à moi de trouver de l'argent, et toute la pression reposait sur mes épaules. Jamais je ne parviendrais à dénicher un emploi et, de toute manière, cela ne lui donnerait jamais la somme qu'il voulait dans un délai qui lui paraissait convenable.

Il me dit d'une voix nonchalante et presque amusée:

— Ce n'est pas compliqué! Tu trouves de l'argent de la manière que tu veux, sinon je te tue. Et n'essaie pas de te sauver, je connais l'adresse de tes parents et je vais les tuer aussi.

J'étais exténuée, dévastée, déboussolée. Qu'allais-je pouvoir faire? Je lui demandai du temps pour réfléchir et il me répondit que, ce temps, c'était le mien, et que c'était à moi de le gérer. Je ne voulais en aucun cas qu'il fasse du mal à mes parents, mais je l'en savais capable. Pour me manipuler il n'y avait pas de point plus sensible. D'imaginer que mes parents puissent perdre la vie à cause de moi me donnait la chair de poule.

Je demandai à Ricardo de me permettre de me procurer un test de grossesse à la pharmacie la plus proche. La preuve de ma maternité m'aiderait-elle à me libérer, ou lui fournirait-elle une raison de plus de m'éliminer? Je ne pouvais encore le dire. Mais il se rendit à mes arguments.

Je m'empressai de prendre un échantillon de mon urine matinale. Il tenait à effectuer le test lui-même pour s'assurer du résultat... qui ne se fit pas attendre. J'étais bel et bien enceinte. «Moi aussi!» songeai-je en pensant à ma sœur dont la grossesse se poursuivait et qui devait accoucher au début d'octobre. Je pensais à elle en me demandant pourquoi elle m'avait abandonnée.

Ricardo allait devenir papa pour une seconde fois, à l'âge de trente-trois ans. Il se leva d'un bond et se mit à marcher en rond en proférant toutes les injures qu'il connaissait. Je ne savais plus comment réagir. J'avais la vie en moi et ce miracle aurait dû me procurer une grande joie, mais, au contraire, j'avais maintenant peur pour deux personnes. Ricardo se réfugia dans un coin de la chambre, le regard rivé sur moi comme si j'étais une extraterrestre. Son silence réprobateur me culpabilisait. De nouveaux impératifs s'imposaient à moi. Pour sauver nos vies, à mon bébé et à moi, je devais obtenir de l'argent sans avoir recours à la danse.

Je réfléchis à toutes les possibilités. Faire des massages ne m'intéressait guère plus; je serais dans une situation semblable à celle que je vivais dans les bars. La loterie, on pouvait oublier ça, et pas un seul travail salarié ordinaire ne me rapporterait assez pour satisfaire Ricardo. Je devais trouver un moyen d'entrer en contact avec mes parents, mais ce diable ne me le permettrait certainement pas. Je devais agir de façon sournoise. Et si je tentais de lui faire accepter l'idée que ma grand-mère voudrait sans doute s'associer à nos affaires! Nous pourrions aller la visiter, à Trois-Rivières, et peut-être comprendrait-elle qu'il se passait quelque chose d'anormal, que j'avais besoin d'aide. Elle devait savoir que mes parents étaient à ma recherche et qu'ils se demandaient où j'étais. Elle les appellerait à coup sûr.

J'en parlai à Ricardo. Il me fallut une assurance en béton pour lui exposer mon plan. Je devais être prudente, ne pas trop lui en dire, juste assez pour le convaincre. C'était à mon tour de le manipuler, mais en étais-je capable? Ma grand-mère Rose devait avoir soixante-dix ans et elle était étonnamment vigoureuse pour son âge. Mariée à un homme de vingt ans son cadet, elle était restée beaucoup plus jeune et éveillée que la moyenne des gens de son groupe d'âge. J'espérais d'elle une écoute perspicace et une aide importante.

Je dus être éloquente, car Ricardo a été convaincu par mon idée. Nous rendrions visite à ma grand-mère aisée et je lui demanderais d'investir dans la vente de cigares. Connaissant sa réticence à risquer son argent, je savais qu'elle refuserait. Cependant, son esprit serait immédiatement mis en alerte, et mes parents tenteraient de venir à mon secours. Je trouverais un moyen de donner à ma grand-mère un numéro ou une adresse où elle pourrait nous contacter si elle changeait d'idée, et mes parents réussiraient à me retrouver et à me sauver. Il était urgent de passer à l'action.

Je téléphonai à ma grand-mère qui, ne sachant plus où j'étais, fut très surprise de m'entendre. Elle me bombarda aussitôt de questions. « Mais où es-tu, ma petite? Tes parents sont inquiets... » Mon plan fonctionnait donc déjà. Elle accepta de nous rencontrer le lendemain.

Ricardo prit bien soin de me dicter mes droits avant de partir. Je ne devais être seule avec ma grand-mère sous aucun prétexte. Je ne pouvais faire aucun signe bizarre, je devais avoir l'air très convaincante pour que mon plan fonctionne. Je devais lui demander quatre mille dollars, rien de moins. Certes, j'avais honte de devoir la placer devant la nécessité de dire non à ma requête, mais c'était peut-être ma seule chance de m'en sortir.

À notre arrivée, Ricardo mit son masque de charmeur et se mit à agir en gentil gentleman. Ce qui surprit le plus ma grand-mère, ce fut de le voir faire son signe de croix en entrant dans sa demeure et avant de manger. En réalité, il en avait trop fait. Ma grand-mère n'était pas tombée de la dernière pluie et elle avait tout de suite vu le vrai Ricardo sous le masque de comédie. Ses gestes manquaient de naturel et sentaient la tromperie à plein nez. Elle n'allait pas s'y laisser prendre.

Elle refusa poliment de se mêler à nos histoires de

cigares et ne me prêta aucune somme. Je réussis cependant à lui laisser le numéro de téléphone de la maison de Ricardo à Cuba. Cela allait-il m'aider? Mes parents allaient-ils être mis au courant de ma situation? J'espérais avoir des nouvelles d'eux quand je serais de retour à Cuba. Ricardo et sa mère ne pourraient sûrement pas m'empêcher de leur parler. Allaient-ils venir me sauver des griffes de ce terrible loup?

# Chapitre XIII

Sur le chemin du retour, Ricardo ne parla pas, mais il était clair pour lui que je devais trouver un autre moyen de lui procurer l'argent dont il avait besoin. Cependant, pour moi, il en allait tout autrement, et cette préoccupation ne m'effleurait même pas. D'avoir eu la chance de revoir un membre de ma famille m'avait donné de petites ailes d'espoir. Je venais de me reconnecter, ne fût-ce qu'un minimum, à la réalité. Je n'étais en aucune façon responsable de son insuffisance de fonds et je ne pouvais vivre pire que la situation dans laquelle je me trouvais. Il ne pouvait que me délivrer en m'enlevant la vie.

M'étant bien persuadée de ce fait, je décidai de jouer à la roulette russe avec ma vie et de m'abandonner à mon destin. J'allais me laisser dépérir en espérant qu'on me retrouve. Mon corps supportait de plus en plus mal la tension et la violence. J'avais résolument trop maigri et ma grossesse était très pénible. Je rejetais toute nourriture depuis près d'une semaine. Je n'avais plus d'énergie et je nageais à la dérive. Le courant était beaucoup trop fort; je perdais mon combat pour nous sauver, moi et mon enfant. J'avais peine à retrouver dans ma mémoire les moments heureux du passé qui m'auraient donné encore le goût de vivre, ne fût-ce que pour mon enfant.

Trois semaines passèrent lentement. Ricardo avait réussi sa transaction et il devenait de plus en plus gourmand. Il voulait répéter le même scénario trois ou quatre fois avant de passer à autre chose de plus sérieux encore. Mes heures étaient comptées, mais je comprenais que j'étais maintenant seule au monde face à ma déchéance. Je vivais l'enfer sur terre, rien de moins. Ricardo ne voulait pas me délivrer. Il s'obstinait à me garder comme esclave. Un jour, il me dit :

— Je suis certain que tu portes un fils. Tu ne te sauveras pas avec lui. Je m'enfuirai avec mon garçon. Tu ne le retrouveras pas. Il sera à moi. Tu souffriras comme tu n'as même pas idée.

— Comment peux-tu être aussi méchant? Je vais me faire avorter. Tu ne feras pas souffrir cet enfant comme tu me fais souffrir, je te le jure. Ta vie est parfaitement instable et, sans argent, tu ne pourras pas t'occuper de lui. Tu n'as rien à lui offrir. Et il aura besoin de sa mère.

Il ne répliqua pas. Le lendemain, il acheta nos billets d'avion et nous repartîmes vers l'île infernale. Je regardai par le hublot le Château Frontenac et ma ville que je voyais sûrement pour la dernière fois. Ma tristesse était si grande que même mes larmes ne coulaient plus. Mes yeux étaient assombris par la défaite et la solitude. Il n'y avait plus de mots pour exprimer mon désespoir. Je n'avais eu aucune nouvelle de mes parents. Ma grand-mère ne leur avait probablement pas révélé le numéro de téléphone des parents de Ricardo. Et, pour compléter le tableau, ma sœur qui habitait toujours dans la villa voisine m'ignorait totalement ou presque. J'allais me laisser mourir. Je remettais mon âme à Dieu, s'il me voulait.

Il y avait maintenant un an et demi que j'étais sous

l'emprise de Ricardo, mais une étincelle illuminait mon cœur : c'était mon désir de donner bientôt la vie. J'étais enceinte de quelques semaines et je ne pouvais encore le réaliser pleinement, mais mon cœur débordait néanmoins de joie. Pourtant, je n'avais pas tant de raisons de me réjouir; c'était un enfant de cet homme abject et démoniaque, qui vivait en moi. Mais c'était une petite vie sans malice. Comment haïr un enfant à naître?

Je ne savais plus quoi faire. Je devais trouver un moyen d'avoir de l'aide. En attendant, je continuais de jouer mon rôle de femme soumise.

Après avoir envoyé un grand nombre de boîtes de cigares au Canada, Ricardo organisa un nouveau retour au Québec.

Il ne me frappa pas durant les quelques jours qui précédèrent notre retour, mais je sentais que quelque chose mijotait dans sa tête. Un matin, il m'adressa la parole doucement et m'expliqua que les plans avaient changé, avec la venue de ce bébé. Nous aurions besoin d'encore plus d'argent et je ruinais toutes ses possibilités de devenir millionnaire. Il me demanda de retourner danser une fin de semaine seulement dès notre retour, avant que mon ventre ne paraisse. Je ne pouvais concevoir une telle chose. C'était décidément un monstre pour me faire une proposition pareille. Mais ma peur était plus grande que jamais. La nuit, je rêvais qu'il m'ouvrait le ventre d'un grand coup de machette. Je ne pouvais plus me permettre de mourir ni de me foutre de tout, maintenant qu'un bébé grandissait en moi. Je devais nous protéger.

Le voyage se passa comme à l'habitude et nous nous rendîmes à Québec pour nous plier aux volontés de

Ricardo. C'était la fin du mois de mai 1997. Dès le lendemain, je fus contrainte à répéter ma douche magique au miel et à la cannelle, mais j'en profitai surtout pour prier, le regard rivé sur mon ventre. Je demandai toute l'aide et la force possibles au Seigneur pour parvenir à me délivrer de mon enfer interminable.

Je pris mon vieux sac aux trésors et, en tremblant de honte, je montai dans la voiture. Je n'avais pas la force de me battre, cette fois, et il le savait. Il me déposa devant la porte noire du bar Carol où j'avais mes repères et j'entrai. Je ne sais pas si ce fut Dieu qui m'en donna la force, ou si je la puisai au fond de moi-même, mais je réussis à faire mon spectacle. J'étais aveuglée par les lumières et je croyais que j'allais perdre connaissance. Je ne fis qu'une danse pour ensuite prendre une pause dans la salle.

Un homme vint me voir et me demanda de danser pour lui. Je me levai de mon siège en titubant presque et le suivis dans les loges. Il s'assit sur un banc et je grimpai à califourchon sur ses genoux en regardant mon petit ventre presque imperceptible dû à ma maigreur. Je me penchai sur son épaule pour lui donner l'impression de danser collée à lui. Les larmes se mirent à couler sur mes joues. J'avais l'impression que mon enfant se faisait violer. Je repoussai l'homme, me levai et m'excusai avec un regard rempli de larmes. Je me réfugiai dans une petite salle privée à l'arrière du bar et pleurai un long moment.

Je pris alors tous mes effets et me dirigeai vers la sortie. Comment cela allait-il finir? Je regardai par la fenêtre qui perçait la porte du bar pour essayer d'apercevoir Ricardo, mais je ne le vis pas. Il ne devait pas être loin. Je sortis et respirai un bon coup. Je ne le voyais toujours pas. Je m'avançai, presque trop heureuse d'avoir quelques minutes de calme juste pour moi. La soirée était exceptionnellement fraîche pour l'époque et faisait fumer l'air chaud qui sortait de ma bouche. Je vis les phares d'une voiture au loin s'allumer instantanément, tout au fond du stationnement. Il m'avait repérée. Le véhicule s'approcha lentement de moi.

Ricardo était-il toujours prêt à me tuer, moi qui portais la chair de sa chair? J'ouvris la portière et pris place à ses côtés. Je fondis en larmes et m'empressai de lui dire que j'avais une dernière solution pour trouver l'argent. Je le suppliai de prendre le temps de m'écouter. À ma grande surprise, il ne dit rien. Nous descendîmes dans le sous-sol où était notre chambre et il s'assit en face de moi sur le lit. Je lui expliquai que mes parents voudraient sûrement savoir que j'attendais un enfant. Je pourrais leur demander de l'argent, comme si nous en avions besoin pour le bébé.

Cela sembla le convaincre. Je lui expliquai qu'il valait mieux que j'y aille seule, qu'il ne serait assurément pas le bienvenu, étant donné qu'il m'avait éloignée d'eux pendant si longtemps. Il y avait maintenant très longtemps que je n'avais pas vu mes parents. Ma dernière visite remontait au mois d'octobre 1995. Ricardo se voyait pris au piège, car il avait besoin de moi pour réaliser son projet. Il n'avait pas le temps de séduire une autre jeune femme crédule avant que ses cigares ne sèchent. Il me donna donc la permission de prendre mon véhicule. Il m'accorda une heure et demie pour revenir avec l'argent, sinon il nous retrouverait et nous tuerait tous l'un après l'autre. Il était si persuasif et menaçant! Je ne devais pas rater mon coup, ne pas perdre de temps à réfléchir; je devais agir. Je n'avais pas une seule minute à perdre. Je me ruai vers la porte avec les clefs en main.

Lorsque j'empoignai le volant de ma voiture, que je n'avais pas touchée depuis longtemps, je sentis un désir de liberté m'envahir. Je me mis à chanter n'importe quoi à tue-tête. C'était comme un chant de joie. Mes nerfs se détendaient.

La durée du trajet n'était que de deux ou trois minutes. Tout ce temps, je n'avais été qu'à deux pas de ma liberté, mais j'étais cloîtrée dans un enfer que personne ne soupçonnait. Lorsque je tournai le coin de la rue où demeuraient mes parents, je me mis à ruminer des inquiétudes. Et s'ils n'étaient pas à la maison? Et s'ils ne voulaient pas m'aider?

Arrivée devant l'entrée, je vis que leur voiture était là. Mon cœur était comme une boule de plomb glacée au milieu de ma poitrine. Je ne sais pas combien de temps je restai immobile, mais, lorsque je sortis de ma transe, je glissai ma main sous le pare-soleil où Ricardo avait laissé son couteau de chasse. Je sortis également le coutelas, que j'appelais la machette, de sous le siège, de même qu'une dernière arme blanche du côté du siège passager, dans le vide-poche. Ricardo avait, grâce à Dieu, omis d'enlever les armes qu'il gardait en permanence avec lui au cas où j'essaierais de m'enfuir.

Ces instruments en main, je sortis de ma voiture, que mes parents avaient peut-être reconnue par la fenêtre. Du haut de mes souliers à plateforme devenus intolérables à cause de ma grossesse, je me rendis à la porte. Je regardais par la fenêtre, lorsque ma mère ouvrit le rideau de dentelle. Elle poussa un terrible hurlement de frayeur, les deux mains rivées sur son visage, et recula. Mon père ouvrit la porte et je tombai dans ses bras réconfortants en me liquéfiant littéralement. Le contact de celui qui m'avait soutenue depuis mon tout premier jour de vie jusqu'à mon adolescence me permettait enfin de baisser la garde.

J'avais lancé sur le sol les armes que je tenais à la main. Mon père comprit que c'était très sérieux. Il essaya de me questionner, et je tentai de m'expliquer malgré l'état d'exaltation où je me trouvais, mais je n'y arrivai pas.

— Qu'est-ce que c'est que ces couteaux? Mais où étais-tu donc? Qu'est-ce qui t'est arrivé? Pourquoi avoir été si longtemps sans venir nous voir?

— Papa, écoute-moi, j'ai besoin de ton aide. S'il te plaît, viens à mon secours! Julie ne t'a rien dit? J'étais prise à Cuba avec ce Cubain qui n'arrête pas de me battre, et maintenant il va me tuer si je ne lui apporte pas quatre mille dollars d'ici moins de deux heures.

— J'appelle la police immédiatement. Ne t'inquiète pas, je vais régler ça.

— Mais tu ne comprends pas! Il sait où vous habitez, il est armé et il a une multitude de contacts douteux. Il m'a promis de nous faire exécuter si je ne revenais pas avec l'argent dans les délais!

— Tu t'es vraiment mise dans un beau pétrin, cette fois. Tu as une idée de ce qu'on devrait faire?

Je n'arrivais plus à m'exprimer de façon cohérente, tant les mots se bousculaient dans ma bouche. Je devais tout faire vite pour ne pas alarmer Ricardo et j'avais bien du mal à raconter mes malheurs sans omettre des données importantes. Mon père comprit qu'il devait me donner du temps et me laisser me calmer. Ma mère pleurait presque autant que moi. Elle regardait au ciel, dans une action de grâce qui n'en finissait pas, adressée à Dieu qui avait exaucé ses prières.

Assise à la table de la cuisine, je pris quelques minutes de mon précieux temps pour résumer ce qui était arrivé depuis que j'avais mis les pieds à Cuba. Je tentai également de faire comprendre à mes parents que les secondes étaient comptées. Nous devions agir rapidement. Mon histoire leur sembla sûrement invraisemblable, mais mon affolement les avait convaincus de m'écouter attentivement.

— Je suis séquestrée depuis tout ce temps et je ne peux m'enfuir malgré tous mes efforts, dis-je en terminant. Maintenant, mon agresseur exige que je danse pour gagner de l'argent, mais je suis enceinte et incapable de le faire. Il va me tuer si je ne lui rapporte pas la somme qu'il veut dans l'heure qui vient. Il va vouloir votre mort également. Il est très violent et j'ai horriblement peur.

Je me remis à pleurer bruyamment. Mon père se leva et ouvrit le vestiaire près de la porte pour en sortir un bâton de baseball. «Pauvre papa, me dis-je. Il veut me sauver, mais ce pauvre vieux bout de bois n'est bon à rien contre une arme!» Il me dit alors:

— Fais-moi confiance, ma fille. Nous devons jouer de stratégie et le forcer à disparaître.

Je me concentrai pour élaborer un plan logique, mais simple et rapide, qui ne devait pas échouer.

— Et si nous lui payions un billet d'avion pour aller aux États-Unis? dis-je. Il y a longtemps qu'il souhaite s'y rendre. J'irais à la banque avec lui. Il retirerait mon argent, je lui laisserais une petite somme comme argent de poche et lui ferais promettre de me laisser tranquille. On pourrait le reconduire à l'aéroport et nous assurer qu'il est bien parti.

C'était un plan un peu fou, mais pourquoi pas? Je devais y croire. Ma détermination à m'évader de ma prison était plus forte que tout. Je contactai immédiatement l'agente de voyages avec qui nous faisions toujours affaire, Ricardo et moi, et la suppliai de m'aider. Mes doigts frêles tremblaient pendant que je composais le numéro.

— Bonjour, Linda, c'est Nadia, la copine de Ricardo, le Cubain, tu te rappelles?

— Ricardo? Ah oui, je vois! Que puis-je faire pour toi? Habituellement, c'est lui qui me contacte.

— Écoute-moi attentivement, j'ai vraiment besoin de ton aide, c'est une question de vie ou de mort. Tu ne l'avais certainement pas remarqué, mais Ricardo est très violent avec moi et je tente de le fuir depuis un bon moment. Mais il me menace de toutes sortes de sévices, me dit qu'il va tuer mes parents si je ne lui obéis pas... Je ne peux tout te raconter, mais c'est très grave, crois-moi.

— Mon Dieu, c'est horrible, tu dois appeler la police.

— Non, surtout pas, Ricardo a d'excellents contacts avec des membres de la pègre italienne à Montréal et je suis certaine qu'il nous fera exécuter si je le dénonce. Je dois trouver un moyen de négocier ma libération et je n'ai qu'une heure pour tout régler.

Je lui exposai mon plan de lui fournir un billet d'avion pour les États-Unis.

— Je comprends et je vais t'aider. Je peux même aller te porter le billet. On peut se donner rendez-vous quelque part.

Linda fut merveilleuse. Elle prépara tout et me promit d'être, vingt minutes plus tard, tout près de la maison de chambres. Mon père avait peine à croire que, pendant tout ce temps, je louais une chambre dans une de ses maisons à revenus sans qu'il le sache. Aucun locataire ne nous parlait, personne ne connaissait mon nom; seul celui de Ricardo apparaissait sur le contrat.

Nous prîmes le véhicule de mon père, une fourgonnette beige dont les portières arrière comportaient un verrouillage de sécurité pour que les enfants ne les ouvrent pas. Mon père croyait que Ricardo ne pourrait s'enfuir, une fois à l'intérieur. Je persistais à mettre ma confiance dans ce plan insensé; c'était ma seule chance de sortir vivante de l'enfer.

Mon père avait pris les armes blanches et les avait installées dans le véhicule à des endroits stratégiques, pour le cas où la situation dégénérerait et qu'il en aurait besoin. J'étais assise sur le siège de droite. Soudain, il leva la main pour me réconforter d'une caresse à la cuisse. Je sursautai dans un réflexe de défense. J'étais devenue une bête traquée. Je vis alors toute la compassion dans le regard de mon pauvre père aimant.

Nous roulâmes à toute allure dans les rues cahoteuses de la ville jusqu'à notre point de rencontre avec Linda. Elle nous attendait patiemment à l'endroit exact dont nous avions convenu. Elle me prit dans ses bras sans dire un mot et me laissa repartir vers l'endroit où Ricardo m'attendait. Il ne restait plus que quelques minutes avant la fin du décompte. J'étais pétrifiée de peur, persuadée que je me rendais à un rendez-vous avec la mort.

Nous garâmes le véhicule devant la maison et sortîmes. Mon père m'avait dicté exactement ce que je devais faire. Il me suivit lorsque j'entrai, toujours armé de son gourdin. Ricardo n'était pas au rez-de-chaussée, là où le salon commun ainsi que la cuisine principale de la maison se situaient. Il se trouvait donc toujours au sous-sol, cet endroit humide et sombre où nous louions la petite chambre étroite et sans fenêtre. Je descendis trois marches et criai son nom.

— Ricardo?

Il s'approcha du pied de l'escalier et je lui demandai d'un ton ferme et confiant:

— Monte me rejoindre tout de suite.

À ma grande surprise, il obéit sans rouspéter. Je remontai et me rendis au salon, alors que mon père était en haut des marches à l'attendre. Il était imposant, avec sa haute stature et son arme. Lorsqu'il le vit, Ricardo eut d'abord le réflexe de redescendre, mais il décida de n'en rien faire. Il comprenait que c'était un piège.

— Mon petit, lui dit mon père, tout est terminé, tu as assez fait de mal à ma fille. Tu vas faire exactement ce que je te dis et tu n'auras pas de problème. Descends chercher ton passeport et la carte de guichet de la caisse et reviens immédiatement. N'essaie pas de fuir. Je suis armé moi aussi et je n'ai pas peur de toi. C'est facile, de battre une femme en lâche, mais, affronter un homme, tu n'es pas capable de ça, hein, ordure?

Je ne comprenais plus rien. J'étais certaine que Ricardo nous tuerait, mais, au contraire, il exécuta à la lettre les ordres de mon père, qui l'attendit sans broncher, fier de lui. Lorsqu'il fut de retour, nous l'escortâmes jusqu'à la voiture. Il ne me regardait même pas, et j'étais incapable de prononcer un seul mot.

Mon père lui expliqua que nous le conduirions à l'aéroport une fois qu'il aurait retiré mon argent de son compte bancaire. On lui laisserait cinq cents dollars et, ensuite, il devrait disparaître de nos vies.

Le stationnement de la caisse populaire du quartier se trouvait juste à côté du poste de police et de l'hôtel de ville. Ricardo était cuit. Mon père gara la voiture et me demanda si j'étais à l'aise d'accompagner Ricardo au guichet pendant qu'il placerait la voiture dans la bonne direction pour repartir vers l'aéroport. Quant au billet pour les États-Unis, mon père avait, semblait-il, décidé de n'en parler qu'à son retour dans la voiture. Surprise que Ricardo acquiesce à nos exigences sans riposter, j'acceptai avec plus d'assurance de le suivre. Après tout, nous étions dans un lieu public et, à Québec, ce n'est pas comme à Cuba.

Nous n'avions fait que quelques pas à l'extérieur que Ricardo se mit à courir à toute vitesse. Comme il était champion international de planche à voile et qu'il était dans une forme exceptionnelle, je courais comme une tortue derrière lui. Je commençai à crier de toutes mes forces en espérant que des policiers m'entendent. Mon père avait retourné la voiture. Lorsqu'il vit que mon agresseur avait pris la fuite, il démarra et se mit à le suivre. Un policier sortit du poste et m'entendit hurler au secours. Une première voiture de patrouille se dirigea vers moi, tandis que mon père gravissait maintenant le terrain de l'hôtel de ville avec sa familiale, essayant d'intercepter cet homme qui m'avait tant fait souffrir.

Ricardo criait à un des agents que mon père était armé. Moi, je hurlais que cet homme était violent. Nous avions l'air de jouer au jeu du chat et de la souris. Ricardo grimpa dans une des voitures de police, et une autre immobilisa le véhicule de mon père. J'étais là, à genoux par terre, à pleurer comme une fontaine en espérant qu'on procède à l'arrestation de Ricardo. Les policiers m'isolèrent et je pus leur expliquer ce qui se passait depuis déjà trop longtemps. Ils me dirent que je devais déposer une plainte, sinon il serait relâché immédiatement. J'étais si contente de pouvoir décrire les sévices dont j'avais été victime que je mis des heures à les exposer.

Je devais maintenant m'armer de courage pour la prochaine épreuve, car l'histoire n'était pas terminée. Je devais premièrement consulter un médecin au plus vite pour ma grossesse. Lors de l'échographie, je vis pour la première fois de mon existence un petit cœur battre dans mon ventre. Finies les suppositions, j'étais bel et bien enceinte et je pouvais mettre une image sur cet être qui demandait à vivre. Je devais à présent prendre une terrible décision. Allais-je donner une chance à cette vie de me montrer son amour, ou allais-je mettre fin sans délai à l'existence de misère que ce pauvre enfant pourrait connaître, affublé d'un tel père? Après mûre réflexion, considérant mon jeune âge, mon état psychologique, le fait que je n'avais pas d'emploi et que le père serait un obstacle à son bonheur aussi bien qu'au mien, je décidai, submergée par le chagrin, de mettre un terme à la grossesse.

J'eus la chance que ma mère soit à mes côtés lorsque je me présentai pour l'intervention. Elle me tenait le bras et me caressait, partageant la douleur qui ravageait mon âme.

Le médecin me demanda s'il pouvait procéder. J'étais parvenu au point de non-retour; c'était la dernière minute de vie de cet enfant. Je ne pouvais contenir les larmes qui longeaient encore mes joues, inépuisables comme l'eau d'une rivière. Je priais le ciel de me pardonner l'acte terrible que je m'apprêtais à commettre. Lorsque j'entendis l'aspirateur, je criai :

— Non!

Mais il était trop tard. Je me tortillais sur la table. On essayait de me calmer, de me raisonner, mais c'était plus fort que moi. Quand je réalisai enfin que tout était fini, je sombrai dans le silence et l'abattement. J'étais perdue dans le néant du deuil qui me rongeait déjà, dans le vide qui me submergeait. Je me sentais encore plus seule que jamais. Ce bébé auquel je m'étais accrochée au cours des derniers mois pour repousser mes idées suicidaires venait de me quitter, et je portais toute la responsabilité de son absence. Je ne voyais plus la lumière, tant ma peine était profonde.

Mes parents m'ont épaulée et hébergée le temps que je recouvre la santé. Je restai des jours dans le silence, perdue dans ma peine, à me laisser glisser vers la mort. Je ne mangeais plus et me vautrais dans ma souffrance intérieure.

Quelques jours passèrent. Je devais me préparer à témoigner contre mon agresseur. Je n'étais pas du tout en état d'affronter la cour et ses procédures. Un avocat de l'aide juridique me contacta pour me parler du dossier. Je ne le vis qu'une seule fois et il me suggéra une entente à l'amiable. J'en fus insultée. J'avais vécu un interminable calvaire, à la merci d'un criminel qui, de toute évidence, ne s'amenderait jamais, et cet homme qui se disait avocat ne voulait pas me défendre convenablement. J'étais dans une terrible colère que je n'avais pas la force d'exprimer.

Le jour de la comparution, deux policiers vinrent me chercher chez mes parents pour m'accompagner jusqu'au palais de justice. J'allais être toute seule devant le monstre. Épuisée par les événements et meurtrie par la souffrance, j'attendis devant la porte de la salle d'audience. Chaque minute passait à une vitesse effarante et j'avais terriblement peur de revoir mon tortionnaire. Des bruits de talons m'indiquèrent que quelqu'un venait vers moi. Une dame vêtue d'une toge se présenta.

— Madame Émond, dit-elle, votre avocat est dans l'impossibilité de vous représenter ce matin. C'est moi qui serai votre avocate.

C'était aberrant: à présent, même mon avocat me laissait tomber à quelques minutes de la comparution.

— Mais que connaissez-vous de ma cause? lui demandai-je.

Elle me répondit:

— C'est de la violence conjugale. Il me reste quelques minutes. Je vais aller lire le dossier. Ce ne devrait pas être compliqué.

Elle s'éclipsa en me laissant désemparée. Cette femme ne connaissait rien à mon dossier. Comment allais-je pouvoir me faire comprendre par le juge? Elle revint une dizaine de minutes plus tard avec un large sourire et me dit:

— Ne vous en faites pas. Nous allons signer une entente. Ne parlez pas, surtout.

Maintenant, on me demandait de garder le silence. Il n'en était pas question. J'entrai dans la vaste salle. Elle était bondée de spectateurs, alors que je croyais ne devoir parler que devant les avocats, le juge et le coupable. Je ne comprenais rien à ce qui se passait. Personne ne m'avait expliqué le déroulement d'un procès. J'étais démunie et impuissante devant l'appareil judiciaire. Mes parents n'avaient pas pu m'accompagner : mon père travaillait et ma mère avait des obligations à respecter. Je devais comprendre beaucoup plus tard qu'ils n'avaient pas réalisé l'ampleur de l'événement. Ils regretteraient de ne pas m'avoir secondée.

J'étais assise dans la première rangée de sièges faisant face au juge et au banc de l'accusé. Mon avocate était à la droite du juge, alors que l'avocat de Ricardo se tenait à sa gauche. Quant à l'accusé, il n'était pas dans la salle. Une voix annonça :

— Tout le monde se lève, le juge entre en salle.

J'avais les mains moites, tendues sur mes genoux tremblants. Le juge prit la parole :

— Ricardo Lagorda, accusé de voies de fait, de violence, de port d'armes illégales et de menaces de mort, veuillez entrer, s'il vous plaît.

J'entendis le bruit des chaînes qui entravaient ses mains et ses pieds. J'étais malade d'anxiété. De revoir son dur visage me terrifiait. Il prit place au banc des accusés et leva les yeux. Je voulais fondre de peur. Allait-il me faire éliminer dans les jours qui suivraient?

Je ne me rappelle plus qui m'adressa la parole en

premier. La pression du moment était trop intense pour que je remarque ce détail. Mon regard ne pouvait quitter les chaînes bruyantes de Ricardo. Quelqu'un dit :

— Nadia Émond, venez à la barre. Mettez la main gauche sur la bible et levez la main droite. Jurez-vous de dire la vérité, toute la vérité? Dites je le jure.
— Oui, je le jure.
— Vous pouvez vous asseoir.

J'avais l'impression d'être entre la liberté et la mort. C'était ma seule chance de me faire entendre et de faire juger Ricardo pour ce qu'il m'avait fait subir depuis des mois et des mois.

Le procès commença. L'avocat de la défense était féroce. Il détruisait avec une agilité stupéfiante les accusations, prétextant que je n'étais qu'une danseuse et que j'utilisais Ricardo pour passer du temps à Cuba. Lorsque vint le tour de mon avocate de prendre la parole, elle mentionna seulement que monsieur avait été violent à mon égard et que j'en avais peur. Elle ne riposta presque pas. Toute l'histoire n'avait duré que quelques minutes et se dirigeait vers un jugement en faveur de l'accusé lorsque j'explosai. Depuis un moment, j'étais assise sur le bout de ma chaise, les mains jointes rendues humides par l'anxiété. Mes jambes s'entrechoquaient, tant je craignais la défaite aussi bien que les représailles, mais je ne pouvais supporter que toute la violence dont j'avais été victime demeure sous silence. J'avais trop souffert pour me soumettre à nouveau, surtout devant les lois de mon pays qui étaient censées me protéger. Je criai :

— Votre honneur, je demande le droit de parole!

Le juge frappa fortement de son marteau de bois sur son grand bureau imposant et prétendit me rappeler à l'ordre. Je repris la parole et demandai le congédiement de mon avocate et le droit de me représenter moi-même. J'expliquai rapidement que mon avocat ne s'était pas présenté et que l'avocate qui le remplaçait au pied levé ne connaissait rien à mon dossier. La principale visée tenta vivement de me faire taire et de se justifier, mais je n'allais pas lâcher prise. Le juge me demanda de garder le silence, puis il baissa ses lunettes rondes pour me fixer. Il me vit pleurer et peut-être comprit-il ma souffrance.

— Je vous donne cinq minutes, me dit-il enfin. Je vous écoute.

Après une bonne respiration, je commençai :

— J'ai une telle peur de Ricardo que cela dépasse tout ce que vous pouvez imaginer. Il m'a battue, menacée, séquestrée et forcée à faire de la contrebande. Il m'a contrainte à danser et me volait l'argent. Il a aussi menacé régulièrement de tuer ma famille. Ce que vous désignez comme de la violence conjugale, ça n'a rien de commun avec le comportement de cet homme. Il est foncièrement dangereux.

J'usai de mes cinq pauvres petites minutes pour dépeindre aussi justement que possible les deux dernières années d'enfer que j'avais vécues. Pendant ce temps, Ricardo me fusillait de ses yeux noirs pénétrants. Même enchaîné, il faisait tout pour m'intimider. Mais, cette fois-ci, il ne m'empêcherait pas de m'exprimer. Le juge sortit pour prendre un temps de réflexion avant de rendre son verdict. Au bout d'un moment, il revint prendre place sur son siège imposant. Dans quelques secondes, j'allais savoir si j'étais libérée de l'emprise de Ricardo et si mes souffrances avaient vraiment pris fin. J'allais savoir si cet homme serait puni selon son mérite ou si je devais toujours craindre le pire. Le juge m'adressa un étonnant regard de compassion et déclara l'accusé coupable de tous les chefs d'accusation. Il ordonna un emprisonnement de trois mois ferme, avec interdiction par la suite d'entrer en contact avec moi, ma famille ou une tierce personne. Il lui était interdit de porter une arme. De plus, il ne pourrait approcher de mon domicile. Je devais oublier mon argent, cependant, celui-ci ayant été gagné de manière frauduleuse. Mais cela m'importait peu. Pour moi, d'avoir à nouveau la chance de jouir de la vie dans le calme et la plénitude me satisfaisait bien davantage que l'argent. Justice avait été rendue.

J'ai su peu après qu'au bout de quelques jours on dut obtenir le transfert de Ricardo : la vie, paraît-il, était devenue insoutenable pour lui à la prison de Québec. Là aussi, une justice officieuse s'applique, particulièrement infernale pour ceux qui font des femmes et des enfants leurs victimes. Il fut replacé dans un autre établissement plus au nord de la province.

Ricardo sortit définitivement de ma vie à ce moment-là. Je ne devais plus jamais en entendre parler, à deux exceptions près. Une fois, il appela chez mes parents depuis la prison pour me parler. Dès que je reconnus sa voix, je le menaçai de le dénoncer à la police en lui rappelant qu'il lui était interdit de me harceler. Il raccrocha sans insister davantage. Une autre fois, des années plus tard, j'appris que Julie l'avait rencontré dans le métro, à Montréal, et qu'elle s'était précipitée sur lui pour l'assurer de son plaisir de le revoir. Une autre déception que me causa alors Julie !

Un autre détail qui fut porté à mon attention au sujet de Ricardo, ce fut qu'il avait déjà, bien avant le procès qui m'avait opposé à lui, un dossier criminel et plusieurs condamnations à son actif. C'était toutefois la première fois qu'il écopait d'une peine de prison aussi sévère.

Escortée par des policiers d'une remarquable gentillesse, je revins à la maison de mes parents. Un bon souper m'attendait, que ma mère m'avait préparé avec amour et compassion. Je mangeai ce soir-là avec appétit, enfin soulagée d'un poids énorme. Maintenant, je pouvais prendre le temps de vivre le deuil de mon bébé et essayer de me refaire une vie bien à moi. J'avais besoin de rêver à nouveau.

# Chapitre XIV

Je passai plusieurs jours à camper sur le divan de mes parents. Je pleurai ma peine et mon sentiment de culpabilité. La mort de mon bébé, que j'avais pourtant délibérément provoquée, avait été extrêmement douloureuse. Je me remémorais en boucle les dernières minutes de l'intervention, mon impression de perdre la vie qui était en moi. Ma culpabilité grandissait d'autant plus que ma sœur en était à son sixième mois de grossesse. Sa relation avec Miguel s'étant détériorée jusqu'à un point de non-retour, elle était revenue au Québec pour de bon. Durant les jours qui suivirent mon avortement, le besoin de me punir ou même de me faire du mal subsistait dans mes pensées. J'avais honte de vivre sans mon bébé. Ma mère essayait tant bien que mal de me rassurer en insistant sur le fait que j'avais fait un choix judicieux.

— Ne te laisse pas abattre, ma fille. Cet enfant n'aurait pas connu le bonheur avec un père tel que le sien. Tu n'as pas d'argent, pas d'emploi stable non plus. Sans oublier que ta santé est plus que fragile. Ne regarde pas vers le passé, mais vers l'avenir.

Même si je savais au fond de mon cœur que ma mère avait raison, je devais vivre ce moment de haine envers moi-même pour parvenir à me pardonner.

la première fois de ma vie, je songeai vraiment à
...ir un enfant. Une pulsion intense m'en faisait ressentir
la nécessité. Mon horloge biologique venait de sonner. Je
me demandais toujours quel âge précis aurait mon bébé,
si j'avais laissé ma grossesse se poursuivre. Il avait pour
toujours touché mon cœur et y avait laissé une marque
indélébile. Jamais je ne saurais si c'était un garçon ou
une fille. Je me questionnais sans fin à son propos.

Comme je me trouvais dans ma solitude intérieure et
que je ne faisais que ressasser les mêmes pensées indéfi-
niment, les journées étaient longues. Je me perdais dans
ma tête à imaginer ce qui serait arrivé si j'étais demeurée
sous l'emprise de Ricardo ou si j'avais gardé l'enfant. La
souffrance ne me quittait pas et je n'avais pas l'énergie
de passer à autre chose. Cependant, je ne pouvais errer
sans fin dans la maison de mes parents tel un zombie;
je devais chercher de l'aide, c'était impératif. Je consul-
tai plusieurs thérapeutes du CLSC de mon secteur. À
l'unanimité, ils me dirent que l'aide de mes parents était
importante, mais que je devais sortir du nid pour retourner dans la société. J'avais si peur de la réalité et de la
solitude! J'étais effrayée à l'idée de passer une nuit seule
ou de sortir faire mon épicerie. Tout me paraissait une
montagne infranchissable.

Le fait d'avoir dansé dans les bars était pour moi un
sujet de honte atroce et de l'accepter était au-dessus de
mes forces. Comment n'avais-je pas pu voir la déchéance
dans laquelle je m'enlisais? Le sentiment d'avoir démé-
rité en exhibant mon corps pour de l'argent s'ajoutait à la
rancœur que je nourrissais envers moi pour avoir accepté
si longtemps de vivre dans la violence. Je me demandais
continuellement ce que j'aurais pu faire de plus pour
m'en affranchir. Tout ça était bien suffisant pour que je
plonge dans la dépression.

Je n'arrivais pas à accepter non plus que ma sœur me rejette. Elle avait dit à mes parents qu'elle ne voulait plus me voir. J'avais seulement été la victime d'un fou, ce qu'elle refusait de croire malgré les preuves évidentes qu'elle avait eues sous les yeux. En fait, elle se trouvait des excuses pour me rejeter. Se sentait-elle coupable de ne pas m'être venue en aide? Ma présence lui rappelait-elle ses propres négligences? Je ne peux en être certaine, mais, peu importaient ses raisons, son attitude envers moi me blessait cruellement. Nous avions été si proches, dans un passé pas si lointain! C'était comme si une partie de mon être ne voulait plus de moi, et mon estime de soi en était profondément affectée. Je me détestais de pouvoir respirer encore, comme si je ne méritais plus de vivre.

Un travailleur social du CLSC m'expliqua qu'il n'y avait pas mieux pour favoriser une guérison rapide et efficace que de voler de mes propres ailes et de me refaire une vie dans un appartement bien à moi. C'était trop tôt, je ne me sentais pas prête, mais, selon lui, j'avais tort de différer mon départ de la maison de mes parents. Peut-être fallait-il me jeter hors du nid pour que je réapprenne à voler seule. Un médecin me prescrivit un antidépresseur, du Paxil. On m'avait bien avertie que le résultat n'était pas instantané. Je suppliai mes parents de me donner encore un peu de temps et ils acceptèrent volontiers. Mon père me rassura en me confirmant que la maison me serait ouverte tant que j'en aurais besoin. C'était toujours une pression de moins.

Le vide s'étendait dans mes veines un peu plus chaque jour. La noirceur devenait un peu plus noire, et le fond, un peu plus creux. Je percevais la vie comme un poids énorme, un filtre anti-bonheur. Je ne sentais plus les gens autour de moi, comme si je n'avais plus d'aura.

Ma sœur rendait souvent visite à mes parents malgré ma présence. Elle était beaucoup plus heureuse, car elle avait retrouvé un ami d'enfance, Mario, dont elle était tombée amoureuse. Il disait accepter la venue de l'enfant comme si c'était le sien. Cependant, j'avais du mal à regarder Julie dans les yeux et je me demandais sans cesse comment elle pouvait me détester autant. Elle ne m'adressait la parole que rarement et me saluait par principe.

— Salut, carotte! me disait-elle. Ça va?

Elle me surnommait toujours ainsi pour me taquiner, à cause de mes cheveux roux. Elle savait que je détestais ça. Pourquoi en rajoutait-elle? Ne voyait-elle pas que je ne pouvais être plus mal en point? J'avais tout à coup l'impression d'étouffer. J'étais détruite, comme une fleur qui vient de perdre son dernier pétale.

Un soir qu'elle était là, alors que je m'apprêtais à prendre un bain chaud pour essayer d'atténuer mon mal, une soudaine et terrible idée me passa par l'esprit. J'ouvris l'armoire et en sortis le séchoir, que je ne déposai pas sur le comptoir, cette fois. Mon bain était prêt. Je venais de cesser de pleurer. J'avais enfin trouvé une porte de sortie à ma souffrance et j'allais libérer les gens que j'aimais du fardeau que je représentais.

Je pris la fiche et l'insérai dans la prise électrique. Je tenais lâchement l'arme de ma libération dans ma main frêle. Je glissai mon pied dans l'eau en prenant soin de mettre les tourbillons en marche pour couvrir les bruits potentiels de mon agonie. Mon souffle était court. J'avais hâte de retrouver une nouvelle vie. Je glissai l'autre pied dans le bain et actionnai le séchoir.

Un grand miroir longeait le mur principal de la salle de bain et mon regard s'y croisait. Je me regardais pour la dernière fois. C'était un adieu dépourvu de substance, essentiellement lâche. J'écartais les lèvres pour me souffler un dernier au revoir quand la porte s'ouvrit. Ma sœur était entrée sans crier gare, comme nous l'avions toujours fait dans notre enfance. Depuis toujours, c'était une règle absolue dans la maison de ne pas verrouiller la porte de la salle de bain. Alertée par ce qu'elle vit, Julie leva la main, les doigts bien écartés comme pour me dire de suspendre mon geste. Dans son regard, je pus lire l'étincelle d'amour qui me demandait de lui donner une chance de me convaincre de vivre.

Je tremblais de partout, je luttais contre la mort qui m'appelait comme une amie jalouse. Ma sœur s'approcha et, dans un torrent de larmes, elle attrapa le séchoir. Je criais de douleur. La honte de ma lâcheté avait immédiatement remplacé mon aspiration à disparaître.

En même temps, je ne pouvais plus bouger, enfouie au fond de moi-même. Julie essayait de me sortir de ma transe. Elle pleurait et me secouait, sans obtenir de résultats.

Mon délire dura deux jours, en fait jusqu'à ce que mon père me force à téléphoner à S.O.S. suicide. Une femme très attentive passa quelques heures à m'écouter. Elle me trouvait très forte d'être encore là aujourd'hui. Cependant, je ne pouvais plus vivre de cette manière. Mon corps pouvait bien rester, mais mon âme voulait partir. Elle passa une sorte de contrat avec moi. Elle me fit promettre de ne rien tenter contre ma vie pendant les vingt-quatre prochaines heures et de me rendre à leurs locaux où je pourrais passer quelques jours en sécurité et bien entourée. J'avais beaucoup de mal à promettre une telle chose, sachant que je respectais toujours ma parole. Et, même si cela manquait de logique, je ne voulais pas leur faire de peine. Je voulais tellement être aimée, juste un peu! J'acceptai l'offre et me rendis là-bas le lendemain.

Une femme m'accueillit avec un air aimable et souriant dans l'établissement bien gardé. Personne ne pouvait y entrer ou en sortir sans permission. La vie des gens qui y séjournaient était entre les mains du personnel. On me fit promettre de ne pas attenter à ma vie sur les lieux et je n'eus aucun problème à accepter cette condition. On m'aida à me rendre compte que mon geste suicidaire avait été plutôt un cri de détresse, une demande d'aide, qu'une véritable tentative de mettre fin à ma vie.

Durant mon court séjour, je me liai d'amitié avec un homme très courtois prénommé Philippe qui séjournait là pour se remettre d'une dure séparation. C'était un homme bon et doux, père de trois fillettes. Avec toutes les raisons de vivre qu'il avait, j'avais peine à croire qu'il voulait mettre fin à ses jours juste à cause d'une séparation.

Je rencontrai des thérapeutes plusieurs fois, ce qui m'aida à réaliser que j'avais en effet vécu une très pénible étape de ma vie, mais qu'il y avait autre chose qui m'attendait. J'avais vraiment l'impression d'être la plus malchanceuse des victimes, je croyais fermement que j'avais vécu le pire, qu'il n'existait pas plus pénible chemin que le mien. Ce n'était que le début de ma conscientisation à la réalité. La mort était devenue comme ma meilleure amie, celle avec qui je voulais passer tout mon temps. J'écrivais des textes terribles, empreints de pessimisme, qui me paraissaient très beaux quand je les lisais. J'étais devenue l'ambassadrice des ténèbres. Toutes mes phrases semblaient venir d'une nuit profonde.

Entre mes thérapies, beaucoup de temps de réflexion m'était alloué. Le dessin faisait partie de mes moyens d'expression les plus importants. Je dessinais des anges nus de sexe féminin, tête entre les genoux, cheveux dans le visage, ailes repliées.

Souvent, je regardais par la fenêtre de ma chambre d'où je pouvais voir une belle petite église garnie de jolis vitraux. Je me sentais très attirée par cet endroit neutre. Ce n'était pas une question de religion, mais de recherche de la vérité et du bien-être. La troisième et dernière journée de ma thérapie, je décidai de traverser la rue pour aller m'y recueillir. Je demandai à mon nouvel ami de se joindre à moi et il accepta. Avec toutes les idées noires qui me traversaient l'esprit, j'étais mal à l'aise de pénétrer dans cette zone de prière, comme si j'avais trahi mon Dieu par mon désir de côtoyer la mort.

Je donnai la main à mon ami qui la serrait pour me réconforter. Nous étions maintenant devant la grande porte de bois travaillée. J'avais l'intuition que cette visite allait changer quelque chose à mon état d'âme. J'empoignai l'anse de fer forgé et tirai. Une agréable odeur m'accueillit. À l'intérieur, les lumières étaient tamisées et le soleil faisait éclater les couleurs des vitraux. Des centaines de bancs de bois s'alignaient dans la nef et, tout au fond du chœur, près de l'autel, se trouvaient de magnifiques sculptures. L'une d'entre elles représentait Marie serrant son petit Jésus dans ses bras réconfortants.

C'était merveilleux. Mon âme fut aussitôt imbibée d'une paix nouvelle, d'une plénitude qui imposait une pause au cortège de mes interrogations. Je m'approchai avec l'intense envie d'offrir une prière au ciel en guise de remerciement pour ce moment d'apaisement. Mon intrusion dans la maison de Dieu me permettait de voir une lueur d'espoir au bout du tunnel où je me morfondais. Je décidai dès ce moment que la prière allait désormais faire partie de ma vie. Je me disais même que ce serait elle qui me nourrirait.

Lorsque je retournai chez mes parents, ce fut pour y faire mes bagages. J'y avais passé plus d'un mois à me morfondre et il était temps pour moi de voler de mes propres ailes. Je n'avais pas grand-chose à moi, si ce n'est du linge trop sexy et inapproprié pour la personne que je voulais devenir. Je commençai par tenter de me trouver un nid bien à moi, proche de tous les services. Je n'avais plus d'auto. De toute façon, je prenais des médicaments si forts que conduire m'aurait été interdit.

Je visitai quelques logements, mais les prix étaient trop élevés pour mon maigre budget. Je profitais de l'assistance sociale, qui m'accordait la modique somme de trois cent cinquante dollars par mois. Je décidai de flâner dans les rues du quartier est de la haute ville de Québec, reconnu pour abriter une clientèle bohème et extravertie. Je n'y serais pas trop dépaysée.

Je dénichai un modeste studio non loin de la rue Saint-Jean, la rue principale du quartier bien connu du même nom. Des dizaines de boutiques collées les unes aux autres occupaient cette rue, ainsi que de chaleureux cafés et surtout un restaurant thaïlandais qui offrait dans son menu limité des soupes tonkinoises qui faisaient mes délices.

Je commençai par m'installer dans ce studio minuscule qui comportait une vieille salle de bain habillée d'une céramique bleue totalement démodée. La salle à manger, le salon et la cuisine formaient une grande pièce à aire ouverte. J'installai un crucifix au-dessus de la porte d'entrée pour que le Seigneur y pénètre et y apportai quelques meubles de seconde main que ma famille et des amis m'offraient. Je passai des heures dans les boutiques de vêtements usagés pour en trouver de plus conformes à ma nouvelle nature.

J'acquis aussi quelques articles de décoration qui rendirent l'appartement représentatif de ma personnalité propre. Je trouvai de grands voiles agrémentés de paillettes et de pierres colorées que je fixai au plafond pour donner au logement l'allure d'un temple et je garnis la pièce à aire ouverte de coussins multicolores confortables. Dans tous les coins, de grands chandeliers créaient une ambiance exotique qui favorisait la prière. Je brûlais de l'encens aux arômes de fleurs pour m'aider à me concentrer lorsque je méditais. Je mettais tout en œuvre pour retrouver la force en moi et me reconnecter à mon enfant intérieur. Je me procurai des livres de psychologie susceptibles de favoriser mon évolution.

Je passai les deux premières semaines de ma nouvelle vie enfermée à méditer, à respirer et à dormir.

Près de deux semaines s'écoulèrent durant lesquelles un événement miraculeux survint. Ma sœur téléphona pour nous dire :

— Allo! Vite, venez me chercher! Je viens de perdre mes eaux. Le bébé va arriver!

À la perspective de leur nouveau bonheur, mon

père tout excité et ma mère émue jusqu'aux larmes se précipitèrent vers la voiture où je m'empressai de les rejoindre, allumée par la joie pure qui m'était enfin offerte d'accueillir ma nièce.

Le travail fut très long, Mario et toute notre famille ne voulions pas pour tout l'or du monde manquer cet événement heureux. J'assistai à toute la scène jusqu'à l'accueil de la petite Alyson qui m'immergea dans la béatitude. Elle nous arrivait en septembre, avec un mois d'avance, en parfaite santé. Nous partagions tous ce bonheur à l'unanimité.

Je me décidai à sortir pour encaisser mon premier chèque d'assistance sociale et acheter quelques articles à l'épicerie. Lorsque je quittai l'immeuble où je logeais, l'espace me parut si vaste que la peur de perdre mon âme dans l'air ambiant m'envahit. Je craignais aussi de croiser des inconnus sur mon chemin. À l'épicerie, je n'eus le temps que de prendre le nécessaire de survie, c'est-à-dire du pain et du lait.

De retour au studio, je fondis en larmes. Le visage dans les mains, je hurlai ma détresse. Mon souffle était saccadé et mon estomac se contractait sous l'effet de spasmes incontrôlables. Ma déception de ne pas pouvoir affronter mes démons était si intense que je renonçai à poursuivre mes efforts acharnés pour lutter contre la mort. Je rampai vers la salle de bain ou, sans même penser à ce qui était bon pour moi, j'avalai tous mes médicaments sans reprendre mon souffle. La perspective de me délivrer bientôt de ma torture interrompit le ruissellement de mes larmes. Un étrange bien-être s'installa en moi. Je m'étendis près de la baignoire et m'endormis sur le carrelage dans l'espoir de me réveiller dans une vie meilleure.

# Chapitre XV

Autour de moi, des voix se faisaient écho, des mouvements brusques cherchaient à me réveiller, mais je n'avais plus peur. L'inquiétude s'était endormie au fond de moi. Rien ne m'importait plus. Je me laissais aller vers la fin, vers ma libération.

Presque deux jours plus tard, je commençai à entendre des bruits. Cela ressemblait à des voix en provenance de haut-parleurs et à des pas rapides sur un plancher verni. J'ouvris les yeux tout doucement et aperçus un décor d'hôpital. J'avais échoué. Je refermai les yeux et laissai couler mon chagrin sur mes joues. Je me recroquevillai dans la position du fœtus pour reprendre mes sens et me calmer un peu. Une infirmière s'approcha de moi.

— Bonjour, Nadia, comment allez-vous? Vous êtes en sécurité avec nous. Votre médecin viendra vous voir sous peu.

Elle avait une voix très rassurante et douce, ce qui me fit du bien. Peu de temps après, un homme s'approcha. Il venait me dire que c'était l'heure du repas. Je n'avais pas faim du tout. Juste de regarder le plateau me serrait le cœur, mais je mangeai un petit pain et me rendormis.

À mon deuxième réveil, ce fut un homme d'un certain âge qui me sortit de mes rêves de son imposante voix rauque et de ses pas pesants.

— Madame Émond, comment allez-vous aujourd'hui? Il y a deux jours que vous dormez. Vous êtes chanceuse que vos parents vous aient rendu visite à temps pour nous appeler.

Effectivement, mes parents avaient l'habitude de venir me voir de temps à autre pour me soutenir sur le chemin de la guérison. Je ne verrouillais jamais ma porte. Heureusement! Ils avaient pu me venir en aide.

— Vous souvenez-vous de la raison pour laquelle vous êtes ici? continua l'homme. Qu'est-ce qui vous a poussée à commettre un tel acte?

Je ne parlais pas, mais j'écoutais avec attention les mots qui sortaient de sa bouche. Je ne voulais rien dire, je ne savais quoi dire, je ne connaissais pas les réponses à ses questions. J'étais incapable d'expliquer l'inconfort où je me trouvais. Le cœur serré, je n'avais que le goût de pleurer, sans savoir pourquoi.

Le médecin me demanda si j'avais la ferme intention de mettre fin à mes jours. Je lui répondis que non, mais que j'avais trop mal pour que la vie soit supportable. Il me prescrivit un autre médicament communément appelé Ativan. C'était un anxiolytique à action rapide. Le spécialiste me suggéra de prendre un de ces comprimés aussitôt que je sentirais les émotions monter en moi. Il me spécifia que je devais placer la pilule blanche sous ma langue et la laisser fondre. Elle agirait beaucoup plus vite en se répandant directement dans mon sang. Il me donna mon congé en me recommandant expressément de respecter la dose maximale et d'entreprendre une thérapie plus sérieuse et intensive.

Accompagnée de mes parents, très affectés par l'incident, je retournai chez moi. Je sentais que ma mère avait pris ma tentative de suicide comme une insulte à son rôle de mère. Un jour, elle me demanda :

— Mais où ai-je échoué, pour que tu en viennes là ?

Je ne pouvais répondre. C'était trop compliqué à expliquer. Je ne trouvais pas les mots, je n'arrivais pas à me justifier. Cela n'avait aucun lien avec elle, mais plutôt avec mes propres expériences négatives de la vie. Je baissai les yeux, honteuse de mes actes qui les avaient blessés. Ils ne pouvaient comprendre que je n'avais rien contre eux, mais que je voulais seulement me délivrer de mon impuissance. En attentant à ma vie, c'était une demande de secours que je leur lançais. Je leur avais demandé de m'aider à ma manière, de la seule façon dont je pouvais m'exprimer. J'avais l'impression que je devais me faire du mal pour qu'on comprenne que je souffrais.

Ma mère ouvrit mon réfrigérateur et vit les restes d'un pain avarié et un pot de beurre d'arachide. Elle remarqua aussi le vin qui me servait de bouée de sauvetage dans les moments les plus pénibles. Elle me dit :

— Tu devrais faire une épicerie. Te nourrir t'aiderait un peu.

Elle ne songeait pas que je n'avais même pas l'argent pour me nourrir. Pourquoi ne leur avais-je pas demandé l'aide qu'ils auraient assurément accepté de m'accorder ? Je crois que je m'infligeais une punition, que je me condamnais à vivre les conséquences de mes erreurs.

Ma mère ajouta que ma sœur refusait que je voie sa fille. J'étais, de son point de vue, un mauvais exemple pour son enfant. Bien entendu, je ne comprenais absolument pas en quoi j'aurais pu influencer un bébé naissant. Pourquoi pensait-elle que j'étais un mauvais exemple? Aujourd'hui, je comprends que je projetais l'image de la mort et je réalise davantage qu'elle craignait mon négativisme, qui affectait tout mon entourage.

Mes parents quittèrent la nouvelle prison que je m'étais construite. J'y purgeais la peine que je m'imposais, mais je trouvais que le prix en était fort élevé.

Le lendemain et les jours suivants, j'errai d'un coin à l'autre du studio en consommant quelques verres de vin rouge, qui inoculaient plus rapidement encore la drogue de mon engourdissement dans mes veines. Aussitôt que la peur ou une quelconque émotion montait en moi, j'avalais un de ces comprimés qui me délivrait aussitôt. J'engourdissais les peines trop lourdes qui m'empêchaient de guérir et profitais des courts moments d'illusions que me procuraient les médicaments. Je me sentais soudain beaucoup mieux et presque heureuse de vivre.

Contrairement à ce que je vivais quand j'étais sobre, je cherchais à quitter mon appartement. Je prenais un petit verre, enfilais mes plus beaux vêtements et m'empressais de sortir, au cas où je changerais d'idée. Je passais les soirées dans les bars et dansais jusqu'aux petites heures du matin sans un sou en poche. Des inconnus me payaient à boire chaque soir. Parfois, je me demandais comment j'avais pu retrouver mon chemin pour revenir chez moi. J'étais absolument seule. Ma sœur ne voulait plus m'adresser la parole. Elle trouvait ridicules mes tentatives de suicide. Quant à mes parents, ils avaient peur de me rendre visite et de me retrouver morte. Mais, dans les endroits où la musique explose et où les gens ne se préoccupent pas de leur voisin, je m'évadais un peu. J'oubliais pendant quelques heures que j'étais seule au monde, que j'étais amoureuse des ténèbres.

Lorsque je rentrais, j'étais souvent trop abêtie pour réaliser mon état. Mais, au réveil, il était urgent que je prenne mes médicaments. Parfois, je doublais la dose par peur de revenir en arrière et de souffrir encore. Le problème qui se pose avec ce genre de drogues, c'est qu'elles créent une dépendance sans que la personne qui les avale en prenne conscience.

Un soir où je commençais à bien aller après avoir pris mon cocktail rassurant, j'eus envie de plus. Qu'est-ce que «plus» pouvait bien vouloir dire pour moi? J'avais envie de sentir un peu plus que le seul soulagement. Je n'avais plus peur d'affronter la mort. J'avais envie de tout essayer. Je pris donc le contenant de plastique qui m'avait aidée à saluer la mort la dernière fois et, d'une main tremblante, je glissai une dizaine de pilules blanches dans ma bouche que j'accompagnai d'un grand verre de vin blanc. J'attendis un peu et recommençai, puis recommençai encore. Je ne savais toujours pas ce que je voulais, mais, lorsque je voulus sortir de chez moi, je ne pus me rendre à la porte.

J'eus soudain la peur atroce d'avoir fait une erreur. J'étais encore allée trop loin. Je ne voulais pas que ça se termine comme ça, pas sans laisser une note. Je voulais au moins faire mes adieux avant de partir. Je pris donc le téléphone par terre à mes côtés et signalai le numéro que je connaissais depuis toujours, celui de mes parents. Personne ne répondit. Je laissai un bref message qui disait : « Pardonnez-moi. Je ne voulais pas. Je sais qu'il est trop tard. Je vous aime. Adieu. » J'avais très peur, je pleurais beaucoup et tremblais comme une feuille. Cette fois, j'allais y rester. Je me laissai sombrer dans le vide de mes pensées et fermai les yeux.

Je ne sais combien de temps je suis restée là, sur le sol, sans pouvoir bouger, mais mes parents arrivèrent complètement affolés à nouveau. Un bref souvenir me reste de ce moment, celui où j'entendis ma mère pleurer en criant : « Est-ce qu'elle est en vie ? » et où je sentis mon père me soulever sans que je puisse lui souffler quoi que ce soit. « Il faut qu'elle s'en sorte », entendis-je encore. J'imagine aujourd'hui la terrible peine que mes parents ont pu éprouver en me voyant délirante, en croyant perdre leur trésor le plus précieux, la chair de leur chair, leur fille.

Cette fois, je restai deux semaines à l'hôpital, où ma médication fut contrôlée et où je pus rencontrer un psychiatre sur une base régulière. Il faisait une analyse approfondie de ma situation. Il passait presque une heure par jour avec moi. De plus, la psychologue et des infirmières m'encadraient fermement. On m'avait fait un second lavage d'estomac pour contrer mon intoxication par absorption massive et rapide d'une grande quantité de neuroleptiques. Ma bouche était encore toute noire et le goût était affreux. J'avais vraiment l'impression d'être complètement vide, et c'était le cas. Je passai donc ces deux semaines sans avoir accès à l'alcool et avec une médication soigneusement dosée.

Le psychiatre me posait des tas de questions pour savoir si je souffrais d'une maladie quelconque et je commençai à être persuadée que, oui, j'étais malade. Je lui expliquai à quel point j'avais mal à l'intérieur, comme le vide m'étouffait et combien je me sentais seule. Je lui parlai de ma colère envers les hommes et de mes moments de panique de plus en plus fréquents. Il m'expliqua que, après un grave traumatisme comme celui que j'avais vécu, certaines personnes ne se remettaient jamais. Il ajouta cependant que ma force de caractère était hors du commun et que mon intelligence, si je le voulais, me permettrait de passer à travers l'épreuve. Je devais chercher de l'aide et ne pas m'attendre à un changement radical. Le travail serait assurément très long. Je devais m'armer de courage.

Il me dit qu'il serait bon que je reprenne contact avec mon réseau d'amis pour me rapprocher d'un monde plus sain et normal pour moi. Il me donna beaucoup de trucs et m'insuffla beaucoup d'énergie pour repartir sur le bon pied.

Je repris les effets personnels qu'on m'avait enlevés au moment de mon admission. Dans le sac qui se trouvait dans un panier à mon nom, il manquait deux bijoux : la bague de mariage de ma mère, qu'elle m'avait offerte, ainsi qu'une belle bague à diamants où était sertie une superbe perle. Je demandai à la préposée de vérifier à nouveau. Elle semblait confuse et désolée, mais m'affirma que c'était tout ce qu'on lui avait remis. Elle m'expliqua les procédures en cas de fraude, mais je n'avais assurément pas la force de prendre en main de telles démarches.

Je quittai l'hôpital déçue et triste. Tout au long du chemin du retour, je rédigeai dans ma tête la liste des choses à faire pour m'aider à recouvrer la santé. Je devais prendre les mesures pour manger convenablement, changer la décoration de mon appartement, retrouver mes amis… Ainsi, je pourrais sans doute briser le cercle vicieux dans lequel j'évoluais.

Je commençai par me rendre dans le sous-sol d'une église près de chez moi, sur la rue Saint-Jean. On m'avait dit qu'il était possible d'obtenir de la nourriture là-bas. Cette nourriture était parfois constituée de surplus des épiceries du coin, mais la plupart du temps il s'agissait de produits périmés encore mangeables.

En arrivant sur le terrain de l'église, la honte m'envahit. Je regardais les pauvres gens y entrer et je ne voyais que la misère : une mère aux traits tirés avec son bébé et sa fille aux yeux tristes, un homme très grand et maigre, mal habillé et les cheveux sales, un couple d'obèses crasseux, des drogués. Tous étaient là, comme s'il s'agissait d'une assemblée de réprouvés. Moi, j'étais parmi eux, vêtue avec soin, bien peignée et propre, et je sentais qu'on me dévisageait avec un œil réprobateur. Tous devaient se demander ce que je faisais à cet endroit et j'avoue que moi aussi, mais il n'en restait pas moins que je devais manger. Le maigre chèque de l'assistance sociale me permettait à peine de payer la mensualité de mon appartement. Je ne pouvais même pas m'autoriser à prendre l'autobus.

À l'entrée de la salle, une femme s'approcha et me demanda ma carte d'assistance sociale ainsi qu'une pièce d'identité, et elle me remit un numéro au hasard. Une femme criait les numéros un par un en les pigeant comme au bingo. On tirait au sort les paniers de provisions, une façon d'éviter le favoritisme et les disputes. Le tout se faisait dans un silence qui me rendait fort mal à l'aise.

Juste derrière les coordonnateurs, il y avait une scène sur laquelle toute la nourriture était étalée. On pouvait y voir des conserves, des fruits et légumes, du pain et même des gâteries. Bien sûr, je priais pour recevoir du pain et des conserves, mais je n'allais pas pouvoir choisir. On appelait maintenant le numéro 33. Je regardai mon bout de papier, mais ce n'était pas le mien. Un homme se leva lentement. Il avait les cheveux mi-longs, plutôt sales, et il portait de très vieux vêtements jaunis par le temps. Il s'approcha de la tribune où une femme remplit la petite boîte de carton qu'il tenait. Elle y déposa un article de chaque catégorie. L'homme repartit sans dire un mot, sans gratifier la préposée d'un regard. Je pouvais lire la honte sur plusieurs visages durcis par le temps, alors que sur d'autres c'était la joie de recevoir qui s'exprimait.

Tout à coup, j'entendis le numéro 11. C'était le mien. Je me levai, un sourire bien accroché au visage. J'allais recevoir tout ce que j'allais pouvoir manger durant le mois. J'avais plutôt l'impression que c'était une ration comme on en octroyait durant la guerre; de toute évidence, je devrais me rationner sévèrement pour subsister un mois avec ce qu'on m'offrait. La dame me donna une boîte de petits gâteaux Vachon expirés, un brocoli jauni, une boîte de sauce brune, une boîte de tomates en dés et un pain verdâtre. Voilà! C'était mon épicerie pour le mois.

J'ai levé les yeux au ciel en espérant qu'ils ne laissent pas échapper de larmes devant tous les autres. Plusieurs semblaient me juger en raison de mon habillement. Je voyais dans leurs yeux qu'ils ne me croyaient pas dans le besoin. Si seulement ils avaient su!

En arrivant à la maison, je m'empressai de retirer

les parties de nourriture avariées et plaçai le reste dans le congélateur. Je remerciai le ciel malgré tout d'avoir eu la chance de me procurer ce panier. Autrement, je n'aurais rien eu et je n'aurais pas su quoi faire.

Je mangeai une tranche de pain par jour et parfois un petit morceau de brocoli. Il me restait toujours mon pot de beurre d'arachide, ce qui me procurait les protéines nécessaires à ma survie. Je survécus, mais les médicaments que je devais prendre étaient presque plus imposants que la quantité de nourriture que j'avalais. Je m'affaiblissais de jour en jour. Cependant, je réussissais parfois à sortir de chez moi et faisais une courte promenade dans la rue principale pour passer le temps et oublier un peu les cauchemars du passé, comme le visage terrifiant de Ricardo. Celui-là, il hantait mes jours et mes nuits.

Je devais absolument essayer de me refaire une vie sociale. Cela m'aiderait certainement à oublier un peu. J'avais retrouvé un vieux carnet d'adresses où le nom et les coordonnées de plusieurs de mes amis d'antan étaient inscrits. Je le feuilletai pour voir s'il y avait des personnes qu'il me semblait pouvoir contacter. Je vis alors le nom d'une bonne copine du secondaire, Anne-Marie. Nous passions beaucoup de temps ensemble et nous nous entendions sur tout. Je décidai de commencer par elle. Je téléphonai chez ses parents et laissai un message à sa mère. Je rappelai plusieurs fois, pour enfin comprendre qu'elle ne voulait plus rien savoir de moi. Je fis de même avec deux autres copines, puis abandonnai définitivement l'idée de reprendre contact avec mon groupe du secondaire.

Enfin, je contactai un ami qui avait la même passion que moi, c'est-à-dire les courses automobiles de formule 1. François avait d'abord été un excellent ami d'enfance et nous avions toujours gardé le contact jusqu'à mes récentes aventures. Ce fut toute une surprise, lorsqu'il répondit et que je perçus le ton joyeux que prit sa voix quand il m'entendit. Il semblait heureux de me parler. Nous nous sommes rencontrés dans les jours qui ont suivi. Il est venu à mon appartement et nous avons longuement échangé. Il m'appelait plusieurs fois par semaine afin de prendre de mes nouvelles et il décida de m'aider à sa manière. Toutes les deux semaines, il passait me chercher et m'amenait manger une poutine dans un restaurant Ashton. C'était un petit bonheur dans ma triste vie. Je comprenais que bien des gens me fuyaient en raison de ce qu'ils savaient de moi. Ils me jugeaient sans même vraiment savoir ce qui s'était passé.

Mon père avait une façon à lui de voir la vie. Il me disait toujours : « Plus il y a de vagues dans ta vie, plus tu grandis. Quand il y a une grosse vague qui arrive, sois certaine qu'après, le calme reviendra. » Ces paroles sages m'ont beaucoup aidée dans ma remontée vers la lumière.

J'avais toujours l'impression que la mort me talonnait et que je n'avais d'autre choix que de valser avec elle. Il m'apparaissait urgent d'accorder un répit à la vie où je végétais. J'étais consciente qu'elle m'était insupportable et que le chemin vers le changement me paraissait sinistre, mais je sais aujourd'hui que c'est lorsqu'on touche le fond de ses émotions qu'on remonte deux fois plus haut par la suite. La vie est une leçon sans fin dont il faut absolument apprendre et elle m'a beaucoup appris. J'avais besoin de me donner un laps de temps pour réfléchir et apprendre des épreuves vécues. Il m'était impossible de percevoir la beauté des choses simples du quotidien, car je n'avais plus de quotidien.

# Chapitre XVI

Mon environnement était bien limité, et ma tête fourmillait de pensées lugubres et de questionnements. J'avais l'impression que la vie n'avait plus rien à m'offrir. Je me souviens très bien d'un jour où je portais de longues rallonges de cheveux roux que j'avais tressées des heures durant. J'essayais tant bien que mal de me sentir jolie, mais j'étais confrontée à l'échec continuellement.

Lors de mon dernier séjour à l'hôpital, le médecin avait exigé que cesse toute médication sur-le-champ. Un sevrage s'imposait à moi. Je n'avais aucune idée de ce qui m'attendait. J'étais de retour chez moi, assise par terre, vidée de mon énergie, lorsque je me mis à voir quelque chose bouger dans un coin de la pièce. J'avais mal à l'estomac et la tête me tournait. Je m'avançai lentement, presque en rampant, et je vis un gros insecte noir, un énorme scarabée, longer le mur de la pièce. Je m'affolai lorsque je pris conscience qu'il y en avait dans tous les coins de l'appartement. Je me relevai, pris une veste et sortis en courant à l'extérieur de l'immeuble. Je devais changer d'air. Était-ce la réalité ou un cauchemar? Que se passait-il? J'étais complètement déboussolée et épuisée.

Je décidai de marcher vers l'épicerie de l'autre côté de la rue pour y voir de belles choses et me changer les idées, question de savoir si le problème était dans ma tête, mais je m'effondrai sur le trottoir, les jambes molles, comme si je n'avais plus de muscles. Les larmes dégringolaient sur mes joues en vagues de douleur et j'en faisais le compte comme si je n'avais que cela à faire. Les passants me regardaient et je ne pouvais me soustraire à leur observation peu indulgente. J'étais là, défaite, gisant presque sur le sol. La plupart préféraient détourner le regard de ce que j'étais devenue. Je n'avais qu'une seule prière en tête : « Seigneur, venez me chercher ! » Comme à l'habitude, je remerciai le ciel de m'avoir donné la vie, mais j'implorai son pardon de n'avoir pas su m'en servir à bon escient. Je me reculai sur le trottoir, m'assis et appuyai ma tête contre le mur de vieilles briques de l'immeuble en essayant de dégager le passage à ces inconnus qui me heurtaient sans prendre garde.

La tête me tournait. Le sol devenait le ciel et les bâtiments valsaient. Tout m'apparaissait sens dessus dessous. J'étais seule au monde, anéantie. Je n'avais plus le choix. Ma décision était claire : j'allais mettre fin aux souffrances des gens que j'aimais, j'allais les délivrer du poids que je représentais et cesser d'être égoïste.

Je poussai de toutes mes forces sur mes jambes frêles et me levai tout doucement en m'appuyant contre les pierres du mur qui me soutenait. La peur faisait trembler mes lèvres. Mon visage était trempé de larmes. Mes cheveux étaient en bataille à cause du vent glacial que je ne sentais plus. Mes pas étaient lourds, comme si je transportais des montagnes sur mon dos, mais j'allais arriver à retourner chez moi pour enfin débarrasser la planète, peu importait le temps que cela me prendrait. Ma détermination était plus grande que jamais. J'irais jusqu'au bout une fois pour toutes.

Arrivée dans mon studio, je ne pensais plus aux insectes imaginaires surgis de mon sevrage. J'étais plutôt obsédée par les mots d'adieu que j'allais adresser à mes proches. Je n'avais jamais eu à rédiger un message aussi difficile. J'allais briser le cœur de mes adorables parents. Mais ils oublieraient. Les années passeraient et plus personne ne viendrait sur ma tombe. La vie continuerait, imperturbable, peu soucieuse de s'attarder sans fin sur les drames qu'elle provoque au fil du temps.

Je soignai mon écriture et déposai la lettre sur le futon qui me servait de lit et que j'avais installé à l'entrée du studio. J'avais laissé la porte de mon appartement légèrement entrouverte pour qu'on me retrouve et je me dirigeai vers la salle de bain. Elle était minuscule. Il y avait une toute petite fenêtre dont la vitre givrée laissait passer quelques rayons de lumière. Je me regardai longuement dans le miroir, afin de faire mes adieux à mon être et de lui demander pardon pour mes fautes, y compris le geste ultime que je m'apprêtais à commettre.

Les yeux rivés sur la glace, je nouai la corde autour de mon cou. Je palpai mes clavicules étonnamment apparentes en raison de ma maigreur. Je ne pensais plus. C'était fini. Je venais de faire mon dernier salut et j'allais enfin respirer à nouveau. J'accrochai la corde à la vieille barre de douche et déposai sur le rebord de la cuvette les ciseaux que j'avais apportés pour le cas où je changerais d'idée à la dernière minute. J'étais maintenant prête à me délivrer. Je me détendis et me laissai pendre tout doucement. Le léger engourdissement qui m'envahissait était agréable et j'appréciais la sensation de délivrance qui se répandait en moi. Curieuse, je m'étirai un peu pour me voir dans le miroir.

La pression se faisait maintenant sentir sur mes

tempes, et un bourdonnement retentissait dans ma tête. Je ne respirais plus depuis quelques secondes et déjà je voyais un arc-en-ciel de couleurs envahir mon visage... Du rose au rouge, puis du rouge au violet... Je n'entendais maintenant qu'un sifflement et sentais très bien les battements de mon cœur dans ma gorge. J'ai tout à coup eu le goût d'essayer de respirer juste pour voir si j'avais bien réussi le nœud. Le râle le plus effrayant qu'on puisse imaginer sortit de ma trachée comme le dernier souffle d'un mort. Tout à coup, la peur me saisit. Ça y était, j'allais vraiment mourir. J'allais franchir le point de non-retour cette fois. Il n'y avait personne pour me délivrer. C'était un vrai rendez-vous entre la mort et moi.

Ma peau était devenue bleue et tournait maintenant au blanc verdâtre. C'était affreux. J'étais dans un pur état de panique. Les dernières larmes que mon corps pouvait offrir se bousculaient dans mes yeux vides de vie. Je ne voulais plus, j'étais effrayée et je voulais tout arrêter. Mon instinct de survie n'étant finalement pas complètement anéanti, je m'étirai au maximum pour attraper les ciseaux de ma liberté. Je n'avais pas prévu cela, mais ils étaient inatteignables : cinq centimètres trop loin... J'allais vraiment y passer. Je voulais hurler, mais la force et l'air me manquaient.

Avec le peu d'énergie qu'il me restait, je cognai aussi fort que je pus contre le plafond de plâtre pour tenter ma dernière chance. Comme un ange venu du ciel, une femme alertée par mon signal de détresse arriva peu après en courant. Aussitôt qu'elle m'aperçut, elle s'affola. Elle tournait en rond sans savoir par où commencer. Je pendais au bout de ma corde de tout mon poids et mes yeux étaient exorbités. Je ne pouvais croire qu'il était si long de mourir. Depuis un bon moment, déjà, je pensais être à quelques secondes de ma fin, mais j'étais encore là à souffrir horriblement.

La dame aperçut les ciseaux et se précipita dessus pour couper la corde au-dessus de ma tête. Je retombai lourdement par terre. Elle essaya tant bien que mal de passer la lame des ciseaux sous la boucle qui enserrait mon cou, mais elle était si bien tendue qu'elle ne pouvait agir; elle craignait de sectionner une artère. Elle avait apparemment déjà appelé la police, car, dès qu'elle entendit les agents pénétrer dans la pièce, elle cria au secours de toutes ses forces. Je n'étais presque plus de ce monde et je ne pouvais plus voir lorsque j'entendis : «Vite! On la perd! Faites entrer les ambulanciers.»

Je saurais plus tard que cette femme, qui m'avait déjà vue partir en ambulance à la suite d'une tentative de suicide, avait perçu par mes coups au plafond que j'étais en danger et avait appelé les secours immédiatement avant de s'amener. Elle avait eu le pressentiment qu'un drame se jouait chez moi.

Le lendemain matin, je me réveillai dans un lit confortable. La lumière me transperçait les yeux et à chaque respiration ma gorge me faisait souffrir. Je n'avais aucune énergie. Je ne pouvais remuer un doigt. Une gentille dame s'approcha de moi :

— Bonjour! Je suis Johanne. Je suis l'infirmière de garde et je vais prendre soin de vous.

Elle avait la voix d'un ange, d'une douceur magique et réconfortante. Plus tard, alors que je récupérais lentement, un psychiatre passa me voir et me parla un long moment. Il semblait très réceptif et patient. De mon côté, je réagissais à peine, mais je l'écoutais attentivement.

— Tu n'as aucune maladie, si ce n'est que tu fais une grave dépression. Tes parents sont là. Tu as droit à une visite de cinq minutes sous supervision. Je vais les faire entrer et nous nous reverrons demain ou plus tard pour parler plus longuement. En attendant, dors, repose-toi!

Ma mère entra dans la salle vitrée. Elle était seule. Mais où était mon père?

— Ma fille, écoute-moi maintenant! Nous ne sommes plus capables de continuer comme cela. Chaque fois que nous venons te visiter, nous craignons de te trouver morte. C'est devenu insoutenable. Nous ne pouvons plus t'aider. Nous avons tout essayé. La prochaine fois, ne te manque pas!

Elle venait de me dire exactement le contraire de ce que j'avais besoin d'entendre. Je n'avais même pas eu le temps de dire un mot qu'elle était déjà repartie. C'était comme si elle avait appris un texte par cœur, qu'elle avait scandé sans pause. C'était à n'y pas croire. J'étais à la fois révoltée et attristée, comme subitement dépouillée de toute raison de vivre. Qu'allais-je faire?

Littéralement isolée et abandonnée dans ma cellule qui ressemblait à un aquarium, je m'endormis sous l'effet des calmants. À mon réveil le lendemain matin, je retombai dans mon cauchemar, un mauvais rêve duquel on ne se réveille jamais. Je réalisais à nouveau ce qui s'était produit la veille. J'avais une bizarre sensation de picotement dans la tête, et mon martyre s'amplifiait chaque minute. Je ne voulais plus penser, respirer ni vivre.

Dans un état de panique, j'appuyai ma tête contre le béton blanchi qui ceignait l'arrière-salle. Sans pouvoir me maîtriser, je me mis à m'y frapper le crâne de toutes mes forces. Le mal que j'éprouvais me faisait paradoxalement un bien immense. Je ne comprenais pas ce qui se produisait, mais c'était plus fort que moi. Le sang dégoulinait sur le mur texturé qui me blessait, mais je ne souffrais toujours pas.

J'eus le temps de m'infliger une bonne douzaine de coups avant qu'on ne m'aperçoive et qu'on ne vienne à mon secours. Les préposés n'avaient pas d'autre choix que de m'attacher. Ils se mirent à quatre pour me soulever et m'allonger sur mon lit d'hôpital. Deux infirmières m'attachèrent les chevilles aux extrémités gauches et droites du lit, puis je vis apparaître la ceinture croisée. Ils me l'enfilèrent de force comme un chandail, puis me croisèrent les bras pour les fixer de chaque côté sur mes épaules. Je pleurais et criais, insultée. Je me débattais comme une folle pour me délivrer.

Ils me laissèrent à moi-même et refermèrent la grande façade vitrée. Les larmes ruisselaient sur mes joues. Comment avais-je pu en venir là? À nouveau, un regain de panique et de folie s'empara de moi et je tortillai mes membres dans tous les sens en essayant de me défaire de mes liens. Je ne sais comment ce fut possible, mais, en quelques instants, je m'étais libérée et je gesticulais devant la vitre pour attirer l'attention du personnel et lui montrer que son intervention n'avait servi à rien. Dans mon délire, c'était comme si je lui avais fait une bonne blague, mais, en fait, je lançais un ultime appel au secours que je ne savais comment exprimer.

— Regardez! Vite, elle s'est détachée!

Les gardes pénétrèrent à plusieurs dans la salle et,

cette fois, ils serrèrent les ceintures de cuir tellement fort que je sentais les pulsations de mon cœur dans mes poignets et mes chevilles. Je criai :

— Arrêtez! Vous me faites mal! Vous serrez trop fort!

— Cette fois, tu ne te détacheras pas, ma petite.

Je passai plusieurs heures dans cette fâcheuse position et finis par me calmer. On me libéra alors de la camisole de force après m'avoir administré des somnifères. Deux jours passèrent, et le psychiatre fit à nouveau son apparition. La pause avait été longue, mais nécessaire. Les médicaments qu'on m'avait donnés m'avaient évité de penser, pour une fois.

— Bonjour, Nadia! Je suis le docteur Picard et je suis là pour t'aider. Tu fais une grosse dépression et tu as besoin d'encadrement. Nous pouvons t'aider, mais seulement si tu le désires. Nous ne pouvons te forcer à vivre si tu ne le veux pas. Si tu me promets de me laisser t'aider et de ne pas tenter de t'enlever la vie tant que tu seras ici, à l'hôpital, je te ferai monter à l'étage de la psychiatrie. Tu pourras réapprendre à vivre à ton rythme. Là, il y a du soutien moral vingt-quatre heures sur vingt-quatre. Sinon, je te garde ici et te donne des tas de somnifères qui te feront oublier. Que souhaites-tu? Veux-tu y penser?

Je me mis à pleurer à nouveau, mais ma décision était claire. Je devais dès cet instant penser à moi et commencer à apprendre à vivre pour moi-même. Maintenant que j'étais seule au monde, je n'avais plus de raison de crier au secours. Personne ne viendrait. Je devais trouver mes raisons d'exister.

— J'accepte votre aide, mais je crois que je suis devenue folle. Qu'allons-nous faire?

— Nous allons entamer le traitement avec une bonne médication; nous devrons travailler très fort en équipe. Tu devras tout me dire, et il te faudra suivre une thérapie de réinsertion sociale. Tu es très intelligente et créative. Nous trouverons des solutions, j'en suis persuadé.

Il était impératif que je sois transférée et gardée jusqu'à ma réhabilitation. Je passai deux mois à l'étage des dépressifs et malades mentaux. Il y avait là des maniacodépressifs, des schizophrènes, des paranoïaques, même des anorexiques et que sais-je encore… J'étais toutefois le cas le plus à risque. Je profitais d'une surveillance permanente et n'avais droit à aucun objet. Même une brosse à dents m'était interdite. Je trouvais cela ridicule, mais, lorsque je me mettais à sombrer dans les ténèbres, même une feuille de papier était dangereuse pour moi. J'aurais utilisé n'importe quoi pour me faire du mal. J'avais l'impression qu'en me mutilant j'atténuais mon indescriptible souffrance morale. Ce ne fut que quelques semaines plus tard, après m'être adaptée à mon nouveau milieu et avoir déconcentré mon attention de sur ma personne, que je compris que ma souffrance ne pouvait se comparer à celle de mes compagnons, mais qu'elle pouvait parfois être tout aussi intense.

Tous les malades avaient des visites occasionnelles contrôlées; moi, je demeurais dans la solitude. Pourtant, un midi, on me demanda à la réception du département. Je n'avais aucune idée de ce qui m'attendait, mais j'étais curieuse. Lorsque je m'approchai du comptoir de l'infirmière, j'aperçus un rêve devenu réalité. Ma mère et mon père étaient là, souriants, mais inquiets, doutant de l'accueil que je leur réserverais. J'étais si heureuse que je m'agenouillai en plein centre du corridor pour libérer ma joie débordante. Ils se précipitèrent pour m'aider à me relever et m'étreignirent avec tout leur amour. Je compris qu'ils ne m'avaient pas abandonnée malgré les apparences. Ce ne fut que plus tard que ma mère me révéla que, si elle avait tenté de m'ébranler, cela faisait partie de la stratégie du psychiatre, qui croyait m'aider ainsi à me prendre en main.

Je ne leur posai pas de questions; j'étais trop heureuse de leur apparition soudaine. Je ne pouvais que remercier le ciel de m'avoir donné d'aussi bons parents, aussi compréhensifs. Ils vinrent chaque semaine par la suite, et ma mère obtenait parfois une autorisation spéciale pour m'amener souper dans un bon restaurant de l'autre côté de la rue. Ma thérapie progressait miraculeusement et ma médication diminuait. J'étais devenue le rayon de soleil de l'aile de la psychiatrie du CHUL. Je voulais tellement mordre dans ma nouvelle vie que je mettais énormément d'énergie à me remettre sur pied et que je ne me privais d'aucune occasion de rire avec le personnel.

Je commençai à me lier d'amitié avec ma camarade de quartier qui était anorexique, Annie. Elle était tellement maigre que, malgré ma malnutrition, j'avais l'impression d'être obèse à ses côtés. Elle mesurait cinq pieds et huit pouces et pesait quatre-vingt-dix-sept livres. Chaque once qu'elle rattrapait était l'occasion d'une fête pour elle. Elle était d'une extrême gentillesse. Nous passions beaucoup de temps ensemble. Il y avait une grande salle où nous avions accès à des jeux libres, à un piano et à des crayons de couleur. Nous pouvions utiliser cette salle seulement si nous étions de bons patients et suivions les règles de conduite. Après quelque temps, j'animai le groupe et organisai des séances de musique et de dessin. Je proposais des projets motivants pour chacun. Je me sentais comme une monitrice dans un camp d'été.

Un jour, j'eus la visite de mon médecin traitant qui me dit :

— Ça y est. Tu es prête, Nadia. Tu n'es plus à risque. Tu as fait une remontée spectaculaire. Rarement voyons-nous des patients dans l'état où tu étais. Je te félicite d'avoir réussi à gravir une telle pente avec succès, et cela, aussi rapidement. Tu peux maintenant quitter l'hôpital. J'ai averti tes parents. Ils sont très heureux pour toi.

J'étais fière. Je me sentais légère et remplie de joie, mais l'angoisse revint au galop. J'avais peur du vide, d'être seule avec moi-même à nouveau. Je voulais vivre à tout prix, mais je persistais à me dire : «Et si j'avais encore envie de me suicider, un jour?» Mais le médecin me dit :

— Tu es brillante et pleine de talents. Pour qui vis-tu vraiment? Que désires-tu vraiment? Cette fois, ta réussite repose sur tes épaules. Tu n'as plus besoin de médication. Tu dois renoncer à toutes tes pilules pour ne plus être tentée d'utiliser ces narcotiques contre toi-même. Ce ne sera pas facile et tu devras être forte. Nous t'avons enseigné une multitude de techniques pour te centrer sur toi et éviter les crises. Utilise-les au maximum. J'ai confiance en toi, Nadia.

— Je vous remercie infiniment.

— Nous avons contacté une maison de réinsertion sociale où tu pourras faire une courte thérapie avant de te retrouver seule avec toi-même. L'établissement se nomme la Maison Marie-Frédéric. Ton séjour y durera six semaines. Il y a des travailleurs sociaux jour et nuit pour t'écouter et t'aider dans ton cheminement.

— Dois-je vraiment y aller? Je me sens plutôt bien. En ai-je vraiment besoin?

— C'est très important. Tu es encore fragile et tu pourrais facilement rechuter si tu te jettes de but en blanc dans la rue, sans transition. Nous ne voulons prendre aucun risque. J'ai réussi à te trouver une place dans cet établissement, mais c'est une chance inespérée; la liste d'attente de ceux qui veulent y être admis est très longue. Ne rate pas cette opportunité.

— D'accord! Merci, docteur, vous m'avez beaucoup aidée.

Je retournai dans mon dortoir, en proie à la nostalgie. Je quittais ma bulle de protection, et une certaine angoisse m'interdisait de profiter de cet instant qui couronnait ma démarche et de m'en réjouir. Je m'avançai nonchalamment vers mon lit pour m'y asseoir, faire une pause et réfléchir à ma situation. Après quelques profondes respirations, je me relevai, gonflée à bloc de fierté, l'âme imprégnée d'un calme agréable et sécurisant. Je remplis ma valise, après quoi je fis le tour de la pièce lentement pour considérer mes œuvres d'artiste, qui représentaient mon évolution vers ma régénération. Elles étaient juxtaposées sur les grandes armoires qui me servaient de penderie. Je les laissai là en guise d'encouragement et de bienvenue pour le prochain patient. Le jour même, vers quatorze heures, j'étais assise sur mon lit à une place dans la pièce qui avait été témoin de mes émotions lorsqu'une infirmière apparut dans l'encadrement de la porte :

— Es-tu prête, Nadia? Tu as ramassé tes effets personnels? Ne sois pas triste, c'est un moment heureux pour toi. Tu dois rester forte. Il est temps de dire adieu à tout le monde. Suis-moi.

Je me levai de mon matelas réconfortant et la suivis jusqu'à la sortie de l'hôpital où mes parents m'attendaient. Après un repas dans un restaurant de la ville, ils me conduisirent à la maison de réinsertion sociale. Mon père m'expliqua que ce séjour n'était pas gratuit, qu'il avait dû débourser une somme substantielle pour m'y inscrire. Je devais tout mettre en œuvre pour me prendre en main, ne pas gaspiller son investissement. Je ne le remercierai jamais assez.

Je descendis du véhicule devant l'imposante résidence blanche et laissai s'exhaler un profond soupir. «Je serai forte et je réussirai», me dis-je. J'avançai jusqu'à la grande porte vitrée donnant sur le hall principal et sonnai. J'avais le sentiment de ne pas être à ma place, comme si toute cette mise en scène était trop sérieuse par rapport à mon état. Étais-je donc incapable de reprendre ma vie seule comme une adulte?

Une jeune femme souriante m'ouvrit et me salua. Elle remercia mes parents d'avoir fait le déplacement et leur fit un signe de la main signifiant qu'elle me prenait en charge. J'embrassai longuement ma mère et lui dis:

— Je t'aime, tu sais.

Elle m'étreignit avec toute la force de son profond amour maternel. Mon père fit de même. Je leur criai en pleurant:

— Je vous appelle cette semaine.

J'avais la sensation de me diriger vers l'inconnu et l'aventure. Peut-être allais-je me faire des amis là, après tout. À l'accueil, une dame se présenta à moi :

— Bonjour et bienvenue à la Maison Marie-Frédéric. Je m'appelle Liette et je suis intervenante. Je vais te montrer ta chambre et te faire visiter les lieux.

Je la remerciai du regard et la suivis silencieusement dans l'escalier menant au deuxième étage. Il y avait beaucoup de boiseries, la maison avait un cachet antique, mais tout y était impeccable. Elle me présenta à deux personnes que nous rencontrâmes sur notre chemin.

— Isabelle, Jonathan, je vous présente Nadia. Elle arrive aujourd'hui parmi nous.

Ils me saluèrent gentiment. Ils me semblaient tellement faciles d'approche et familiers! C'était encourageant.

— Voici la pièce où tu séjourneras. Tu la partageras avec Sylvie, qui est ici après une troisième rechute. Tu la croiseras tout à l'heure en bas. Je te laisse t'installer. Viens rejoindre le groupe de filles dans la cuisine d'ici une demi-heure.
— Merci, Liette, de ta gentillesse. Ça me rassure beaucoup.

Je vidai ma valise et descendis au bout de quelques minutes. J'étais le nouveau centre d'attraction. Je croisai des regards intenses qui semblaient se questionner sur ma présence. Dans la cuisine, quatre filles commençaient à préparer le souper pour tout le monde. Nous allions vraiment faire vie commune plusieurs semaines durant. Les filles semblaient entretenir une belle complicité. Le travail se faisait allègrement. Je leur offris mon aide, mais elles me suggérèrent de profiter d'un moment de répit pour ce soir-là. Mon tour allait venir, m'assurèrent-elles.

Liette vint me rejoindre et m'expliqua la grille horaire. La maison recevait moins de dix patients en même temps. Chacun avait une ou plusieurs corvées. Les responsables effectuaient même des inspections pour s'assurer que nous nous investissions convenablement dans nos responsabilités. Il y avait aussi des ateliers de groupe avec des intervenantes. Nous faisions du bénévolat pour Moisson Québec et avions occasionnellement des visites de partage le soir, c'est-à-dire des témoignages de gens comme moi ayant traversé des moments très difficiles dans leur vie. Ces témoignages étaient toujours très émotifs et nous permettaient de comprendre et de réaliser que nous n'étions pas seuls dans notre position et que nous pouvions tous nous en sortir. Chaque semaine, nous assistions à une clinique des alcooliques anonymes. Au début, je ne comprenais pas le lien que je pouvais avoir avec ceux qui étaient dépendants de l'alcool, mais je pris vite conscience que je n'étais pas mieux qu'eux. J'étais dépendante de mes émotions, sans oublier que j'avais avalé beaucoup de narcotiques.

Parmi les pensionnaires de la maison, il y avait des alcooliques, des drogués, une prostituée et même des ex-prisonniers qui tentaient une réinsertion sociale. Je n'avais pas l'impression d'être le cas le plus lourd, mais je comprenais que ma thérapie m'aiderait énormément à reprendre une vie normale. Le traumatisme qui m'avait marquée au fer rouge nécessitait un gigantesque travail sur moi. Je devais réapprendre progressivement qui était Nadia et où étaient mes limites. J'étais confuse et ne savais plus distinguer le bien du mal, le bon du mauvais. Une grande aventure dans mon for intérieur commençait, comme un safari vers l'inconnu.

Lorsque j'écoutais les témoignages de personnes qui avaient vaincu leur dépendance et qui avaient parfois même pratiquement échappé à une mort certaine, je plongeais dans une crise de nostalgie profonde, une phase de questionnement et d'apitoiement. Je repassais sans cesse dans ma tête toutes les fois où Ricardo m'avait battue, même violée. Je ressentais à nouveau le déchirement et la honte causés par ses gestes. C'était comme une scie dentelée qui lacérait mes entrailles déjà blessées. Les images défilaient en boucle, je revivais ses colères soudaines aussi bien qu'incohérentes, ses coups violents et répétés dans l'indifférence de son entourage, et je revoyais mon corps désarticulé projeté sur le sol.

Parfois, le témoignage m'affectait tellement que je devais quitter la salle en courant et en gémissant pour aller vomir les émotions insupportables qui m'assaillaient. J'avais l'impression d'être seule au monde malgré la présence de toute l'équipe. Je fermais les yeux en pensant à ma sœur, elle qui partageait mon sang et qui avait, malgré nos liens, renoncé à l'amour que nous éprouvions l'une pour l'autre. Julie avait eu maintes occasions d'appeler à l'aide pour moi dès le début. Comment pouvais-je assumer sa trahison et comprendre son attitude? Peut-être avait-elle ses raisons qu'elle m'expliquerait un jour, mais, pour le moment, mon cœur implosait de douleur. Heureusement, un des intervenants qui nous accompagnait s'empressait de me consoler et de me ramener au moment présent. Une marche au grand air et une longue conversation avaient généralement raison de mes fantômes.

Un matin, lors d'un atelier, une intervenante nous demanda de choisir l'animal qui nous représentait le mieux selon notre caractère. Ma réflexion m'amena à considérer le tigre pour sa beauté et sa prestance, le cheval pour son désir d'être libre de gambader et le requin pour son instinct de chasseur. Mais, lorsque mon tour arriva, une réponse s'imposa. Je choisis le corbeau. Le groupe eut une réaction immédiate. On ne voyait dans cet animal, qu'on considérait comme une vermine noire et malicieuse, que ses aspects négatifs. Mais j'y voyais tout autre chose que j'expliquai :

— Le corbeau est un des animaux les plus intelligents. Il est rusé et passe inaperçu où il veut. Cet oiseau a des cordes vocales similaires à celles de l'humain, ce qui lui permet d'apprendre à parler comme le perroquet, peut-être mieux que lui. Et moi je le trouve très beau, avec ses plumes noires de jais.

Tous restèrent surpris, en particulier la travailleuse sociale, qui ne voyait sans doute que des défauts à cet animal qu'on appelle parfois un oiseau de malheur.

Je passais beaucoup de temps avec mes nouveaux compagnons à communiquer mes expériences et à leur faire part de mes échecs. Je décrivais mes sentiments de honte, de peine et de colère, et eux me confiaient les leurs. J'avais tendance à courtiser les hommes plus séduisants; mon insatiable désir de plaire à n'importe quel prix était toujours présent. Je prenais soin de cacher mes tentatives de séduction aux intervenants, car les règlements de la maison nous interdisaient d'entretenir des liens sexuels ou amoureux avec les patients. Mais je ne considérais pas mes quelques attirances si importantes. Néanmoins, l'un des pensionnaires me plaisait davantage. Je ressentais pour lui une attirance physique incontrôlable qui m'obsédait et nuisait à mon cheminement. J'essayais tant bien que mal de l'ignorer et de la repousser, mais elle revenait sans cesse et me faisait perdre mes moyens.

Vint le moment où, à l'abri des regards curieux, il me gratifia d'un envoûtant baiser, chaud et hypnotique. Mon besoin de chaleur humaine était incoercible et sans doute en allait-il ainsi pour lui. Nous sortîmes en cachette par la porte de côté de l'établissement et marchâmes au moins une heure avant de dénicher un motel miteux où nous donnâmes libre cours à nos instincts primitifs.

Cela ne dura qu'un instant et me laissa déçue. Mon besoin demeurait à combler. Une fois habillée, je remarquai qu'un malaise s'était installé entre nous. Je n'étais pas rassasiée et je me culpabilisais d'avoir commis cette erreur, d'avoir dérogé à mes engagements envers la maison, tout cela en pure perte. Je ne voyais pas comment je pouvais revenir au centre en éprouvant une telle honte.

Notre brève histoire fut sans suite. Mon ami retourna chez lui, également incapable d'affronter sa culpabilité. De mon côté, je marchai sur la route principale du quartier, en plein désarroi. Il m'était impossible de contacter mes parents pour leur demander à nouveau du secours après mes actes irréfléchis. Mes regrets augmentaient à mesure que j'additionnais les pas. Je ne pouvais verser de larmes sur cette erreur, totalement mienne. Je devais cependant trouver un toit pour la nuit qu'on prévoyait froide et qui s'installait lentement. Le froid et l'humidité du printemps pénétraient mes os. Je devais agir. Mais que faire? Où aller? Qui appeler? J'étais de nouveau confrontée à ma solitude, plus présente que jamais. Dieu ne répondait plus à mes prières et ma foi ne me suffisait plus. Après tant de travail, après des mois et des mois d'efforts, j'étais à nouveau plongée dans mes tourments. L'obscurité ne régnait pas uniquement dehors, elle envahissait mon âme. Je regardais désespérément le nom des rues et priais pour qu'une solution me vienne à l'esprit.

Je levai les yeux et aperçus un centre où on offrait des repas aux itinérants. Le froid me transperçant, je m'approchai de la porte et atteignis la poignée. La lueur d'espoir qui s'était allumée un instant en moi s'éteignit bien vite lorsque je réalisai que la porte ne s'ouvrirait pas pour moi. L'abri était fermé. «Trop tard, revenez demain!» semblait-on me dire. «Mais c'est maintenant, que j'ai besoin d'aide, moi!» répliquai-je dans mon for intérieur. Je descendis les quelques marches pour me retrouver de nouveau dans la rue.

En traînant mes souliers sur le trottoir, je titubai jusqu'à épuisement. Arrivée devant le vaste parc de la gare du centre-ville, je m'écroulai sur un banc de bois vieilli et mouillé pour m'y étendre, en espérant survivre au froid jusqu'au matin. Je me questionnais : «Comment les sans-abri peuvent-ils supporter leur sort cruel?» Ainsi étendue sur les planches de bois, le regard fixé sur le ciel nuageux, je vis soudain un panonceau sur lequel était inscrit : *Maison de Lauberivière*. «Mais oui!» me dis-je. Je n'aurais jamais songé un seul instant à me réfugier dans cet établissement destiné aux sans-abri du quartier. Je bondis sur mes pieds endoloris et traversai la rue pour y pénétrer. Dieu merci, la porte était déverrouillée. J'entrai innocemment dans le hall et, du regard, cherchai la réception ou un quelconque lieu où m'inscrire. Je songeai un instant à mes parents qui devaient avoir été avertis de ma fugue et qui devaient être furieux.

Un homme au pas traînant me croisa et me sortit de mes pensées. Je devais d'abord trouver un responsable des lieux pour lui demander si je pouvais passer la nuit là. L'homme qui m'avait croisée ne s'était pas arrêté et j'en rencontrai un autre tout aussi indifférent, mais leur allure de clochards ne m'inspirait pas confiance. Je cherchai quelqu'un d'autre. Je me disais que la conversation serait plus facile avec une femme. Je longeai un corridor vitré d'un côté, qui offrait une vue sur le parc. En m'approchant de son extrémité, je perçus des voix. Je vis alors les sans-abri dévorant un repas chaud. Ils semblaient très respectueux les uns des autres. J'étais figée et ne savais que faire, lorsqu'une dame bien habillée s'approcha :

— Bonjour! Je peux vous aider, madame? Vous êtes actuellement dans l'aile des hommes. Vous n'avez pas le droit de vous trouver ici. Les femmes sont de l'autre côté de l'établissement.

Elle pointait la direction du doigt.

— Je ne suis pas habituée, c'est ma première fois; il fait froid dehors et je ne sais plus où aller. Croyez-vous qu'on va pouvoir me dépanner cette nuit?

Je commençais déjà à sentir les regards inquisiteurs qui me déshabillaient. Mes vêtements ne laissaient aucun doute : je n'avais pas un sou et nulle part où aller. Par contre, ma jupe courte provoquait le sexe mâle.

— Certainement, que nous pouvons faire quelque chose pour vous, finit par répondre la dame. Venez, suivez-moi! Mais que vous est-il arrivé? Pourquoi êtes-vous seule?
— Mon histoire est assez complexe, mais si je pouvais dormir une seule nuit ici, vous me sauveriez la vie.

La dame me présenta à une infirmière responsable de l'aile féminine, qui s'avéra d'une gentillesse extrême. Elle était douce et soignée. Elle me donnait l'impression d'être une religieuse.

— Bonsoir, mademoiselle. Vous êtes dans le besoin? Mon nom est Suzanne et je vais vous aider. Premièrement, vous pourrez rester aussi longtemps que nécessaire, et vous allez commencer par un souper chaud et une douche, si vous le désirez.

Ces paroles réconfortantes m'allèrent droit au cœur et je me mis à pleurer de joie. J'étais à bout de forces et sa sollicitude généreuse m'émouvait. Je mangeai, puis me rendis dans un petit salon vitré du deuxième étage où se trouvaient les dortoirs des femmes. La statue de la Vierge Marie régnait fièrement au milieu de la pièce, comme un message de bienvenue qui m'accueillait dans la maison du Seigneur. J'étais tranquillisée et débarrassée de mes inquiétudes.

J'implorai à nouveau l'aide et l'écoute du ciel: «Guide mes pas et ouvre les portes qui me mèneront vers une vie de bonté. Ouvre mon cœur à la droiture et au respect de moi-même. Éclaire-moi.» Ma ferveur était telle, mon espoir était si fou que mes yeux en étaient noyés.

Je m'installai sur le lit superposé qu'on m'avait désigné. J'occupais l'étage supérieur. Dans la couchette du bas, une inconnue ne cessait de râler. Je fus incapable de dormir, mais je demeurai là, en sécurité et au chaud. Au lever du jour, j'adressai encore la parole à Dieu, comme à mon dernier recours. Mais une préposée interrompit mes supplications.

— Pauvre fille. Que fais-tu ici? Ce n'est pas ta place. Tu es belle et tu sembles bien éduquée. La vie t'appartient!

— Je n'ai personne, j'ai mal et je ne peux retourner chez moi. La dernière fois que j'ai quitté mon minuscule appartement, j'avais la corde au cou et je suis sortie en ambulance. Si j'y retourne, j'ai peur d'être trop faible pour supporter le choc de mes souvenirs et de vouloir en finir pour de bon.

— Mais où sont tes parents?

Je gardai le silence.

— J'ai trop honte de ce que j'ai fait pour les appeler. Ils ne voudront plus me voir. Ils m'ont sûrement déjà reniée à l'heure où on se parle.

Sans même m'interroger sur les actes que je disais avoir commis, elle rétorqua:

— Tes parents t'ont donné la vie. Ils t'ont élevée et nourrie. Surtout, ils t'ont aimée inconditionnellement jusqu'à présent. Comment pourraient-ils te vouloir du mal? Ils ne toléreraient jamais que tu restes ici un instant de plus. Penses-y! Tu dois leur téléphoner. Le plus vite sera le mieux.

Elle agrippa un vieux téléphone à roulette qu'elle me tendit. Je réfléchis le temps de quelques profondes respirations et admis qu'elle avait peut-être raison. J'empoignai le combiné et composai le numéro.

— Oui, allo!
— Maman?

Je laissai échapper de bruyants sanglots, incapable de faire sortir le moindre son supplémentaire de ma gorge.

— Ma fille? Où es-tu? Pourquoi es-tu partie? Nous te cherchons partout depuis ce matin! Dis-moi où tu es et nous viendrons te chercher immédiatement.

Il me fallut un moment pour me calmer et reprendre la conversation.

— Vous ne m'en voulez pas? J'étais persuadée que vous ne voudriez plus jamais de moi.

— Comment peux-tu imaginer une chose pareille? Nous t'aimons plus que tout au monde et jamais nous ne t'abandonnerons. Tu as besoin de nous et nous sommes là.

— Je suis à la maison de Lauberivière.

Probablement humiliée, ma mère chuchota :

— Le refuge des robineux?

— Je l'aurais nommé autrement, mais oui, en effet, je suis là.

— Ne bouge surtout pas. Ton père quitte à l'instant pour aller te chercher. Je t'aime!

Mon père arriva au bout de quelques minutes seulement. Il m'embrassa, mais, une fois dans la voiture, nous gardâmes un silence empreint de malaise. Nous n'avons pas reparlé de ma fugue. Je crois que c'est par respect pour moi qu'il s'est abstenu d'aborder le sujet. Il s'imposait d'oublier cet incident regrettable et de passer l'éponge encore une fois.

Mon père contacta la Maison Marie-Frédéric et m'y rapatria le soir même. Il souhaitait vivement que je termine ma thérapie chèrement payée. Inspirée par l'effort que mes parents avaient sûrement déployé pour ne pas me gronder, j'étais motivée à répondre à leur souhait de me voir guérir.

Mon retour à la maison de réinsertion eut lieu dans la honte. Dans un état second, je traversai le salon pour monter deux par deux les marches de l'escalier de bois qui menait à ma chambre. J'aurais voulu m'excuser, me mettre à genoux pour promettre qu'il n'y aurait pas de récidive, mais, lorsque la responsable me visita dans ma cellule, elle me dévisagea avec un air qui en disait long. Elle me répéta les règlements de la maison en affirmant qu'il n'y a habituellement pas de deuxième chance. Par contre, elle m'expliqua que le jeune homme qui m'avait séduite n'allait pas réintégrer le groupe. Selon elle, ma situation était exceptionnelle. Mon besoin d'amour et d'affection jouait un rôle important dans l'acte que je venais de commettre. J'avais utilisé cet innocent garçon inconsciemment, afin de revivre une situation d'abus et de soumission. Aussi incompréhensible que cela puisse paraître, je me punissais en me faisant prendre sans amour et j'en profitais pour punir à ma manière le sexe masculin de toutes ses agressions à mon égard. J'en voulais encore à la vie, mais la conscientisation prenait forme et ma guérison apparaissait à l'horizon. L'espoir bourgeonnait, finalement.

Il était temps que je comprenne que je n'étais pas la seule au monde à avoir vécu le pire, que nous traînons toutes nos différences et un bagage de vie qui nous ont menés vers des chemins plus ou moins cahoteux et traumatisants. Les thérapeutes me conseillèrent avec insistance de prendre mes distances avec ma victimisation, de la combattre vigoureusement. Par ailleurs, entre patients du centre, nous nous supportions étonnamment dans notre développement personnel.

Le calendrier des activités prévoyait une sortie surveillée à la bibliothèque chaque semaine, ce qui me remit en contact avec mon amour de la littérature et de l'écriture. Je ravivai mon intérêt pour la composition et l'utilisai pour extérioriser mes émotions. J'avais l'impression que, une fois les faits couchés sur le papier, je n'éprouvais plus le besoin intense de les garder en mémoire. Je me détachais lentement de ma victimisation.

Tout compte fait, j'appris énormément dans ce centre et j'en sortis grandie et armée d'outils pour affronter le vaste monde. La Maison Marie-Frédéric m'a redonné confiance et m'a fourni tout le support dont j'avais besoin pour regarder en avant et maîtriser ma vie. Mais, à la fin de ma thérapie, il était temps pour moi de replonger dans la mer de la société normale. Je me retirai dans ma chambre minuscule pour reprendre mon souffle et ranger mes effets dans ma valise.

Mon père était au rendez-vous, toujours fidèle. Il me conduisit à mon petit appartement où j'allais me reconnecter à moi-même. Lorsque j'avais emménagé dans ces lieux, la vague qui berçait ma vie se comparait davantage à un tsunami. J'avais frôlé la mort plus d'une fois et, miraculeusement, j'avais été repêchée des ténèbres pour recevoir chaque fois une nouvelle chance. Je suis persuadée aujourd'hui que j'ai une mission spéciale à remplir dans ma nouvelle vie. Je suis convaincue que je peux aider la société d'une manière que je n'ai pas encore trouvée. Mais je découvrirai de quoi il s'agit.

J'avais adopté la bonne habitude de faire une prière chaque jour. Dès mon retour dans mon appartement, mon premier réflexe fut de m'adresser au ciel.

*Seigneur, Dieu du ciel,*

*Tu as su ouvrir mes yeux clos alors que je gisais dans la déchéance la plus profonde. Tu as ouvert mon esprit révolté à l'amour et à la bonté. Surtout, Tu m'as enseigné comment trouver la force au fond de moi pour repérer la lumière. Je Te dois tout, Toi, mon père et mon guide. Je Te remercie de toute mon âme et de tout mon être de m'avoir donné cette chance et d'avoir cru en moi. Je ne Te décevrai pas. Je pardonnerai, j'aimerai et j'aiderai.*

*Merci! Amen.*

Je décrochai le tchador vert et or trouvé dans une friperie que j'avais suspendu au plafond et le fourrai dans un gros sac à ordures. Les voiles agrémentés de pierres de couleur et de paillettes prirent le même chemin. Ensuite, je repliai mon lit sous sa forme originale de futon et jetai tout l'encens qui me rappelait une odeur funèbre par son parfum de mort. J'ouvris les rideaux et en attachai les pans afin de m'assurer que les rayons du soleil réchauffent mon nouveau chez-moi. Je créai ainsi une ambiance agréable et positive.

# Chapitre XVII

Les jours passèrent et, cette fois, mon sevrage fut plus facile. J'étais imprégnée du goût naissant de mordre dans chaque morceau de vie qui me nourrissait enfin. Je reçus bientôt des prestations supplémentaires de l'assistance sociale qui me permirent de mieux me nourrir et d'acheter quelques belles plantes vertes qui oxygénaient ma nouvelle demeure et lui donnaient une allure bien plus vivante. Je profitais des jours en sortant respirer l'air délicieux et frais du printemps qui arrivait. Le soleil me donnait l'énergie dont j'avais tant besoin.

Je n'avais plus l'intention ni le goût d'aller dans les bars. Je ne cherchais plus à blesser un inconnu en profitant de son corps pour le jeter aux ordures ensuite. J'étais sevrée de mes pulsions sexuelles négatives. Il s'écoulerait cependant des années avant que je ne me pardonne le non-respect de mon corps et les abus que je lui avais imposés. J'aurais tant aimé m'être réservée à l'homme qui un jour prendrait peut-être place dans mon cœur pour le meilleur et pour le pire, mais ma réalité était tout autre. Je ne reviendrais plus jamais en arrière.

Mon père et ma mère venaient fréquemment me voir. Ils étaient de plus en plus fiers de mon envolée vers une vie meilleure. Ma prise en main était évidente et, fréquemment, je me surprenais à me questionner sur les raisons de mes tentatives de suicide. Je prenais conscience de ma chance d'être toujours en vie et je me disais qu'il n'y aurait jamais plus d'assez bonnes raisons pour que je me rende de nouveau aussi bas. Chaque minute de ma résurrection était un miracle et une inspiration, chaque instant galvanisait mon amour de la vie. Je préparai mon curriculum vitæ et m'accrochai à mes nouvelles aspirations pour me trouver du travail. Ce fut excessivement rapide. Je dénichai un emploi comme serveuse dans un modeste restaurant vietnamien de Sainte-Foy. J'appris à cuisiner de savoureux repas qui me redonnèrent promptement le désir de bien me nourrir. Je repris un peu de poids, ce qui m'allait très bien, d'ailleurs.

L'argent s'accumulait dans mon compte en banque, et j'avais tellement budgété serré pour survivre que je ne savais plus quoi en faire, à présent. J'emménageai dans un nouvel appartement plus grand où j'installai de nouveaux meubles méticuleusement choisis. Bien sûr, je m'empressai de renouveler ma garde-robe et acquis des tenues beaucoup plus élégantes et classiques qui non seulement m'avantageaient, mais modifiaient également mon image.

Mon adaptation à la société ne fut pas aussi facile que je l'aurais cru. J'avais beau jouir d'une force de caractère hors du commun, je craignais les hommes et chaque occasion de rencontre qui s'offrait à moi me repoussait deux fois plus loin de mon désir d'être en couple. Je vivais des sentiments contradictoires. De façon presque inconsciente, j'étais convaincue que tous les hommes étaient violents ou manipulateurs. Je jugeais trop hâtivement, et souvent mal. Ma mère était déterminée à me changer à cet égard. Nous allions de plus en plus fréquemment déjeuner ensemble et c'était l'occasion de causeries entre femmes. Elle me désignait de beaux hommes qui semblaient épanouis et propres, mais ils n'éveillaient rien de particulier en moi. Elle ne voulait que mon bonheur, en mère dévouée à son enfant adorée.

Je pensais encore régulièrement à mon enfant perdu qui m'avait donné le goût de procréer et je souhaitais ardemment aimer et être aimée. Toutefois, mon cheminement n'était pas encore terminé et je n'étais pas encore rendue là.

Je me fis de nouveaux amis, ce qui contribua à combler mon manque d'amour. Au travail, mon sourire était devenu un tatouage permanent et je transpirais le bonheur, me disait-on. Quel encouragement! J'avais décidé de ne plus attendre une invitation ou une présence masculine quelconque pour m'offrir des plaisirs. Je commençai à inclure dans ma routine un repas au restaurant ou une sortie au cinéma, pour voir en particulier des comédies romantiques et à l'eau de rose qui font rêver. Je prenais également mon paisible moment de prière au sérieux.

Quelques semaines s'écoulèrent au cours desquels un nouveau sentiment de stabilité s'enracina petit à petit. J'aimais maintenant me fixer des buts toujours plus élevés et j'étais décidée à continuer d'améliorer mon sort. Je proposai mon curriculum vitæ à plusieurs commerces et restaurants afin d'obtenir un meilleur salaire et une plus grande autonomie. À mon grand étonnement, plusieurs personnes me contactèrent et je me vis dans l'obligation de choisir, chose que je n'avais jamais connue et qui constituait un changement fort valorisant.

J'acceptai un emploi comme femme de chambre au Château Frontenac. Ce n'était pas n'importe quoi… Mon père et ma mère étaient très fiers de répandre la nouvelle autour d'eux, mais pas plus que moi. Je travaillais fort. Je lève mon chapeau aux femmes qui trouvent la force et la détermination d'exécuter de telles tâches, jour après jour, durant des années. Mes journées étaient très éprouvantes et mon dos, déjà esquinté en dépit de mon jeune âge, me faisait vraiment souffrir. Je me voyais acculée à l'obligation de recommencer ma recherche d'emploi, mais, toujours exigeante, je n'allais pas accepter un moins bon salaire ou des responsabilités moindres. J'aspirais à me procurer des conditions de vie intéressantes et je ferais tout pour en arriver là.

Coïncidence surprenante, je reçus un appel téléphonique de Via Rail Canada, une entreprise florissante qui allait peut-être m'offrir non seulement un emploi, mais également du potentiel d'avancement. Il y avait plusieurs mois que j'y avais transmis mon curriculum vitæ. Je n'étais pas la seule, assurément, à y postuler un emploi, et je considérais que j'avais eu de la chance que ma candidature ait attiré l'attention.

Pour me présenter à l'entrevue, je m'étais vêtue de mes plus beaux atours de jeune femme d'affaires de l'époque : jupe classique, chemisier bien repassé, foulard noué au cou… J'étais confiante et enthousiaste. Deux hommes de belle allure m'attendaient dans un bureau de la gare à treize heures. En pénétrant dans la pièce je vis que l'un d'eux arborait une jolie et amusante cravate colorée. Je m'empressai de faire baisser la tension du moment en lui adressant un compliment.

— Bonjour. Je suis Nadia Émond. Je suis très heureuse d'avoir l'occasion de vous rencontrer. En passant, monsieur Guérin, vous avez une superbe cravate!

Les deux hommes rirent et la glace était cassée. L'entrevue fut ainsi moins stressante, plus détendue, surtout pour moi qui n'étais pas particulièrement familière des procédures de sélection. Je n'avais pas encore mis le pied hors de la salle que les deux hommes se hâtèrent de me confier:

— Vous aurez officiellement de nos nouvelles demain. En attendant, nous pouvons déjà vous dire que nous aurons grand plaisir à travailler avec vous. Félicitations!

J'étais submergée par la fierté, et un immense sourire rayonnait sur mon visage. Ma vie prenait finalement une tournure que je croyais mériter.

Ma première journée de travail chez Via Rail eut lieu le 27 octobre 1998. Ce jour demeurera toujours pour moi une date charnière. Après trois longues années d'errements au cours desquelles j'avais été tour à tour victime de la violence, du désespoir, de la misère et des plus terribles égarements, voilà que je tournais enfin la page sur mon sombre passé pour assister à une aurore lumineuse. Tout le temps qu'avait duré mon passage à vide, j'avais eu toutes les raisons de croire que ma vie était finie. Et mon espoir, en effet, avait souvent été une flamme vacillante, même s'il avait fini par triompher. Certes, je ne sortais pas indemne de ce long cauchemar dont je garderai sans doute des séquelles toute ma vie, mais, barreau après barreau, j'avais laborieusement gravi l'échelle qui me ramenait vers la lumière et je n'étais pas peu fière de ce que j'avais réalisé pour en arriver là. Je venais d'avoir vingt-deux ans et il me semblait qu'un horizon immense s'ouvrait devant moi, que je commençais à vivre.

Je ne tardai pas à raffoler de mon nouvel emploi. Je désirais démontrer mon ardeur et mon perfectionnisme. Mes nouveaux collègues étaient très sociables et ils m'accueillirent vraiment avec joie.

Aujourd'hui encore, treize ans plus tard, je suis toujours chez Via Rail. L'entreprise m'a donné la chance d'affirmer mes compétences dans plusieurs départements différents tels que la billetterie, les centres d'appels, la comptabilité, les relations avec la clientèle... J'ai toujours osé frapper aux portes avec confiance et détermination et j'entends bien conserver cette attitude.

Durant mes premières années dans la gare comme préposée, je fis la connaissance, par l'intermédiaire d'un ami, d'un homme de nationalité chinoise né à Madagascar. Cet homme, que j'ai rapidement appris à aimer, a joué un rôle considérable dans mon cheminement vers l'acceptation de ce que je suis et l'apprentissage de l'amour. Notre relation était simple et sincère. Cependant, une fois que nous fûmes fiancés et installés dans notre résidence, je me refusai l'accès aux portes du bonheur. Je croyais que cet homme rempli de bonté ne méritait pas une femme comme moi, usée et aigrie par les frustrations accumulées. Je me mis à le fuir et lui brisai le cœur malgré moi. À ce moment-là, je ne réalisais pas que le problème était entre mes deux oreilles et non dans notre couple. Je devais encore faire énormément de travail sur moi avant de rendre un homme heureux.

Je parcourus nombre d'écrits relatifs à l'optimisme,

à la confiance en soi, à l'estime de soi. Je me renseignai sur d'excellentes techniques de méditation. Je mis en pratique tous les conseils que je reçus de ces écrits dans le but de m'assurer une vie plus stable et plus épanouie.

Je rêvais depuis longtemps d'acquérir ma propre maison. Je réalisai mon rêve avec l'achat de mon premier condominium. Mon père et ma mère étaient heureux d'avoir une fille aussi vivante et qui accumulait les succès.

Pourtant, je ne parvenais toujours pas au bonheur d'aimer vraiment. C'était l'impulsion du moment qui guidait mes pas dans ce domaine, mon besoin d'évasion et d'aventure, mon immense carence d'amour.

À l'occasion d'une activité de formation sur la vente stratégique, je fis la rencontre d'un homme dans la trentaine. Il dégageait un dynamisme et un charme qui m'envoûtèrent sur-le-champ. Je m'évertuais à oublier mon fiancé, et cette nouvelle relation me permettait d'ajouter quelques semaines à mon processus de deuil.

Un matin, alors que je me préparais pour le travail, un haut-le-cœur spontané me força à courir vers la salle de bain où je vomis sans raison apparente. Je ne comprenais pas. Peut-être que je manquais de sommeil ou que j'avais attrapé un virus quelconque. Mais, comme j'eus les mêmes maux les trois matins qui suivirent, je dus me rendre à l'évidence : j'étais enceinte. C'était beaucoup trop tôt. Éric, mon nouvel amoureux, allait-il accepter ce cadeau de la vie qui bousculerait la nôtre ? Je devais lui annoncer la nouvelle de manière à ce que cela passe bien, qu'il ne sente pas de pression de ma part, alors qu'il connaissait déjà ma décision quant au sort qui serait réservé à cet enfant.

Je passai des heures à chercher les mots justes. Je n'arrivais pas à imaginer une réaction négative de sa part. Jamais je n'aurais voulu lui imposer d'être père s'il ne le souhaitait pas, mais, en contrepartie, je ne voyais pas comment je pourrais me défaire du bébé. Je priais pour qu'il accueille la nouvelle avec joie, mais je craignais au plus haut point sa réaction.

Je devais plonger. Ma chambre était située sur une mezzanine. J'y avais un grand lit douillet. Éric monta me retrouver là à son retour d'un tournoi de golf. J'avais entouré minutieusement le test de grossesse positif avec un ruban de couleur et l'avais déposé sur son oreiller. Je l'attendais, étendue de mon côté, vêtue d'une soyeuse lingerie. Quand il est entré dans la chambre et qu'il a aperçu l'objet, il est demeuré muet, comme dans un état de stupeur. Toujours en silence, il s'est couché à mes côtés. J'étais loin d'être rassurée. Quand il ouvrit enfin la bouche, ce fut pour dire qu'il avait besoin de réfléchir. Je comprenais. Il pouvait prendre un certain temps pour se faire une idée. Il irait donc se réfugier chez lui pour penser à tout ça.

Au bout d'une semaine, il revint chez moi avec un superbe bouquet de roses rouges et une mignonne peluche représentant un tigre. Son sourire voulait tout dire. Il m'annonçait son désir de partager avec moi le nouvel amour enraciné dans mon ventre.

Les jours qui suivirent furent joyeux. Mais, peu après, Éric devint silencieux. Je ne comprenais pas ce qui se passait, et l'inquiétude me gagnait à nouveau. Je le questionnai. Avais-je fait ou dit quelque chose qui l'avait blessé? Il tâchait de me rassurer par quelques vagues paroles, sans vraiment sortir de son mutisme.

Notre fils naquit le 8 avril 2005. Nous l'appelâmes Mathieu. J'accouchai naturellement. Le travail ne fut pas très long, mais il s'avéra assez douloureux. Je fus toutefois infiniment heureuse de retrouver tout à coup dans les yeux du père le rayon d'amour que j'y guettais depuis des mois. Nous acquîmes une résidence sur la Rive-Sud. Je débordais de projets. Je persistais à croire que l'amour renaîtrait entre Éric et moi, mais le temps n'arrangea rien du tout. Je finis par comprendre qu'il ne me reviendrait pas. Le rejet me fit mal, mais la dure réalité était là. Ni moi ni nos parents respectifs ne pouvions le raisonner. Du reste, il avait peut-être déjà refait sa vie à mon insu, même si nous continuions de demeurer ensemble. Mon fils n'avait que trois mois et il venait d'être baptisé.

Mon cœur débordait de rancœur envers la vie. Pourquoi ce nouveau revers? Quelle mesure devais-je prendre pour assurer le bonheur et l'encadrement nécessaire à notre bébé qui ne demandait que d'être aimé. Je pris alors une des plus importantes décisions de ma vie. Je quittai la maison, témoin des altercations entre Éric et moi. Cet homme ne m'apporterait pas l'amour que je méritais, cela ne faisait aucun doute. Notre séparation fut pénible; je dus avoir recours à la justice pour régler nos désaccords quant à la garde de notre enfant.

Nous ne parvînmes jamais à un arrangement pleinement satisfaisant, mais je fis tout ce qui était en mon pouvoir pour que mon fils n'en souffre pas. L'amour débordant et inconditionnel qui m'unissait à lui m'avait donné la force de traverser toutes les épreuves. Pour moi, une garde partagée ne convenait pas à un nourrisson de trois mois, dont la maman a encore les seins gorgés de lait. Comment un juge pouvait-il ordonner une telle solution? Pourtant, il me fallut faire avec, en dépit du bon sens.

# ÉPILOGUE

Je considère aujourd'hui que j'ai eu une chance de grandir au fil des aventures qui ont marqué ma vie. J'ai appris l'espagnol qui me sert dans mes voyages. J'ai découvert en moi une grande confiance et une incroyable force de caractère. J'ai développé un esprit positif hors du commun et j'ai appris à m'écouter. Tout au long de notre vie, des événements surviennent, parfois plus gais, parfois plus difficiles, mais, pour évoluer, nous devons être à l'écoute des messages que la vie nous transmet. Rien n'est insurmontable; tout est possible. J'en suis venue à croire en moi. J'étais finalement la clef de mon propre succès.

Du côté des amours, une longue période de relâche s'imposait pour moi. Presque cinq années passèrent sans qu'un amoureux soit présent dans ma vie. Durant cette période, j'offris le meilleur de moi-même à Mathieu qui a maintenant six ans. Un lien particulier nous unit et je considère que c'est là une réussite dont le crédit me revient, d'autant que je dus faire un intense travail sur moi pour ne pas lui imposer trop d'amour ni trop d'attention; un enfant a besoin de moments de solitude afin de développer son autonomie. Je suis extrêmement fière de la mère que je suis aujourd'hui et, le plus beau des cadeaux, c'est lorsque mon fils me dit:

— Tu es ma meilleure maman. Je t'aime plus gros que l'espace!

N'est-ce pas mignon, cet amour exprimé dans l'innocence et la sincérité!

Aujourd'hui, je viens de m'unir à celui que j'aime par les liens sacrés du mariage. J'ai eu en effet l'occasion de revoir un ami d'enfance avec qui j'étais allée à l'école. Lors d'une soirée retrouvailles, nos regards se sont recroisés. Cette fois était la bonne; je ne pouvais me tromper. Je sentais que ce n'était pas une frénésie de passion qui nous liait, mais bien des buts communs, le goût de partager les mêmes idéaux et le désir de vieillir l'un à côté de l'autre. Le plus difficile pour moi, c'était de tout lui raconter sans savoir si j'allais être jugée, s'il allait m'accepter comme je suis avec mes expériences et mes erreurs. À ma grande surprise, il ne m'a pas seulement comprise et soutenue, il m'a aussi encouragée dans l'écriture de ce témoignage.

Nous nous sommes procuré une maison dans un quartier respectable et l'avons habillée de tout notre amour. Au moment où je rédige ces lignes, nous espérons agrandir notre famille, et les planètes semblent s'aligner favorablement dans ce sens, puisque je suis enceinte de quelques semaines. Nous avons comme projet de tout partager avec nos enfants. Je crois que l'été qui arrive sera le plus merveilleux de ma vie. Je suis une femme comblée et je remercie le ciel chaque jour. Je profite d'une corne d'abondance inépuisable.

S'il m'arrive quelquefois de soupirer en revivant les moments de souffrance passés, ceux qui ont marqué ma vie depuis ma plus tendre enfance jusqu'à mon âge adulte, la vie est la plus forte, et mon optimisme naturel a tôt fait de surmonter ma mélancolie. En outre, l'amour inconditionnel de mon époux, Guillaume, m'autorise à envisager l'avenir avec confiance et détermination, d'autant plus que la vie vient tout juste de naître en moi, et cette fois dans l'amour et le partage.

Je connais maintenant le secret du bonheur : il faut profiter de chaque moment qui passe et foncer. Chaque minute est un instant unique gravé à jamais dans l'histoire.

Je vous ai livré ce témoignage basé sur une partie de ma vie pour que vous réalisiez combien vous êtes important et que vous compreniez que vous n'êtes jamais seul. Le plus fiable et le plus loyal de tous les amis, celui sur lequel vous pouvez compter en tout temps, c'est vous. Faites-vous confiance et ne regardez plus en arrière. Foncez. Tout est possible aujourd'hui. Ouvrez vos portes à la vie sans attendre et risquez d'être heureux, vous serez surpris du résultat. Rien de plus profitable que le sentiment de fierté que vous nourrissez envers vous-même. C'est gratuit, légitime et tellement réel! Mais je serai toujours là, sur votre table de chevet ou dans votre bibliothèque, pour vous confronter à la réalité et vous aider à prendre conscience de la vie dans toute sa splendeur.

N'attendez plus!